新世纪高职高专
装备制造大类专业基础课系列规划教材

装备制造业概论

主　编　任庆国
副主编　张明月　马　骏
参　编　乔　莉　吴　琳　王　莹

大连理工大学出版社

图书在版编目(CIP)数据

装备制造业概论 / 任庆国主编. -- 大连：大连理工大学出版社，2021.9(2024.6重印)
新世纪高职高专装备制造大类专业基础课系列规划教材
ISBN 978-7-5685-2789-7

Ⅰ.①装… Ⅱ.①任… Ⅲ.①制造工业－中国－高等职业教育－教材 Ⅳ.①F426.4

中国版本图书馆CIP数据核字(2020)第242773号

大连理工大学出版社出版
地址：大连市软件园路80号　邮政编码：116023
发行：0411-84708842　邮购：0411-84708943　传真：0411-84701466
E-mail：dutp@dutp.cn　URL：https://www.dutp.cn
北京虎彩文化传播有限公司印刷　大连理工大学出版社发行

幅面尺寸：185mm×260mm	印张：13	字数：299千字
2021年9月第1版		2024年6月第3次印刷

责任编辑：吴媛媛　刘　芸　　　　　　责任校对：陈星源
封面设计：张　莹

ISBN 978-7-5685-2789-7　　　　　　　　定　价：40.80元

本书如有印装质量问题，请与我社发行部联系更换。

前　言

"装备制造业概论"是响应我国装备制造业发展整体思路的高职教育改革课程,是我国高等职业院校装备制造大类的专业基础课程,其实践性强,知识面较宽,并与校内外认知实习、实训相结合,可为后续学习专业核心课程打好基础。

本教材的设计理念是以装备制造业的认知为取向,以装备制造业概述、装备制造业的现状与发展、我国装备制造业的空间布局、装备制造业的基础产业、高端装备制造产业为主要内容,引导学生进行装备制造业的知识学习并掌握相关技能。教材中融入大量通俗易懂的实例和图片,内容兼顾广度和深度,具有关联性、递进性、系统性和完整性,为提高学生的岗位就业适应能力打下基础,同时又恰当地融入了思政元素,使学生增强民族自豪感,树立民族自信心。

本教材符合高等职业院校装备制造大类相关专业学生的能力培养和职业素养要求,专为高职、继续教育本科和专科等层次的学生量身定做。教材内容精练、通俗易懂、图文并茂,是一本技术性较强的综合性教材,能提供实际的启迪、示范作用,对同类课程和后续课程的建设起到积极的引导作用。同时,教材紧跟教学改革的最新趋势,紧密结合当前高端装备制造业的发展方向,为学生学习其他相关内容、参与社会实践以及逐步培养学生的职业能力和创新能力奠定基础。

本教材由辽宁装备制造职业技术学院任庆国任主编,辽宁装备制造职业技术学院张明月、马骏任副主编,辽宁装备制造职业技术学院乔莉、吴琳、王莹参与了部分内容的编写。具体编写分工如下:第1章由张明月编写;第2章由乔莉编写;第3章由吴琳编写;第4章由王莹编写;第5章由马骏编写。全书由任庆国负责统稿和定稿。辽宁省计量科学研究院藏立新、韩聪及沈阳优尼斯智能装备有限公司邱

岩三位企业专家对本教材的编写给予了指导和技术上的大力支持,在此表示衷心的感谢!

在编写本教材的过程中,我们参考、引用和改编了国内外出版物中的相关资料以及网络资源,在此对这些资料的作者表示深深的谢意!请相关著作权人看到本教材后与出版社联系,出版社将按照相关法律的规定支付稿酬。

我们希望能为高等职业院校提供一本有价值的教材,也热切盼望各位关心高等职业教育的读者能够对本教材的不当之处进行指正,提出修改意见,并积极与我们联系,共同探讨教学改革和教材编写等相关问题。

编　者

2021 年 8 月

所有意见和建议请发往:dutpgz@163.com

欢迎访问职教数字化服务平台:https://www.dutp.cn/sve/

联系电话:0411-84707424　84706676

目 录

第 1 章 装备制造业概述 ·· 1
   1.1 装备制造业的概念 ·· 2
   1.2 装备制造业的分类 ·· 6
   1.3 装备制造业的作用 ·· 8
   练习与思考 ··· 10

第 2 章 装备制造业的现状与发展 ·· 11
   2.1 我国装备制造业的现状与发展 ·· 12
   2.2 国际装备制造业的现状与发展 ·· 26
   2.3 装备制造业的发展规划 ·· 36
   2.4 装备制造业的发展趋势 ·· 42
   练习与思考 ··· 49

第 3 章 我国装备制造业的空间布局 ······································ 50
   3.1 珠三角地区的装备制造业 ·· 51
   3.2 长三角地区的装备制造业 ·· 62
   3.3 东北地区的装备制造业 ·· 70
   练习与思考 ··· 81

第 4 章 装备制造业的基础行业 ·· 82
   4.1 电工电器行业 ·· 83
   4.2 工程机械行业 ·· 92
   4.3 重型机械行业 ··· 101
   4.4 能源装备行业 ··· 107
   练习与思考 ·· 117

第 5 章 高端装备制造产业 ··· 118
   5.1 智能制造装备产业 ··· 119
   5.2 航空装备产业 ··· 144
   5.3 海洋工程装备产业 ··· 155
   5.4 卫星及应用产业 ··· 169
   5.5 轨道交通装备产业 ··· 177
   练习与思考 ·· 199

参考文献 ·· 201

本书配套微课资源使用说明

本书配套的微课资源以二维码形式呈现在书中，用移动设备扫描书中的二维码，即可观看微课视频进行相应知识点的学习。

具体微课名称和扫描位置见下表：

序号	微课名称	扫描位置
1	装备制造业概述	2 页
2	装备制造业的现状与发展	12 页
3	我国装备制造业的空间布局	50 页
4	我国装备制造业的高质量发展	77 页
5	装备制造业的基础行业	82 页
6	装备制造业基础行业的技术突破	82 页
7	高端装备制造业	118 页
8	工业机器人	125 页
9	航空装备产业	144 页
10	轨道交通装备产业	177 页

第1章 装备制造业概述

　　装备制造业是指为国民经济各部门进行简单再生产和扩大再生产提供生产技术装备的工业的总称,是机械工业的核心部分,是工业的心脏和国民经济的生命线,是提升国家综合国力的重要保障。装备制造业是用先进的科学技术改造传统产业的重要助力者,其发展水平是一个国家综合国力的重要体现,承担着为国民经济各行业和国防建设提供装备的重任,带动性强,波及面广,其技术水平不仅决定了各产业竞争力的强弱,还决定了今后经济运行的效果。用先进装备改造传统产业,是实现产业升级的根本手段。因此,装备制造业在经济增长方式转变过程中具有至关重要的作用。

能力目标

- 能通过网络、书籍等途径获得相关知识,加深对装备制造业概念的认知。
- 能独立思考,并对装备制造业的内涵融入自己的认知和理解。
- 逐步培养学习新知识、新技术的方法和能力。

知识目标

- 理解装备制造业的内涵。
- 能区分装备制造业包含的主要方面。
- 了解装备制造业的分类。
- 能概述装备制造业的主要作用。

素质目标

　　培养爱岗敬业、勇于创新、思维敏锐的职业精神,能全面而深刻地了解装备制造业的内涵与本质,并能为未来的职业规划提供指引;培养吃苦耐劳、攻坚克难的工作作风和精益求精的工匠精神,具有较强的自我管理能力、职业生涯规划的能力、就业能力和可持续发展的能力。

1.1 装备制造业的概念

一 什么是装备制造业

对于"装备制造业",在其他国家及国际组织中并没有明确的定义,"装备制造业"的概念可以说是中国所独有。"装备制造业"一词最早正式出现于1998年我国中央经济工作会议上提出的"大力发展装备制造业"的相关文件中(中央经济工作会议:《要大力发展装备制造业》,经济日报,1998年12月10日,第1版)。对于装备制造业,人们的认识不尽相同,尚无公认一致的定义和范围界定。

微课
装备制造业概述

2002年,由原国家发展计划委员会(现改组为国家发展和改革委员会)产业发展司提交的《中国装备制造业发展研究报告》从三种意义层面对装备制造业进行了概念界定:

第一,从经济社会发展的意义层面,装备制造业是为国民经济及国家安全提供各种技术装备的企业的总称,其包含机械类、电子类、武器弹药制造中的生产投资类产品等所覆盖的全部企业。

第二,从马克思主义两大部类[生产资料生产(第Ⅰ部类)和消费资料生产(第Ⅱ部类)]的分类意义层面,装备制造业是为国民经济各部门提供简单再生产和扩大再生产所使用工具的生产制造部门。

第三,从现代三次产业划分的意义层面,装备制造业是指资本品制造业及其相关的零部件的制造业,隶属于第二产业。这一界定与发达国家对该类行业的表述最为相近,同时对于描述该行业的特征最为贴切。

通常认为,制造业包括装备制造业和最终消费品制造业。装备制造业即生产机器的机器制造业,它是机械工业的核心部分,承担着为国民经济各部门提供工作母机、带动相关产业发展的重任,可以说是工业的心脏和国民经济的生命线。

装备制造业是国之重器,产业链条长,产业关联度高,带动性强,涉及的门类广,其发展水平的提高有利于促进产业结构升级和技术进步,对于我国整个工业体系的优化提升具有基础性、决定性作用,是推动工业转型升级的引擎。

二 装备制造业的范畴

为了使装备制造业的界定能尽量与国际标准接近,我国装备制造业的界定采用了国际工业分类标准,按照《国民经济行业分类》(GB/T 4754—2017)中C类制造业的分类,界定其产品范围包括机械、电子和兵器工业中的投资类制成品,分属于金属制品业,通用设备制造业,专用设备制造业,铁路、船舶、航空航天和其他运输设备制造业,电气机械和器材制造业,计算机、通信和其他电子设备制造业,仪器仪表制造业,金属制品、机械和设备修理业八个大类:

(1)金属制品业(不包括搪瓷和不锈钢及类似日用金属制品的制造),对应的行业代码是33。

(2)通用设备制造业,对应的行业代码是34。

(3)专用设备制造业(不包括医疗仪器设备及器械的制造),对应的行业代码是35。

(4)铁路、船舶、航空航天和其他运输设备制造业(不包括摩托车、自行车和残疾人座车、助动车、非公路休闲车及零配件的制造),对应的行业代码是37。

(5)电气机械和器材制造业(不包括电池、家用电力器具、非电力家用器具及照明器具的制造),对应的行业代码是38。

(6)计算机、通信和其他电子设备制造业(不包括非专业视听设备的制造),对应的行业代码是39。

(7)仪器仪表制造业,对应的行业代码是40。

(8)金属制品、机械和设备修理业,对应的行业代码是43。

三 装备制造业涉及的内容

装备制造业主要包含三个方面:

一是重大的、先进的基础机械,即制造装备的装备——工作母机,主要包括数控机床(NC)、柔性制造单元(FMC)、柔性制造系统(FMS)、计算机集成制造系统(CIMS)、工业机器人、大规模集成电路及电子制造设备等。

二是重要的机械、电子基础件,主要是先进的液压、气动、轴承、密封、模具、刀具、低压电器、微电子和电力电子器件、仪器仪表及自动化控制系统等。

三是国民经济各部门(包括农业、能源、交通、原材料、医疗卫生、环保等)所需的重大成套技术装备,如矿产资源的井采及露天开采设备,大型火电、水电、核电成套设备,超高压交、直流输变电成套设备,石油、化工、煤化工、盐化工成套设备,黑色和有色金属冶炼轧制成套设备,民用飞机、高速铁路、地铁及城市轨道车、汽车、船舶等先进交通运输设备,污水、垃圾及大型烟道气净化处理等大型环保设备,大江大河治理、隧道挖掘和盾构、输水输气等大型工程所需重要成套设备,先进适用的农业机械及现代设施农业成套设备,大型科学仪器和医疗设备,先进大型的军事装备,通信、航管及航空航天装备,先进的印刷设备等。

从振兴装备制造业的角度分析,专家认为可以依据产品的技术含量和技术难度,辅以国家直接调控必要性,将装备分为五种类型,据此区别考虑装备制造业的发展方针和对策。

1. 通用类装备

通用类装备即一般性装备，基本上传统的机械制造类产品，无论是机泵阀、工程机械、农业机械、建筑机械、运输机械等，绝大部分都属于通用类装备。

2. 基础类装备

基础类装备是装备制造业的核心，主要包括机床、工具、模具、量具、仪器仪表、基础零部件、元器件等，广义上还包括相应的基础技术（包括设计和生产制造技术）和基础材料。

3. 成套类装备

成套类装备主要指生产线等。

4. 安全保障类装备

安全保障类装备主要指新型军事装备、尖端科研设备、保障经济安全的关键性设备等。

5. 高技术关键装备

高技术关键装备即前沿性核心装备，最典型的如超大规模集成电路生产中的单晶拉伸、硅片切抛、镀膜光刻、封装测试等核心技术设备。此外还包括重大技术装备，即装备制造业中技术难度大、成套性强，对国民经济具有重大意义，对国计民生具有重大影响，需要组织跨部门、跨行业、跨地区才能完成的重大成套技术装备。

四 高端装备制造业

高端装备制造业又称先进装备制造业，指生产高技术、高附加值的先进工业设施设备的行业。高端装备主要包括传统产业转型升级和战略性新兴产业发展所需的高技术、高附加值装备。高端装备制造业是装备制造业中的高端环节，是一个国家或地区工业发展到后期或进入后工业化阶段的产物。

高端装备制造业是一种承担着劳动资料制造功能的产业，其发展水平对人们采用何种工具开展生产活动具有重要影响，同时对生产率也具有重要影响。随着社会生产力的不断发展和进步，我国高端装备制造业也得到了充分发展，其工业与科技水平皆发展到了较高程度，已上升为体现综合国力的代表性产业。

高端装备制造业与传统制造业的最大区别在于，传统制造业依靠的是传统工艺，技术水平不高，劳动效率不高，劳动强度大，大多属于劳动力密集型或资本密集型产业，而高端装备制造业利用的是高新技术和高端装备的竞争优势，大多属于资本密集型或技术密集型产业，易于取代传统制造业。高端装备制造业与传统制造业的主要区别还体现在前者的技术含量高、价值高、资本投入大、附加值高、控制力强和带动性强。传统制造业与高端装备制造业的最大差距在于科技实力方面，对传统制造业进行改造和提升，使之成为高端装备制造业，是制造业发展的必然过程。

国发〔2010〕32号《国务院关于加快培育和发展战略性新兴产业的决定》颁布后,为准确反映国家战略性新兴产业发展规划情况,满足统计上测算战略性新兴产业发展规模、结构和速度的需要,将战略性新兴产业分为新一代信息技术产业、高端装备制造产业、新材料产业、生物产业、新能源汽车产业、新能源产业、节能环保产业、数字创意产业、相关服务业等九大领域,其中高端装备制造产业又分为智能制造装备产业、航空装备产业、卫星及应用产业、轨道交通装备产业、海洋工程装备产业等五类产业。

五 装备制造业的主要特征

1. 技术性强

装备制造业对技术创新的依赖性很强,相对于其他产业,装备制造业从研发到生产以及投入市场后的售后服务,都对技术创新要求很高。

2. 涵盖内容多

装备制造业的子行业分别对应《国民经济行业分类》(GB/T 4754—2017)的C类制造业中的八大类,即金属制品业,通用设备制造业,专用设备制造业,铁路、船舶、航空航天和其他运输设备制造业,电气机械和器材制造业,计算机、通信和其他电子设备制造业,仪器仪表制造业,金属制品、机械和设备修理业,可见其涵盖范围之广。

3. 产业关联度高

装备制造业按照生产内容分,其产品从各种基础机械一直延伸到成套技术装备,与其他产业的关联度高,具有很强的带动性。

4. 资源投入量大

装备制造业对技术和资金的依赖性很强,与其相关的行业几乎都需要建设大面积的生产厂房,占地面积较大,生产设备的购买成本昂贵,需要投入大量的资金才能完善基础配置,为生产提供硬件设施。

5. 劳动密集

装备制造业需要大量的就业人员参与产品的制造、组装过程,对科研人员的需求量也很大,其发展关系着劳动力就业等一系列问题。

6. 战略地位高

装备制造业是工业发展的基础,是关系着国家经济竞争力的战略性产业。在发展形势更加全球化和网络化的趋势下,装备制造业对国家的政治、经济具有重大的意义。

1.2 装备制造业的分类

一 装备制造业的界定范围

装备制造业范围广,门类多,产品杂,技术性强,服务面宽,涵盖了主机产品、维修配件和服务等。我国的产业分类标准与国际标准产业分类(联合国、世界银行、国际货币基金组织、经济合作与发展组织、欧洲共同体委员会等共同编制的"国际经济核算体系")(ISIC)及国际贸易标准分类(SITC)不同。为了使对"装备制造业"的界定能尽量与国际标准接近,以便适应我国加入WTO的形势,我们界定"装备制造业"的范围主要是指国际标准产业分类中的38大类,即ISIC38,包括金属产品、机器与设备制造。

我们所界定的"装备制造业"与国际标准产业分类、北美产业分类体系(NAICS)等的对应关系如图1-1所示。

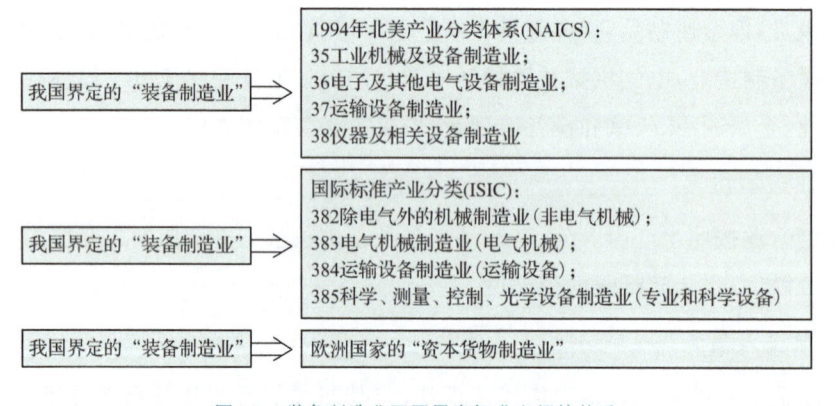

我国界定的"装备制造业"	→	1994年北美产业分类体系(NAICS): 35工业机械及设备制造业; 36电子及其他电气设备制造业; 37运输设备制造业; 38仪器及相关设备制造业
我国界定的"装备制造业"	→	国际标准产业分类(ISIC): 382除电气外的机械制造业(非电气机械); 383电气机械制造业(电气机械); 384运输设备制造业(运输设备); 385科学、测量、控制、光学设备制造业(专业和科学设备)
我国界定的"装备制造业"	→	欧洲国家的"资本货物制造业"

图1-1 装备制造业不同界定标准之间的关系

二 装备制造业的具体分类

装备制造业涉及的门类广,学术界对装备制造业的分类主要有"六分法"、"七分法"和"八分法"。按照《国民经济行业分类》(GB/T 4754—2017),可以用"八分法"将装备制造业分为金属制品业,通用设备制造业,专用设备制造业,铁路、船舶、航空航天和其他运输设备制造业,电气机械和器材制造业,计算机、通信和其他电子设备制造业,仪器仪表制造业,金属制品、机械和设备修理业。"七分法"是将铁路、船舶、航空航天和其他运输设备制造业合并为交通运输设备制造业,其中不包括金属制品、机械和设备修理业。"六分法"相比"七分法",不包括金属制品业,见表1-1。

表 1-1　　　　　　　　　　　装备制造业的分类法

六分法	七分法	八分法
通用设备制造业	金属制品业	金属制品业
专用设备制造业	通用设备制造业	通用设备制造业
交通运输设备制造业	专用设备制造业	专用设备制造业
电气机械和器材制造业	交通运输设备制造业	铁路、船舶、航空航天和其他运输设备制造业
计算机、通信和其他电子设备制造业	电气机械和器材制造业	电气机械和器材制造业
仪器仪表制造业	计算机、通信和其他电子设备制造业	计算机、通信和其他电子设备制造业
	仪器仪表制造业	仪器仪表制造业
		金属制品、机械和设备修理业

从表 1-1 可以看出,装备制造业的分类并不是一成不变的,随着技术创新水平的提高,装备制造业的分类也随之变动。

装备制造业的产业关联度高,带动性强,有较大的就业容量,其发展水平反映出国家在科学技术、工艺设计、材料、加工制造等方面的综合配套能力。按照《国民经济行业分类》(GB/T 4754—2017),装备制造业(八大类)的具体分类见表 1-2。

表 1-2　　　　　　　　　　　装备制造业(八大类)的具体分类

金属制品业 C33	通用设备制造业 C34	专用设备制造业 C35	铁路、船舶、航空航天和其他运输设备制造业 C37	电气机械和器材制造业 C38	计算机、通信和其他电子设备制造业 C39	仪器仪表制造业 C40	金属制品、机械和设备修理业 C43
331 结构性金属制品制造 332 金属工具制造 333 集装箱及金属包装容器制造 334 金属丝绳及其制品制造 335 建筑、安全用金属制品制造	341 锅炉及原动设备制造 342 金属加工机械制造 343 物料搬运设备制造 344 泵、阀门、压缩机及类似机械制造 345 轴承、齿轮和传动部件制造 346 烘炉、风机、包装等设备制造 347 文化、办公用机械制造 348 通用零部件制造 349 其他通用设备制造业	351 采矿、冶金、建筑专用设备制造 352 化工、木材、非金属加工专用设备制造 353 食品、饮料、烟草及饲料生产专用设备制造 354 印刷、制药、日化及日用品生产专用设备制造 355 纺织、服装和皮革加工专用设备制造 356 电子和电工机械专用设备制造 357 农、林、牧、渔专用机械制造 359 环保、邮政、社会公共服务及其他专用设备制造	371 铁路运输设备制造 372 城市轨道交通设备制造 373 船舶及相关装置制造 374 航空、航天器及设备制造 379 潜水救捞及其他未列明运输设备制造	381 电机制造 382 输配电及控制设备制造 383 电线、电缆、光缆及电工器材制造 389 其他电气机械及器材制造	391 计算机制造 392 通信设备制造 393 广播电视设备制造 394 雷达及配套设备制造 396 智能消费设备制造 397 电子器件制造 398 电子元件及电子专用材料制造 399 其他电子设备制造	401 通用仪器仪表制造 402 专用仪器仪表制造 403 钟表与计时仪器制造 404 光学仪器制造 405 衡器制造 409 其他仪器仪表制造业	431 金属制品修理 432 通用设备修理 433 专用设备修理 434 铁路、船舶、航空航天等运输设备修理 435 电气设备修理 436 仪器仪表修理 439 其他机械和设备修理业

1.3 装备制造业的作用

装备制造业的重要性受到各国学者的高度重视,早在 1986 年,美国麻省理工学院的十几位教授在《美国制造》一书中就曾提出"国防部军用装备依赖于制造业基础中的所有部门,因此在国防上严重依赖国外技术的国家,在政治上、军事上都是无力的","使得美国经济增长的大部分技术进步,其根源是国家制造业基础"。

国务院 2015 年发布《中国制造 2025》,提出我国要由制造大国向制造强国转变,装备制造业是实现制造过程智能化以及智能制造装备和产品的生产者,装备制造业中的新一代信息技术产业、高档数控机床和机器人、航空航天装备、海洋工程装备及高技术船舶、先进轨道交通装备、节能与新能源汽车、电力装备、农机装备、高性能医疗器械等高端装备制造业是实现《中国制造 2025》提出的制造强国战略目标的载体,因此装备制造业的发展对于实现我国制造强国的目标具有重要的战略意义。

一、装备制造业是国民经济的重要支柱,是出口创汇的重要产业

美国、日本、德国等发达国家长期以来都毫无例外地把制造业,特别是装备制造业作为其经济的重要支柱和强大国力的后盾。日本把机电工业称为经济起飞的先导部门,作为提高国民福利的"发动机产业"。20 世纪 70 年代,美国曾一度鼓吹机械工业是"夕阳工业",导致了美国竞争力十多年的衰退。1993 年 2 月,克林顿在硅谷的报告中提出"制造业始终是美国经济的脊梁"。据研究,当前工业发达国家 60% 的社会财富和 45% 的国民收入是由制造业创造的,其中美国 68% 的财富是由制造业创造的。从 20 世纪 50 年代起,美国机电工业占其工业总产值的比重为 1/3 以上,日本 1989 年达 44.8%,德国 1957 年达 47%。20 世纪 60 年代后期,在美国、日本、德国的机械工业产值中,生产资料(不包括军品、家用耐用消费品及轿车等)所占的比重分别为 75.1%、70%、73.6%。据统计,2006 年我国装备制造业占全国各项工业指标的比重为 1/5～1/4。2017 年,我国装备制造业的出口额达到 1.16 万亿美元,高于美国的 6 912 亿美元,占总出口额的比重达 51.39%,也高于美国的 44.5%。

邓小平曾指出,"发展外贸出口,光靠传统产业不行,要在机电产品上打主意"。国际上经济发达的国家则以其强大的制造业,特别是装备制造业来垄断国际市场。

二、装备制造业是用先进科学技术改造传统产业的重要助力者

装备制造业的水平和现代化程度决定了我国整个国民经济的水平和现代化程度。生

产率反映了一个国家的经济技术水平，是国际竞争力和国民收入的重要基础，而提高生产率主要依靠先进装备和科学管理，把先进科学技术转化为现实生产力来实现。在人类发展的历史长河中，随着社会发展和技术进步，大多数传统产业要不断地采用先进技术与装备，使产业升级、产品换代，将技术水平提升到一个新高度。我国国民经济各部门面临着用先进技术装备改造传统产业，从而提高技术水平、经济效益和生产率的艰巨任务。《中共中央关于制定国民经济和社会发展第十个五年计划的建议》提出，要加快工业改组改造和优化升级，都有赖于振兴装备制造业，装备制造业将为各行各业提供先进和成套的技术装备。《中华人民共和国国民经济和社会发展第十四个五年规划和2035年远景目标纲要》强调，坚持把发展经济着力点放在实体经济上，加快推进制造强国、质量强国建设，促进先进制造业和现代服务业深度融合。"十四五"规划将打造制造强国放到了更重要的地位。

三 装备制造业是高新技术产业和信息化产业发展的基础

《中共中央关于制定国民经济和社会发展第十个五年计划的建议》指出，要加快国民经济和社会信息化，要"以信息化带动工业化"。在电子技术、信息技术及其他高新技术的发展和应用中，与装备制造技术相结合，使装备制造业及其产品在技术上产生新的飞跃。电子技术、信息技术与装备制造技术的关系，从其内在联系上来讲是相互渗透、相互结合、相互促进、共同发展的。在国际上，发达国家是在工业化的基础上发展信息化的，没有先进的电子和信息产品的制造设备，就谈不上信息化；反之，没有电子和信息技术的发展和应用，装备制造业就难以实现今天在技术上的飞跃。如果没有先进的装备制造业，不掌握电子和信息装备的核心制造技术，我国信息产业的发展必然会受到制约，难以自立。根据《智能制造装备产业"十二五"发展规划》，高新技术产业与装备制造业彼此依赖、相互作用，两个系统之间的协同发展有利于促进我国制造业高质量发展。

四 装备制造业是国家经济安全和军事安全的重要保障

经济全球化和市场国际化是国际经济大潮流，我国国民经济发展所需的许多设备都可以从国外进口，但由于经济和政治原因，发达国家一般不会将最先进的、最核心的技术转让给我们。有的外商只愿意向中国市场出口产品，而不同意合作和转让技术；有的外商在国际产业结构大调整中把一些劳动力密集型产业的产品转移到中国来生产，中方只是他们的一个生产车间，并不掌握核心技术，至于涉及国防领域的先进技术和装备，虽然"输出管制统筹委员会"已不存在，但是仍严格控制向我国转让与军事有关的技术，对一些民用设备也有各种限制和监督措施。因此，只有依靠我们自身的力量装备中国，才能真正实现跨越式发展，不断提高国力，使我国成为一个经济大国和经济强国。

五 装备制造业是解决我国劳动力就业的重要途径

改革开放以来,我国经济取得了重大发展和变化,但是我国工业化的任务远未完成。马克思曾指出:"大工业必须掌握它特有的生产资料,即机器本身,必须用机器来生产机器,这样大工业才能建立起与自己相适应的技术基础,才得以自立"。工业化的实质在某种意义上就是用机械化和社会化的生产方式和生产手段来代替作坊式的手工劳动,其中包括实现农业机械化,并把大批农业劳动力解放出来,将其转移到第二、第三产业从事工业生产及服务业。从长远战略看,我国工业化的任务还十分繁重,提高农村城镇化水平,发展第二产业,特别是装备制造业,是解决我国就业问题的重要途径。

练习与思考

一、填空题

1. 装备制造业的特征包括技术性(　　),涵盖内容(　　),产业关联度(　　),资源投入量(　　),劳动密集,战略地位(　　)。
2. 我国装备制造业的界定采用了国际标准产业分类,共分为(　　)类。

二、简答题

1. 装备制造业的概念是什么?
2. 请简述装备制造业对推动国民经济发展的重要作用。
3. 高端装备制造业与传统制造业的区别是什么?

第 2 章 装备制造业的现状与发展

装备制造业的发展水平是一个国家综合国力的重要体现,国家重大装备制造业更是事关国家经济安全、国防安全的战略性产业。中国装备制造业的发展是与中国产业发展政策密切相关的。根据中国经济发展的不同时期以及制订的经济发展计划,可以将中国装备制造业划分为起步阶段、成长阶段、起飞阶段和自主创新阶段。中国装备制造业从中华人民共和国成立之初的"一穷二白"发展到如今,取得了令人瞩目的成就,形成了门类齐全、具有相当规模和技术水平的产业体系。

2008 年金融危机之后,世界各国对制造业更加重视,美国在 2009 年提出了再工业化战略,德国在 2013 年提出了"工业 4.0"战略。2014 年李克强到德国访问,两国发表《中德合作行动纲要:共塑创新》,工业 4.0 合作正式被提上日程。2015 年国务院正式印发了《中国制造 2025》战略文件。2016 年在博鳌亚洲论坛开幕式上,李克强指出实施创新驱动发展战略,进一步发展高新技术产业,大力实施"中国制造 2025"。

能力目标 >>>

- 通过了解装备制造业的现状,由此及彼,理解装备制造业的发展趋势,培养举一反三、触类旁通的能力。
- 通过对比认识我国装备制造业和国际装备制造业的现状及发展,在感悟中提高对装备制造业的认识深度和宽度。

知识目标 >>>

- 了解国际装备制造业的现状和特点。
- 认清我国装备制造业的现状和特点。
- 总结我国装备制造业的发展趋势。
- 能概述国际装备制造业的发展趋势。

素质目标 >>>

培养良好的人文素养、社会责任感,增强职业自豪感和民族自豪感,能对我国装备制造业的未来发展规划提出自己的见解;具有环保意识、安全意识、信息素养、工匠精神、创新思维,勇于奋斗、乐观向上,具有较强的集体意识和团队合作精神。

2.1 我国装备制造业的现状与发展

一、我国装备制造业的现状

(一)我国装备制造业的地位

装备制造业是为国民经济和国防建设提供生产技术装备的制造业，是制造业的核心组成部分，是国民经济发展,特别是工业发展的基础。建立起强大的装备制造业,是提高我国综合国力并实现工业化的根本保证。党的十六大报告指出,"坚持以信息化带动工业化,以工业化促进信息化,走出一条科技含量高、经济效益好、资源消耗低、环境污染少、人力资源优势得到充分发挥的新型工业化路子",并指出"用高新技术和先进适用技术改造传统产业,大力振兴装备制造业",进一步明确了装备制造业的战略地位。

2006 年国务院印发了首个关于装备制造业完整的政策性文件《关于加快振兴装备制造业的若干意见》。2009 年国务院发布了《装备制造业调整和振兴规划》。"十二五"规划中政府把高端装备制造业作为战略性新兴产业,给予大力支持。李克强在 2015 年的两会报告中提及支持高端装备制造业的发展。2019 年政府工作报告指出,要推动传统产业改造升级,促进先进制造业和现代服务业融合发展,拓展"智能+",培育新一代信息技术、高端装备等新兴产业集群。2020 年政府工作报告强调,要推动制造业升级和新兴产业发展,提高科技创新支撑能力。可见,政府一直非常重视装备制造业在推动我国工业化进程和经济快速发展中的重要作用。

装备制造业是强国富民之本,是"工业化之母",是高新技术产业之根,是现代国防之基。在一个国家的工业化和现代化过程中,装备制造业具有极强的带动效应,其发展程度直接影响相关行业的技术创新和技术平台的升级,也是一个国家产业结构优化的推动力量。装备产业的整体发展程度和技术水平是衡量国家技术、经济实力及综合国力的重要指标,也是生产服务水平和产业升级的标志。

装备制造业是国民经济的支柱产业和带动经济快速增长的发动机。随着经济水平的提高和高新技术的进步,我国装备制造业的规模水平不断提高,总体资产庞大,成为推动我国工业发展的重要贡献者。

装备制造业是吸纳劳动力和提高就业率的重要载体。装备制造业不是单一的流水线工作,而是整合了设备生产的全过程,其加工环节众多,生产过程复杂。虽然无人作业逐渐发展起来,但是目前的应用范围有限,而且成本高,所以各个生产环节还是需要大量的劳动力参与。装备制造业对科研人员的需求量也很大,其发展关系着劳动力就业等一系列问题。

装备制造业是实现经济增长方式转变和推进传统产业改造升级的根本手段。我国正处在经济增长方式从粗放型向集约型转变的时期，经济增长方式的集约化不再是盲目追求速度和产量，而是注重效率和质量，以及节约资源和降低污染。集约化的决定性因素是加速技术进步，集约化的物质基础是开发先进、高效的技术装备。

装备制造业是科技成果转化为生产力的桥梁和通道。装备制造业是科学技术和知识转化为生产力的最具深度、最有影响的产业。技术装备作为技术载体，是科研成果转化为生产力的媒介和桥梁，是科研成果从潜在效益转化为现实效益的重要手段。技术装备是技术含量、附加值和产业关联度高以及出口贸易利益较大的商品，因而它是工业发达国家乃至工业发展中国家在国际市场上角逐的重点，也是世界贸易的主导商品和增长速度最快的商品。

(二) 我国装备制造业的发展成就和存在的问题

经过几十年的发展，我国装备制造业已形成门类齐全、产业规模庞大的产业群，一些产品已达到世界领先水平，取得了不错的成绩。我国已经成为制造大国，装备制造企业的出口规模快速扩大，产业升级加快，逐步向发达国家核心利益领域迈进。但同时，传统装备制造业还面临着高端核心技术或设备依赖国外进口、技术创新体系不健全以及产品产能过剩等问题，国内成套设备的供应量不足，大而不强特征明显，是我国装备制造业的现实缩影。

1. 我国装备制造业的发展成就

经过改革开放 40 多年的发展，我国装备制造业取得了令人瞩目的成就，具有相当规模和一定技术水平的装备制造体系，为国民经济发展和国防建设做出了重要贡献，主要体现在：

(1) 我国装备制造业的结构调整取得了重要进展。以国有和国有控股企业占主体地位的格局发生了历史性变化，资本结构趋向多元化。在国有企业承担重大科研项目的同时，民营企业也取得了长足的发展并形成了一定的规模，这促进了我国装备制造业的健康发展，真正体现了以公有制为主体、多种所有制经济共同发展的思路。

(2) 产业战略布局有很大改善。经过多年的努力，我国已经形成了辽中南、京津唐、沪宁杭、珠江三角洲等工业基地，从而形成了北、中、南相对平衡的产业布局。在这样的布局下，我国装备制造业的主要行业产业的集中度不断提高。整体来看，我国装备制造业的投资呈逐年增长趋势，国家推动传统行业转型升级，国内大规模基础设施建设以及消费市场规模的扩大，为相关装备制造业企业迎来较好的发展前景。

(3) 我国装备制造业的国际竞争力显著提高。2011 年，入围世界 500 强的中国企业数量仅有 58 家。2015 年以来，我国入围世界 500 强的企业数量呈快速增长趋势。2019 年，中国入围世界 500 强企业达到 129 家，成为世界第一。2022 年度《财富》世界 500 强排行榜发布，我国共有 145 家公司上榜，上榜数量连续第四年位居各国之首。从 145 家上榜企业所属行业来看，金属产品行业依旧是中国上榜企业分布最多的行业，共有 19 家，而且行业前三位均被中国企业包揽；航天与防务行业上榜企业 6 家；电子、电气设备行业上榜企业 7 家；车辆与零部件行业上榜企业 8 家；采矿、原油生产行业上榜企业 9 家；工程与建筑行业企业上榜12家。作为全世界唯一拥有国际标准产业分类中全部工业门类的国家,我国装备制造业的产品门类非常广,涵盖了金属制品业、通用设备制造业、专用设备制造业、铁路、船舶、航空航天和其他运输设备制造业、电气机械和器材制造业、计算机、通信和其他电子设备制造业、仪器仪表制造业、金属制品、机械和设备修理业等八个大类。从产品类别看,汽车、高铁、机床、发电机组、集成电路、程控交换机、矿山专业设备等产品在我国都有较好的产业基础和配套。特别是近些年来,我国装备制造业在一些领域正逐步实现突破。例如:我国已经完成国产大型客机 C919 的试飞,商用飞机行业正在逐步发展;京东方科技集团股份有限公司经过几年时间的自主研发,已经跻身全球半导体显示工业的领先行列。

2. 我国装备制造业存在的问题

改革开放40多年以来,我国装备制造业融入全球化分工体系,大力承接劳动密集型产业环节,其规模快速扩张,有力支撑了我国现代化产业体系建设,但同时,大而不强是我国装备制造业面临的主要问题,具体如下:

(1)出口规模快速扩大,但对进口设备依赖较大

近年来,我国装备制造业的出口复杂度逐步提升,除通用设备与计算机、通信和其他电子设备有所降低外,其他行业都有不同程度的上升。目前,我国装备制造业的出口复杂度与美国、日本、德国等世界发达国家仍存在较大差距,技术含量仍处于世界较低水平。同时,我国装备制造业的发展依靠大量进口国外高端设备和功能零部件。在装备制造业领域,我国进口的主要产品有集成电路、汽车、仪器仪表、显示面板、自动数据处理器、飞机和航空器、电子元器件、医疗器械等。此外,一些核心部件,如机器人的高精密减速器、高性能伺服电动机和驱动器、高性能控制器、高精度传感器和末端执行器等关键零部件,增材制造的高光束质量激光器及光束整形系统,伺服电动机高精度编码器,数控机床所用高效刀具等,也都依赖进口。

(2)技术创新和人才结构方面仍存在突出问题

我国目前对装备制造业的研发投入严重不足,例如发明专利的资金投入较少,专利的创新层次较低,主要集中在实用型和外观设计方面,而发明专利的数量较少。同时科技创新成果向产业转移转换的成功率偏低,与发达国家存在较大差距;科研院所的科技创新与产业发展难以形成互动局面。

装备制造业的人才结构存在不合理现象。目前,我国装备制造业人才聚集高地已初步形成,但是并未缓解企业"用工荒"的难题,大量与工业机器人、智能制造相关的岗位招不到合适的人才。这主要是由装备制造业人才结构性过剩与短缺造成的,传统产业人才素质提高和转岗转业任务艰巨,领军人才和大国工匠紧缺,先进制造技术领域人力不足。同时,装备制造业的人才培养和企业实际需求脱节,产教融合不够深入,也是导致装备制造业人才结构失衡的原因。

(3)产能过剩,产品存货持续增加

自改革开放以来,我国装备制造业在短时间内发展迅猛,这不仅大大提升了我国的综合实力,还为我国在国际上站稳脚跟做出了巨大贡献。但在经济快速增长的过程中,不可避免地留下了一些"顽疾",其中最主要的就是产能过剩问题。在工业整体存在产能过剩问题的情况下,装备制造业"首当其冲"。目前装备制造业部分领域的产能利用率低下,结构性产能过剩严重,汽车、船舶、通信设备制造业等产业已经成为公认的产能过剩严重的

行业。

以通信设备制造业为例,作为电子信息产业的支柱产业之一,它已经成为新的经济增长点。目前我国的通信设备制造业正处于成长期,市场规模逐步扩大,新技术被大量地应用。但近年来由于通信设备制造业产品供应充足,国内市场容量有限,部分产品已经出现了供大于求的情况。比如近年来国内手机行业发展迅猛,但随着各大企业都在扩大投入进行再生产活动,行业利润和产品毛利越来越低,行业已经进入产能过剩状态。

(4)高端装备制造业的发展面临技术瓶颈、竞争力下降等问题

关键技术对于高端装备制造业的发展举足轻重,但由于技术的攻坚有着很大的壁垒,因此限制了高端装备制造业的快速发展。尽管我国目前的科技水平有了很大的提升,无论是创新还是制造都走在了国际前列,但相较于先进国家的一些行业和细分领域,我国在自主研发方面的投入较少,因此在创新能力方面还落后于一些先进技术国家。同时,在部分高新技术领域,核心技术与专利仍然被一些先进技术国家所垄断,导致我国高端装备制造业企业发展的相关技术、制造的衍生产品缺乏核心竞争力。

二 我国装备制造业的发展

(一)我国装备制造业的发展历史及成就

中国装备制造业的发展是与中国产业发展政策密切相关的。在计划经济时期、有计划的商品经济时期、计划经济向市场经济转轨时期以及社会主义市场经济时期出台的各种产业发展政策,均不同程度地影响了中国装备制造业的发展,产业发展政策成为推动中国装备制造业发展的重要因素。根据中国经济发展的不同时期以及制订的经济发展计划,可以将中国装备制造业划分为起步阶段、成长阶段、起飞阶段和自主创新阶段。

1. 中国装备制造业的起步阶段(1949—1978年)

中华人民共和国成立之前,我国虽然建有一些装备制造业企业,但基础十分薄弱,产品极为落后,只在少数几个城市存在一些装备企业,如广州的船舶修造厂,主要对进口机器进行维修及从事装配业务。

中华人民共和国成立后,国家实施了从"一五"到"四五"的发展规划,对机械装备工业进行了一系列改组、改造工作,同时筹建了大型骨干装备企业。

第一个五年规划时期(1953—1957年),我国装备制造业有了初步的发展。1953年底鞍山钢铁公司大型轧钢厂等三大工程建成投产;1956年我国第一个生产载重汽车的工厂——长春第一汽车制造厂生产出第一辆汽车;1956年中国第一个飞机制造厂——沈阳飞机制造厂试制成功了第一架喷气式飞机;1956年中国第一个制造机床的工厂——沈阳第一机床厂建成投产;1957年全长1670米的武汉长江大桥建成并正式通车,连接了长江南北的交通。

第二个五年规划时期(1958—1962年),我国装备制造业发展的主要任务是由一般普

通产品向大型精密产品和一般成套设备过渡。中华人民共和国第一机械工业部完成了年产2.5万吨合成氨设备及年处理原油100万吨的炼油设备,完成了首批精密机床的研制,开始了包括3万吨压力模锻水压机在内的九大设备的研制工作。特别是1960年苏联专家撤走后,我国装备制造业在极端困难的情况下完成了包括原子能反应堆、核原料加工设备及核物理试验设备等高科技产品的研制,完成了航天、航空、舰船、兵器等军工任务,这些尖端产品是在国际严密封锁下,依靠国内力量艰苦奋斗完成的。

1949—1978年是中国装备制造业的起步阶段,该阶段中国装备制造业在曲折前进中取得了一定的成就,初步形成了具有一定规模水平、门类比较齐全的装备制造体系。西部地区建设了以重庆为中心的西南装备工业基地,以及湘西、鄂西和西北等各具特色的机械工业基地,如第二重型机器厂、四川三大动力设备(汽轮机、发电机、锅炉)厂、第二汽车制造厂、贵州和甘肃的低压电器厂、西北和西南的机床工具厂等,还有分布在西南、西北各地区的航天、航空、兵器等国防和尖端工业科研、生产基地。中国装备制造业的布局发生了较大的变化。

中国装备制造业在起步阶段发展的基本特点:在封闭经济条件下进行自力更生的工业建设,以高关税、高估本币等方式推进装备产品进口替代;工业生产以供应国内市场为目标,初步奠定了工业化的基础;建立了专业科研机构,具有一定装备产品开发能力,形成了较完整的装备制造体系。该阶段装备制造业的技术进步以政府为投资主体,对企业生产经营、技术研发进行严格控制;企业既缺乏技术改造、技术进步的能力,又缺乏主动进行技术改造、推动技术进步的内在机制;装备制造业中的科研单位和企业脱节;装备制造业所历经的是一个由政府推动的、在若干重点领域和重点产品的技术进步过程,而非普遍的、持续的技术进步过程。

2. 中国装备制造业的成长阶段(1979—1996年)

1979—1996年是我国装备制造业的成长阶段。该阶段我国装备制造业在对外开放中得到了迅速发展,技术进步的模式、方法和途径有了很大变化。

该阶段我国装备制造业全方位开展与发达国家的技术合作,积极引进国外先进技术和管理方法,进口了一大批国外先进设备,提升了我国工业的生产能力,促进了产品结构的升级换代。

持续、大规模引进技术,一方面说明中国装备工业在更加开放的条件下发展,可以及时与国际装备制造业进行技术交流,对装备制造业利用后发优势有益;另一方面表明中国装备制造业在发展了几十年后仍然在技术上处于相当落后的地位,因而存在较大的引进技术空间,引进技术仍然是装备制造业先进技术的主要来源。

该阶段中国装备制造业发展的基本特点:实行对外开放,利用国内、国际两个市场和两种资源,特别鼓励利用外资;以逐步降低关税、本币较大幅度贬值及实行汇率双轨制等方式推进出口替代;逐步完成从主要出口初级产品向出口工业制成品的转变,出口商品中工业制成品的比重不断提高;市场经济基本解决了传统产业领域中的经济短缺问题;许多传统产业开始进入成熟阶段,中国成为世界瞩目的工业生产大国。

3. 中国装备制造业的起飞阶段(1997—2005年)

1999年11月20日,我国第一艘载人航天试验飞船"神舟"号发射成功,标志着我国装备制造业高技术工程达到新的高度。在1997—2005年期间,还有国产新一代支线客机"新舟60"研制成功;我国20世纪内兴建的最大水电能源项目——二滩水电站550兆瓦水轮发电机组投产;以我国为主、立足国内的"宝钢二期工程"完成了250吨氧气转炉和1 550毫米冷连轧板机等一大批世界水平冶金设备的制造;现代化大型乙烯成套装置的核心设备——乙烯三机、乙烯裂解炉等相继试制成功。

1997—2005年是中国装备制造业的起飞阶段,这一时期中国装备制造业发展的显著特点:积极参与国际分工和国际竞争;国内市场和国际市场趋向一体化,即国内市场开放成为国际市场的组成部分;以不断降低关税(少数产业的有限保护)和有管理的浮动汇率(汇率保持基本稳定)等方式推进装备制造业发展的国际化。

4. 中国装备制造业的自主创新阶段(2006年至今)

第十一个五年规划时期(2006—2010年),我国装备制造业的结构调整取得重要进展,资本结构趋向多元化,主要行业产业的集中度不断提高,固定资产的投资持续高速增长。同时,科技创新成果成为推动行业持续发展的强劲动力,发展质量明显提高。

我国重大技术装备自主化成绩显著,装备保障能力显著提高。高效清洁发电设备已能基本满足国内需求,技术水平和产品产量已经进入世界前列。我国成为世界上首个特高压输变电设备投入工业化运行的国家。

从2009年到2011年,我国连续3年产业经济总量位居世界第一,高端装备制造业已形成一定的产业规模,2010年我国高端装备制造业实现约1.6万亿元的销售收入,这些条件为高端装备制造业的发展奠定了坚实的基础,开发出了一大批具有知识产权的高端装备,如百万千瓦级超临界火电发电机组、百万千瓦级先进压水堆核电站成套设备、1 000千伏特高压交流输变电设备(图2-1)、±800千伏直流输变电成套设备、百万吨乙烯装置(图2-2)所需的关键装备、超重型数控卧式镗车床、精密高速加工中心(图2-3)、2 000吨履带起重机、ARJ21新型支线客机(图2-4)、"和谐号"动车组、3 000米深水半潜式钻井平台等,已初步形成了高端装备制造产业格局。

图2-1 1 000千伏特高压交流输变电设备

图2-2 百万吨乙烯装置

图 2-3　精密高速加工中心　　　　　　　图 2-4　ARJ21 新型支线客机

2012 年 5 月，工业和信息化部发布了《高端装备制造业"十二五"发展规划》。高端装备制造业作为国家支持发展的七大战略性新兴产业之一，有着极其重要的作用，它既有广阔的市场需求，又是改造、提升传统产业的重要力量，也是发展节能环保、新能源、生物、下一代信息技术产业等其他战略性新兴产业的重要支撑。

第十三个五年规划时期（2016—2020 年），高端装备步入政策红利期。"十三五"规划指出，为实现制造强国战略，未来五年中国将实施高端装备创新发展工程，包括航空航天装备等八大行业。除了政策长期利好外，随着制造业转型升级和国产化替代的推进，高端装备国内外市场需求量巨大。"十三五"期间重点发展的八大高端装备制造行业是航空航天装备、海洋工程装备及高技术船舶、先进轨道交通装备、高档数控机床、机器人装备、现代农机装备、高性能医疗机械、先进化工成套装备。

在 2012 年《财富》杂志世界 500 强排行中，中国大陆共有 73 家企业上榜，2017 年《财富》杂志世界 500 强榜单上的中国大陆企业增长至 109 家。华为技术有限公司是 1987 年成立的一家生产、销售通信设备的民营通信科技公司，现在已经成为全球领先的信息与通信技术解决方案供应商。2017 年 8 月全国工商联发布 2017 中国民营企业 500 强榜单，华为投资控股有限公司以 5 200 多亿元的年营业收入蝉联 500 强榜首。

"中国制造"撑起超级工程"世界之最"的港珠澳大桥（图 2-5），于 2018 年 10 月 24 日正式通车，这是拥有世界上最长海底隧道的大桥，隧道全长 6.7 千米，全部采用沉箱预制搭建；这是世界上最长的钢结构桥梁，仅主梁钢板用量就达到 42 万吨，相当于建 60 座埃菲尔铁塔的用量。港珠澳大桥横空出世，横跨伶仃洋海域，这是"一国两制"框架下粤、港、澳首次合作建设的世界级超大型跨海交通工程。"中国装备"的长足发展和创新让质量达 6 000 吨的最终接头吊装变成可能。港珠澳大桥凝聚了几代人的心血和智慧，展示了我国的综合实力，代表了国际领先水平，是"中国制造"的典型代表。

图 2-5　港珠澳大桥

(二)辽宁装备制造业的发展

1. 辽宁装备制造业的优势

经过多年的发展,辽宁装备制造业构筑了较完整的工业体系,在全国居于举足轻重的地位。

(1)在重大成套装备和重要装备产品领域居于国内领先地位

与当代世界先进水平相比,辽宁装备制造业大体处于国际 20 世纪 90 年代初期的水平。其中数控机床及数控系统、船舶、铁路机车、输配电及控制设备、燃气轮机、石化及其他工业专用设备、矿山和冶金专用设备、环保设备、轴承以及轻型客车、车用柴油发动机等产品的数量和技术水平均位居全国前列,具有重大装备的成套能力。

(2)拥有一批国内同行业的"排头兵"企业

辽宁省的装备制造业主要分布在沈阳、大连两市,具有一大批国内同行业的"排头兵"企业,形成了具有竞争优势的装备制造业集群。

沈阳飞机工业(集团)有限公司(简称沈飞集团公司或沈飞)隶属于中国航空工业集团有限公司,是以航空产品制造为主业,集科研、生产、试验、试飞为一体的大型现代化飞机制造企业,是中国重要歼击机研制生产基地。70 年来,沈飞集团公司共研制出多种型号数千架歼击机,创造了中国航空史上多个第一,为我国航空武器装备的发展做出了重大贡献,被誉为"中国歼击机的摇篮"。

中国航发沈阳黎明航空发动机有限责任公司(简称中国航发黎明)隶属于中国航空发动机集团,主要业务涵盖航空发动机、国际业务与民机等诸多领域。自 1954 年成立以来,公司共修理、仿制、改进改型并研制了多型号发动机,为国防建设提供了强有力保障;生产了我国第一台拥有自主知识产权的涡喷发动机——"昆仑"发动机以及第一台自主研发的大推力涡轮风扇发动机——"太行"发动机;承担诸多科研任务,主要包括新一代航空动力和新型燃气轮机等,被誉为"中国航空发动机的摇篮"。

沈阳机床(集团)有限责任公司是全国较大的机床开发制造商,国家特大型企业和重点高新技术企业,拥有一个国家级技术中心、三个行业研究所。公司的中高档数控机床已成批量进入汽车、国防军工、航空航天、轨道交通等重点行业的核心制造领域。公司通过了 2020 年复核评价的国家技术创新示范企业。

特变电工沈阳变压器集团有限公司(简称特变电工沈变公司)原为沈阳变压器厂,始建于 1938 年,是变压器产业集团的核心企业,中国重大装备制造业核心骨干企业。公司拥有中国变压器行业唯一的国家工程实验室,是行业历史较长、规模较大、技术实力较强的骨干龙头企业,中国特高压、大容量、直流输电产品的重要研发基地。公司全面掌握了火电、水电、核电产品核心技术。

沈阳鼓风机集团股份有限公司(简称沈鼓集团)始建于 1934 年,是中国重大技术装备行业的支柱型、战略型领军企业,担负着为大型乙烯、大型炼油、大型煤化工、大型电力、大型冶金等关系国计民生的重大工程项目提供国产装备的任务,其生存与发展关系着国家经济安全。沈鼓集团几十年矢志不渝地履行历史责任,形成了"敢为天下先"的企业品格,具备了比肩国际一流的核心技术和制造能力。沈鼓集团现已具备年产 100 万吨大型乙烯装置、千万吨炼油装置、5.2 万空分装置、60 万吨 PTA、100 万吨甲醇、大型长输管线压缩机、125 吨大推力往复压缩机以及 100 万千瓦核电火电用泵、国防海军装备用泵等重大技术装备的配套能力。

沈阳气体压缩机股份有限公司是国有大型一类骨干企业,也是我国压缩机行业的主导企业和科研试验基地,行业压缩机研究所就设在这里。公司始建于 1998 年,是中华人民共和国成立后第一个生产压缩机的专业制造企业。中国第一台空气压缩机、第一台无油润滑压缩机、第一台工艺压缩机、第一台超高压压缩机、第一台舰艇用压缩机、第一台大型氧压机、第一台大型氢压机等,都是在这里设计、制造成功的。它是我国生产压缩机历史最长、规模最大、品种最多、设备条件最好、技术力量最强的专业生产企业。

沈阳新松机器人自动化股份有限公司(简称新松)成立于 2000 年,隶属于中国科学院,是一家以机器人技术为核心的高科技上市公司。作为中国机器人领军企业及国家机器人产业化基地,新松拥有完整的机器人产品线及工业 4.0 整体解决方案。作为中国机器人产业的"头雁",新松已创造了百余项行业第一,成功研制了具有自主知识产权的工业机器人、协作机器人、移动机器人、特种机器人、服务机器人等五大系列百余种产品,面向智能工厂、智能装备、智能物流、半导体装备、智能交通,形成十大产业方向,致力于打造数字化物联新模式。产品累计出口 40 多个国家和地区,为全球 3 000 余家国际企业提供产业升级服务。

中车沈阳机车车辆有限公司(简称中车沈阳公司)的前身为沈阳机车车辆厂,始建于 1925 年,是国内以修造铁路货车和检修内燃机车为主的机车车辆工业大型企业,货车年检修量占全国的四分之一,是亚洲最大的货车生产基地。

中车大连机车车辆有限公司是我国唯一能同时自主研制并批量出口内燃机车、电力机车、发动机、城轨车辆的轨道交通行业国家重点大型企业。中华人民共和国成立之初,公司被确立为我国机车车辆设计主导企业和生产制造基地,援建了近十家铁路同行业企业,被党和国家领导人誉为"机车摇篮"。

大连船舶重工集团有限公司(简称大船集团)隶属于中国船舶重工集团有限公司,是当今中国最大、国际知名的船舶制造企业,可为用户提供从产品研发、设计、建造到维修、改装与绿色拆解这一全生命周期服务,也是汇聚了军工、民船、海洋工程装备、修/拆船、重工等五大业务板块的装备制造企业集团。大船集团是中国为海军建造舰船最多的企业,成功建造并交付了我国第一艘航空母舰"辽宁舰",目前承担着多项重大的军工项目建造任务,是目前中国海军最重要的合作方和舰船建造基地。

瓦房店轴承集团有限责任公司(简称瓦轴集团)始建于1938年,是中国轴承工业的发源地,其综合经济技术指标在国内轴承行业中排名第一位,在世界轴承行业中排名第八位。瓦轴集团先后北迁创立了哈尔滨轴承厂,援建了洛阳轴承厂,包建了西北轴承厂,并相继为全国上百个轴承企业提供了人才、技术与管理等方面的支持与帮助,为中国轴承工业的发展做出了重要贡献。瓦轴集团的主导产品是重大技术装备配套轴承、轨道交通轴承、汽车车辆轴承、风电新能源轴承、精密机床及精密滚珠丝杠、精密大型锻件等。公司在国内外拥有八大产品制造基地,共23家制造工厂,拥有国家级企业技术中心、国家轴承产品检测试验中心和中国轴承行业唯一的国家大型轴承工程技术研究中心等科研机构。瓦轴集团18 000多种轴承产品全部拥有自主知识产权,占世界全部常规轴承品种的26%,并以每年开发近千种新产品的速度满足市场需求,新产品占销售收入的45%左右,产品远销世界100多个国家和地区。

通用技术集团大连机床有限责任公司曾是中华人民共和国成立初期全国机床行业"十八罗汉"骨干企业之一,全国大型组合机床、柔性制造系统及自动化成套技术与装备的研发制造基地和中国机床行业的"排头兵"企业。80多年来,公司为汽车、军工、航空航天、农机、采矿冶金、地质勘探等行业提供了各类机床40多万台,产品遍布全国,远销世界100多个国家和地区。

大连重工·起重集团有限公司是国家重机行业的大型重点骨干企业,也是国家520户重点企业之一,建有国家级技术中心。公司主要为冶金、港口、能源、矿山、工程、交通、航空航天、造船、环保等国民经济基础产业提供成套技术装备、高新技术产品和服务,现已形成冶金机械、起重机械、散料装卸机械、港口机械、能源机械、传动与控制系统、船用零部件、工程机械、海工机械等九大产品结构。

(3)具有开发高新技术产品和发展装备类新兴产业的技术基础

目前,辽宁省的装备制造业企业涉及以机床和轴承为代表的基础类装备、以石化设备和重型矿山设备及输变电设备为代表的重大工程专用装备、以船舶和汽车及机车为代表的交通运输类装备、以新型潜水器和新型航空器为代表的现代军事装备、以工业机器人为代表的高新技术装备等领域,具备重大技术装备研发、设计和制造的基础和能力;有一批国家级科研院所、具有科研能力的大专院校以及隶属于各工业部门的科研单位,是一支重要的科研开发力量;初步形成了引进高新技术装备类产品的外部环境,良好的企业基础吸引了一些国际知名企业来辽宁生产高新技术产品,大连、沈阳、鞍山、营口、丹东等地的国家级经济技术开发区和高新技术开发区,为引进、开发高新技术产品创造了有利的环境条件。

(4)发展成为国家重要的军事装备科研生产基地

辽宁是国家重点扶持建设的重要军事装备科研和生产基地,已建设形成了包括航空、航天、兵器、船舶、核工业这五大行业的、具有国内先进水平的国防科技工业体系,其中船舶、航空和兵器工业在全国军工系统中占有重要地位,担负着我国军舰、歼击机、导弹、炮弹、火工品等海、陆、空武器装备的生产和科研任务,经济总量位居全国前列,为我国的国防安全做出了重大贡献。同时,辽宁省以雄厚的工业基础为国防军工提供了重要的产品和配套服务,是全国重要的军工配套大省。全省近百个单位承担着重要的军工配套任务,分布在机械、冶金、电子、化工、建材、轻工、纺织以及大型的研究院所、大专院校等,主要产品有特种钢、高温合金、有色金属合金、轴承、阀门、电缆、橡胶制品、电子产品等。

2. 辽宁装备制造业的发展环境

目前,世界经济全球化与信息技术的迅猛发展给经济发展带来了深刻影响。我国加入世界贸易组织之后,经济、科技的发展已完全融入国际大潮之中,2015 年 12 月出台的《中国制造 2025 辽宁行动纲要》指出,辽宁省要在"十三五"规划期间建成国家高端装备、智能装备制造业战略基地和核心集聚区,辽宁装备制造业面临着诸多发展和振兴的良好机遇。

一是国内方面,已经形成了有利于辽宁装备制造业发展的良好环境。党中央、国务院高度重视东北地区等老工业基地振兴,党的十九大明确提出,深化改革,加快东北等老工业基地的振兴,实施西部大开发战略,加快东部地区发展并率先实现全面小康和现代化,支持东北地区等老工业基地加快调整、改造,实行东西互动,带动中部,促进区域经济协调发展,这是党中央做出的我国现代化建设的重大战略布局。振兴老工业基地既是东北等地自身改革发展的迫切要求,又是实现国家经济社会协调发展的重要战略举措。

二是国际方面,国际产业结构调整并向中国转移,使辽宁装备制造业能够在国际分工的新格局中确定自己的新位置。

经济的全球化趋势使得世界各国之间的经济依存度日益提高,国际贸易大幅度增长。一方面,发达国家由于劳动成本不断上升,不得不将大批传统产业向发展中国家转移,以致力于高科技、金融、服务行业的发展;另一方面,发展中国家将本国的工业能力化作低成本的商品,外销欧美经济发达国家,营利后形成原始积累,随后日渐发展进步,甚至有能力与经济发达国家竞争。

辽宁省具有承接国际产业转移的优势。辽宁邻近日本、韩国,沈阳、大连等城市已具备良好的装备制造业基础和社会及自然环境,如果政策环境、服务水平能进一步改善,将会成为新一轮产业转移的热土和主要受益者。以装备制造业为核心的制造业是当前辽宁省比较具有优势的产业,抓住国际产业结构调整的机遇,积极地、有选择地承接发达国家的产业转移,是现阶段辽宁省经济发展的理性选择,也是建设先进装备制造业基地的一条现实途径。

三是具有巨大的国内外市场需求。国民经济的发展和产业升级,为辽宁省装备制造业提供了广阔的市场空间。

四是我国装备制造业的发展滞后,客观上对辽宁省装备制造业的发展提出了更高、更迫切的要求。

3. 沈阳装备制造业的发展

如今,沈阳装备制造业经过战略性调整,已确定了机械装备制造业、汽车及零部件、航空、电子信息四大优势产业为发展重点,基本形成了新型产业体系框架。沈西"工业走廊"将建设成为新型重工业基地,浑南区将成为航空制造业及高新技术产业基地,沈北新区将成为光电通信产业基地,大东区将成为汽车及零部件产业基地。目前,机械装备、汽车、航空三大聚集区的建设已初见成效。

同时,新型骨干企业体系开始发展,形成了以沈阳机床(集团)有限责任公司、沈阳鼓风机集团股份有限公司、北方重工集团有限公司、特变电工沈阳变压器集团有限公司、沈阳远大压缩机有限公司、三一重工股份有限公司东北分公司、沈阳北方交通重工集团有限公司为骨干企业,以铸造园、机床零部件园、输变电配套园为依托的新型机械装备体系;以沈阳华晨金杯汽车有限公司、华晨宝马汽车有限公司、上汽通用(沈阳)北盛汽车有限公司、广汽日野(沈阳)汽车有限公司、中顺汽车控股有限公司为骨干企业,以三菱发动机、东风发动机汽车零部件集群为依托的新型汽车产业体系;以沈阳飞机工业(集团)有限公司、中国航发沈阳黎明航空发动机有限责任公司为骨干企业,以航空经济区为依托的新型民用航空制造体系;以晨讯科技(沈阳)有限公司为骨干企业,以光电信息产业区为依托的新型通信产业体系;以及正在形成的新型电子信息产业体系。

(三)我国高端装备制造业的发展

2012年,工业和信息化部发布了《高端装备制造业"十二五"发展规划》,在该规划中,其产业的优化升级、高端技术的应用等都充分显示了装备制造业在向着高端、智能化、创新性的方向发展。2013年,工业和信息化部为进一步推动装备制造业的发展而发布了《关于推进工业机器人产业发展的指导意见》,该指导意见直接指出,我国装备制造业的智能化发展需要成熟的工业机器人产业体系的推动,并将于2020年形成较为完善的工业机器人产业体系。2014年的两会政府工作报告中,装备制造业需要通过智能生产来提升国际分工地位被明确提出。在"一带一路"倡议的背景下,我国装备制造业的发展和出口规模不断扩大,这是装备制造业在智能生产促进下的良好发展机遇。成为制造强国是我国的宏伟目标,必须严格控制其高标准、高质量发展。2015年,国家明确提出"中国制造2025"战略,积极开展制造强国战略行动。2017年,工业和信息化部印发了《高端智能再制造行动计划(2018—2020年)》,促使建立100家高端智能再制造示范企业、技术研发中心、信息服务平台、产业集聚区等,带动我国再制造产业的发展。总的来说,在宏观政策方面,与装备制造业的发展相关的国家发展总体战略及相关政策的扶持都在促进和引领着装备制造业的发展,促使其在世界制造业中占据重要地位。

1. 发展高端装备制造业的意义

高端装备制造业是以高新技术为引领,处于价值链高端和产业链核心环节,决定着整个产业链综合竞争力的战略性新兴产业,是现代产业体系的脊梁,是推动工业转型升级的引擎。兼顾经济建设和国防建设需要,大力发展现代航空装备和卫星及应用产业,提升先进轨道交通装备的发展水平,加快发展海洋工程装备,做大、做强智能制造装备,把高端装备制造业培育成国民经济的支柱产业,促进制造业智能化、经济化和绿色化发展,是提升我国产业核心竞争力的必然要求,是抢占未来经济和科技发展制高点的战略选择,对于加快转变经济发展方式、实现由制造大国向制造强国转变的宏伟目标具有重要的战略意义。

2. 高端装备制造业的发展现状与面临形势

（1）发展现状

自中华人民共和国成立以来，特别是经过改革开放 40 多年来的快速发展，我国装备制造业取得了令人瞩目的成就，形成了门类齐全、具有相当规模和技术水平的产业体系，为高端装备制造业的发展奠定了坚实的基础。

高端装备制造业代表中国制造金字塔的顶端，尤其是处于这个金字塔顶尖的重大成套装备领域，比如大飞机项目、卫星产业、海洋工程和轨道交通等，蕴藏着巨大的发展空间和潜力，预计未来将会有长期和稳定的发展。

当前，世界经济竞争格局正在进行深刻的变革和调整。加速培育和发展高端装备制造业，既是构建国际竞争新优势，掌握发展主动权的迫切需要，又是转变经济发展方式，推进产业结构升级的内在要求。从国际看，金融危机使工业发达国家重新重视实体经济的发展，提出了"再工业化"、低碳经济、下一代新能源、"智慧地球"等发展战略，瞄准高端制造领域和新兴产业，以获得新的竞争优势。这不仅使我国高端装备制造业的未来发展面临激烈的市场竞争，还将造成我国已经形成优势的产品市场空间的挤压。从国内看，国民经济重点产业的转型升级、战略性新兴产业的培育发展和国家重大工程建设等，对装备制造业绿色化、智能化、服务化提出了新的更高的要求，并提供了巨大的市场需求空间。未来 5~10 年，我国高端装备制造业将迎来发展的重要战略机遇期，必须科学判断和准确把握发展趋势，充分利用各种有利条件，抓住全球经济分工调整的重要战略机遇期，加大高端装备制造业的培育力度，加快推动"中国制造"向"中国创造"转变。

（2）面临形势

从世界范围来看，作为传统制造业大国和强国，美国于 2009 年提出了"重振制造业"的发展战略，日本也于近年提出发展"领先世界的尖端产业群"，美国、日本、欧洲等发达国家和地区正在加速向高端制造业转型，制造业的发展正在形成新的技术突破，呈现高技术、智能化、信息化与制造业深度融合发展的趋势。发达国家的跨国制造企业主导全球供应链，占据产业链高端地位，遏制中国制造业升级。

3. 高端装备制造业的发展目标

我国仍处于工业化进程中，与先进国家相比，我国装备制造业存在如下问题：大而不强，自主创新能力弱，核心技术与高端装备对外国的依存度高，装备制造业的创新体系不完善；产品档次不高，缺乏世界知名品牌；资源和能源利用率低，环境污染问题突出；产业结构不合理，高端装备制造业和生产性服务业滞后；信息化与工业化融合的深度不够；产业国际化程度不高，企业全球化经营能力弱等。根据战略性新兴产业规划，我国"十三五"期间高端装备制造业的重点发展方向有打造智能制造高端品牌、实现航空产业新突破、做大做强卫星及应用产业、强化轨道交通装备的领先地位、增强海洋工程装备的国际竞争力等。同时根据我国各地区现有制造业的情况，推动不同区域内航空、造船、汽车、轨道交通等多个高端装备制造领域的综合发展，形成以中心城市、中心区域为核心的高端装备制造产业集群。

《中国制造2025》行动纲领指出,要立足国情,立足现实,力争通过"三步走"实现制造强国的战略目标。

第一步:力争用10年时间,迈入制造强国行列,到2020年,基本实现工业化。

第二步:到2035年,我国制造业整体达到世界制造强国阵营的中等水平,全面实现工业化。

第三步:到中华人民共和国成立100年时,使综合国力进入世界制造强国前列,建成全球领先的装备制造技术体系和产业体系。

4. 高端装备制造业发展的重点方向

发展高端装备制造业是关系国家综合实力、技术水平和工业基础的一项长期的重点任务。现阶段我国高端装备制造业发展的重点方向主要包括航空装备、卫星及应用、轨道交通装备、海洋工程装备、智能制造装备等。

(1) 航空装备

以市场应用为先导,以重点产品研制为主线,统筹航空技术研究、产品研发、产业化、市场开发与服务发展,重点加快大型客机、支线飞机、通用飞机和航空配套装备的发展,大型客机实现首飞,喷气支线飞机成功研制,实现支线飞机年销售100架,建立具有可持续发展能力的航空产业体系。

(2) 卫星及应用

紧密围绕国民经济和社会发展的重大需求,与国家重大科技专项相结合,以建立我国安全可靠、长期连续稳定运行的空间基础设施及其应用服务体系为核心,加强航天运输系统、应用卫星系统、地面与应用天地一体化系统的建设,推进临近空间资源的开发,促进卫星在农业、林业、水利、国土、城乡建设、环保、应急、交通、气象、海洋、远程教育、远程医疗等行业、区域中的发展以及在公众生活中的应用,形成由航天器制造、发射服务、应用设备制造和卫星运营服务构成的完整产业链。

(3) 轨道交通装备

满足我国铁路快速客运网络、大运量货运通道和城市轨道交通建设,大力发展技术先进、安全可靠、经济适用、节能环保的轨道交通装备及其关键系统,建立、健全研发设计、生产制造、试验验证平台和产品标准、认证认可、知识产权保护体系,提升关键系统及装备研制能力,满足国内市场需要。大力开拓国际市场,使我国轨道交通装备全面处于世界领先水平。

(4) 海洋工程装备

面向国内外海洋资源开发的需求,以提高国际竞争力为核心,重点突破3 000米深水装备的关键技术,大力发展以海洋油气为代表的海洋矿产资源开发装备,全面推进以海洋风能工程装备为代表的海洋可再生能源装备、以海水淡化和综合利用装备为代表的海洋化学资源开发装备的产业化,积极培育与海洋波浪能、潮汐能、海流(潮流)能、天然气水合物、海底金属矿产开发装备相关的产业,加快提升产业规模和技术水平,完善产业链,实现我国海洋工程装备产业快速、健康的发展。

(5)智能制造装备

围绕先进制造、轻工纺织、能源、环保与资源综合利用等国民经济重点领域发展的迫切需要,坚持制造与服务并重,重点突破关键智能技术、核心智能测控装置与部件,开发智能基础制造装备和重大智能制造成套装备,大力推进示范应用,催生新的产业,提高制造过程的数字化、柔性化及系统集成水平,加快推进信息化综合集成和协同应用,促进"两化"融合条件下产业发展模式的创新。

四 我国装备制造业与国际的差距

装备制造业位居工业的核心地位,即使在信息社会中,装备制造业的基础战略产业地位也不会动摇。发达国家的发展经验充分证明,没有强大的装备制造业,就无法完成工业化,更不可能实现现代化。

我国装备制造业经过半个多世纪的发展,特别是改革开放以来,取得了长足的发展,但与世界先进水平相比,仍存在较大差距,主要表现在:创新能力薄弱,核心技术和核心关键部件受制于人;产品可靠性低,产业链高端缺位;产业规模小,市场满足率低;产业体系不健全,相关基础设施、服务体系建设明显滞后;等等。

2.2 国际装备制造业的现状与发展

一 国际装备制造业的现状

发达国家的装备制造业发展较早。早在18世纪70年代,英国首先发展和应用了制造技术(以蒸汽机为代表的工业革命),促进了装备制造业的快速发展,大大提升了国家的工业化水平,其经济水平也领先于其他国家,成为当时世界上的头号强国。其后,德国、法国、美国、日本迎头赶上,纷纷成为装备制造业强国。

自20世纪90年代以来,装备制造业的发展具有很大的波动性,各主要国家装备制造业的发展存在较大的差异。目前,美国、日本、德国等工业发达国家仍然是装备制造业强国,现存格局并不因全球金融危机爆发、世界经济衰退而发生根本性改变。装备制造业经过两个多世纪的发展,形成了如下几方面特点:

1. 跨国经营战略

装备制造业是大型跨国公司较集中的行业之一,装备制造业的发展强大往往依赖于大型跨国公司的支撑。跨国经营战略是装备制造业大国的重要经营策略,如美国的福特汽车、通用汽车、通用电气支撑了美国装备制造业的发展,庞巴迪支撑了加拿大装备制造业的发展,戴姆勒-克莱斯勒、大众、西门子支撑了德国装备制造业的发展,阿尔斯通支撑了法国装备制造业的发展,日产、日立、丰田、东芝和三菱支撑了日本装备制造业的发展,三星和现代支撑了韩国装备制造业的发展。

诸多跨国公司之所以能对国家装备制造业的发展起重要的支撑和推动作用,最重要的原因在于这类公司几乎都有雄厚的资产支撑科技研发和跨国经营。

2. 政府支持装备制造业发展

装备制造业的发展与国家政策的支持分不开。在日本,政府通过制定《机械工业振兴临时措施法》促进了装备制造业中机械工业的振兴和发展,通过制定《电子工业振兴临时措施法》促进了装备制造业中电子工业的振兴和发展,从而促进了不同装备制造工业的发展。20世纪80年代后期,美国政府将先进装备制造技术列为国家关键技术,对装备制造业的发展给予了实质性的强力支持。20世纪90年代初,德国政府出台了《制造技术2000年框架方案》,就21世纪德国装备制造业的发展进行战略规划。此外,一些外国政府还从税收减免、政府采购、资金支持等多方面支持本国装备制造业的发展。

3. 注重品牌塑造

发达国家装备制造业的发展历史也是跨国公司培育品牌的历史。国际上知名的品牌如下:

(1)ABB(阿西布朗勃法瑞公司),商标如图2-6所示。

图2-6 ABB商标

(2)GE(通用电气公司),商标如图2-7所示。

图2-7 GE商标

(3)IBM(国际商业机器公司),商标如图2-8所示。

图2-8 IBM商标

(4) HP(惠普公司),商标如图 2-9 所示。

图 2-9　HP 商标

(5) Cisco(思科系统公司),商标如图 2-10 所示。

图 2-10　Cisco 商标

(6) SAMSUNG(三星集团),商标如图 2-11 所示。

图 2-11　SAMSUNG 的商标

这些品牌成功地占领了世界装备制造业市场,保持了长久的生命力,品牌的力量功不可没。品牌是知名度、美誉度,是对客户的吸引力,代表了高水平的产品和服务。品牌的支撑使得发达国家的装备制造业处于国际产业链的高端,为企业和国家赢得了更多的利益。

4. 将装备制造业作为支柱产业

每个装备制造业大国都把装备制造业作为支柱产业,没有强大的装备制造业,就无法完成工业化,更不可能实现现代化。进入 21 世纪,工业发达国家将装备制造业置于更为优先发展的战略地位,不仅体现在装备制造业在占本国工业总量的比重、资本积累、就业贡献等指标上均居前列,还体现在装备制造业为新技术、新工艺、新产品的开发、设计和生产提供了重要的物质基础。

目前,我国在常规发电装备、港口机械、水泥成套设备、船舶等制造领域已走在世界前列。中国已进入世界制造业大国行列,与工业发达国家之间的差距正在逐步缩小。

据统计,发达国家制造业增加值占国内生产总值的比重为 25%～30%,其中装备制造业占制造业增加值的比重:美国为 37.5%,日本为 38.8%,德国为 40.9%,英国为 31.8%。即使是服务业在国民经济中的比重超过了 3/4 的美国,仍然把制造业当作"经济实力的脊梁"。2002 年,美国国家先进制造技术委员会提供的报告认为,制造业仍是美国经济增长中最强劲的"发动机"。在发达国家的出口贸易额中,装备制造业产品占据了很大的比重,装备制造业是发达国家出口的中坚力量。

5. 重视环保

面对日益严重的全球环境污染问题，各国都采取了相应的措施以促进装备制造业与人和环境的协调发展，制定了包括资源、环境和经济三个方面的可持续发展战略。美国推行无废弃物制造；德国通过制定产品回收方面的法规强调废旧物品回收再利用；日本通过实施"3R"（Reduce, Reuse, Recycle）政策，强调再利用和再循环；欧盟通过颁布汽车材料回收方面的法规，要求新生产的汽车其85%的材料能再利用。

6. 政府采购

装备制造业产品在外国政府采购中占很大比重。由于政府采购成为宏观经济调控的手段之一，并直接影响装备制造业企业的生存和发展，因此很多发达国家几乎都运用政府采购的方式支持相应装备制造业的发展。如美国通过政府采购大大促进了飞机制造行业的发展；英国和法国不仅有政府部门，还有国有公司必须按政府的要求优先从本国公司中购买通信和计算机等设备，大大促进了英国和法国通信和计算机行业的发展；在日本，政府有关部门以及部分公益团体大量采购本国汽车和电子产品，大大促进了日本汽车和电子行业的发展。

7. 产业化发展

日本、韩国等后发国家制定了明确的国产化进程，在发展初期从美国、德国等老牌工业国家引进技术和装备。这些国家从技术、装备引进初期就明确了"引进是手段，而国产化才是目的"的指导思想，技术引进具有明显的国产化特点。后发国家装备制造业振兴的过程既不是完全或简单依靠自主创新的方式，也不是全部引进成套设备，而是始终以大力提高技术水平为基本目标，在已有技术的基础上引进必要技术和关键设备并向国产化方向发展。为了促进装备制造业的国产化发展，外国政府采取了政府采购、限制进口等一系列措施，发挥出十分有益的积极作用。

8. 高技术化

发达国家的装备制造业重视高技术化形成，不仅表现在很多装备制造业的跨国公司一般都能把高技术研发放在重要地位，并投入大量的研发经费，如日本的大型企业有的以70%的研发经费促使高技术与装备制造业的融合，还表现在很多装备制造业的跨国公司都能以大量的研发经费投入来促使装备制造业的高技术化发展。发达国家的装备制造业重视高技术化，最重要的原因是国家能从战略高度给予科技政策支持和鼓励，如韩国制订的"高级先进技术国家计划"（G7计划），日本制订的"智能制造系统国际合作计划"（IMS计划），德国制订的"生产2000计划"，美国制订的"先进制造技术计划"（AMT计划）、"敏捷制造使能技术战略计划"（TEAM计划）和"下一代制造计划"（NGM计划）等，几乎都提高了各自国家装备制造业的竞争力和综合国力。另外，有些国家扶持并建立了工程技术中心，推动了高新技术在装备制造业中的应用。在日本和美国，其装备制造业的工程技术研究及相应产品一直处于世界领先水平的重要原因，就是这两个国家不仅有相应的政策支持工程技术中心的建立和发展，还支持工程技术中心的研究成果在装备制造业中的应用与推广。

二　国际装备制造业的发展

在当今新一轮技术革命的快速推进下，全球化的生产方式不断发生变革，装备制造业作为国民经济的重要支柱产业，是现代工业的核心，是高技术产业的根本，是战略性新兴产业的基础，在经济全球化发展中得到了各个国家的重视。2008年金融危机之后，世界各国开始深刻意识到失去具有经济"造血"功能的制造业等实体经济，过度地依靠金融和服务业会导致国家经济空洞化。美国、英国等一些发达国家纷纷实施"再工业化"发展战略，高度重视技术创新，激发中小企业的发展活力。德国政府在2010年发布了《德国2020高技术战略》，强调技术创新对经济发展的重要性，并于2013年宣布德国工业进入工业4.0时代，通过官、产、学、研，四位一体地推动装备制造业的技术创新。日本的国产技术振兴资金贷款制度则是通过实施有效的财税政策，在引进技术的基础上进行二次创新，以提高装备制造业的技术创新能力。此外，不仅发达国家的"再工业化"进程发展火热，印度、越南等一些发展中国家也在致力于加快装备制造业的转型升级，不断拓展市场空间。

（一）全球化

随着世界经济一体化进程的加快，装备制造业的发展也呈现出全球化的发展趋势。

1. 研发及其必需的构成要素全球化

这不仅表现在装备制造业产品或成套设备的研发及其必需的构成要素正在由一个国家或地区向其他诸多国家或地区发展，还表现在装备制造业产品或成套设备的生产销售及系统性的服务也在向全球化发展。如美国苹果公司，在世界多个国家设立工厂生产产品，并在全球进行销售。

2. 资本全球化

2012年福布斯公布的世界500强企业几乎都是跨国公司，相当多的装备制造业跨国公司正在通过投资建厂的方式抢占发展中国家的市场，进而抢占整个世界市场。在抢占过程中它们可以获得很多好处，如可以获得全球采购特别是分散加工并面向全球直接服务以降低成本的好处。

从1995年至今，信息化的迅速发展大大促进了装备制造业迅速向全球化发展的态势。发达国家和发展中国家的资本互相渗透，使全球经济发展成为如今的全球一体化经济。

（二）高技术化

由于当今特别是未来，装备制造业的成败在很大程度上将取决于装备制造业的产品或成套设备是否具有高新技术含量，因此相当多的发达国家都在争先恐后地采取各种政策在装备制造业发展高新技术，并不断增强高新技术在装备制造业发展中的影响力和渗透力,而这种竞争必然会促使装备制造业的技术水平向越来越高的方向发展。

日本是通过重视并不断加大对先进装备制造技术的开发和应用实现了在国际竞争中的后来居上,美国是通过再次重视先进装备制造技术的研究、应用与推广重新夺回了在国际制造业中的优势地位,德国是通过重视传统装备制造业高新技术产品或成套设备的开发保持产业优势,韩国则正在通过在装备制造业中提高产品或成套设备的高技术化参与激烈的国际竞争。这不仅表明未来全球性的装备制造业的技术水平或科技含量将会越来越高,还预示着无论何种装备制造业,如果没有高新技术的支撑,都将很难生存和发展。

1. 产业技术的发展日新月异

产业技术是当今全球科技发展最活跃的领域,特别是进入21世纪以来,装备制造业产业技术的内涵和外延随着科技的快速发展、应用领域的加深与拓宽而不断变化,并随时孕育新的突破和掀起新的革命。

(1) 信息技术的渗透性更突出

随着以计算机为代表的信息技术的快速发展,信息技术与装备制造业的结合使得传感器、开关等传统机电产品实现了智能化,工业监控由仪表向电视化发展、柔性制造系统、计算机集成制造系统成为现实,不断地催生出集合性的新产品门类和新业务。同时,信息技术的渗透还变革了装备制造业的生产方式,网络技术在加速推进装备制造业全球化的进程中,电子商务和IT技术从根本上改变了固有的生产、消费、流通方式,网络技术将设计、生产、销售乃至服务一体化、网络化制造贯穿于订单的接收、产品的技术开发、设计、制造加工、销售、售后服务等全生命周期。

(2) 装备制造技术日趋极限化

为适应各行业技术发展的需要,装备制造技术正在从常规制造、传统制造向非常规制造及极限制造发展,集中表现在微细制造、超精密制造、巨系统制造和强场(如强能量场)制造等,并已成为装备制造技术发展的重要领域。

(3) 新材料推动了装备制造技术的发展

进入21世纪以来,新材料技术的突破在很大程度上使材料产品实现了智能化、多功能化、环保化、复合化、低成本化以及长寿命和按用户的要求进行定制。特别需要指出的是,纳米材料及其技术将成为推动社会经济各领域发展的主导技术。纳米材料及其技术的发展,一方面是形成纳米加工、纳米电子、纳米医疗及机器人等未来新兴产业,一方面是对现有的信息产业、生物产业等高新技术产业和传统产业进行深入改造。有人预言,纳米技术将在21世纪掀起一场新的产业革命。此外,微电子、光电子、新能源、生物、超导、稀土功能、智能等新材料及其应用技术的突破和发展,都将推动新材料产业的快速发展。

(4) 绿色化、人性化和安全性更受到重视

随着日趋严重的环境与资源约束问题,保护环境、节约资源成为全球的共识,因而绿色制造成为制造业发展的重要特征。绿色制造技术是力求使产品制造对环境的影响最小、对资源的利用率最高的生产技术,其目标是使产品在从设计、制造、包装运输、使用到报废处理的全生命周期中,废弃物和有害排放物最少,以减少对空气、水和土地的污染。

欧洲、美国等已制定并实施有关限制产品中有害物质、化学物质等的法律和政策,绿色制造技术将被全球各产业广泛采用,如汽车产业追求的零排放等。与此同时,世界各国也更加关注新技术对人与生物的安全性的影响,更加重视产业的安全技术。以美国为首的发达国家积极开发的第四代核电,其安全性和经济性更加优越,并具有防核扩散的核能利用系统。在纳米技术的应用中,纳米材料对有机体、环境及健康的潜在影响成为人们关注的重要问题。

2. 生产方式和管理模式的深刻变化

在日新月异的新技术、新材料、新机理、新思维的作用下,应不断地推动新兴产业的发展和市场的形成,同时带动装备制造业生产方式和管理模式的变化。20世纪传统的单品种、大批量生产方式正向多品种、个性化生产方式转变,以生产者为主导的生产方式逐步向以消费者为主导的定制生产方式转变。目前出现的并行工程,集单件生产和大批量生产的优点于一体的精益生产方式,以及基于柔性制造技术的敏捷制造,还包括虚拟制造、智能制造等,开创了制造业定制生产的新时代。与此同时,生产组织方式和管理模式的同步跟进,表现出从金字塔式的多层次管理结构向扁平的网络结构转变,减少中间层次,加速信息传递,并且保持着向动态组织管理模式转变。另外,借助于高新技术,特别是信息技术,近年来欧美国家出现了以航空、航天、汽车等产业为中心的企业集成趋势。所谓企业集成,是指所有企业共享相关的信息,构成一个大型虚拟企业网络,企业间的结合不是靠资本或人,而是由企业拥有的信息来决定,这些信息全部靠电子设备存储并进行一体化管理,从而提高工作效率,降低生产成本,提升制造品质,它标志着装备制造业开始向网络化时代迈进。

(三) 成套化

随着装备制造业广大用户对集成性装备技术产品需求的不断增加,装备制造业成套化已经成为很多发达国家装备制造业发展的必然趋势,这其中最突出的表现就是实行"交钥匙工程"。由于装备制造业成套化趋势既有利于提高装备制造业企业成套化的能力,又有利于最大限度地满足装备制造业用户的需求,在相当多的情况下还可以大大提高装备制造业的竞争能力,因此无论是发达国家的政策,还是发达国家装备制造业企业的决策,几乎都在适应这种装备制造业成套化趋势。其中很多发达国家在装备制造业方面的政策大都强调并推行既要有成套性的总体设计和系统集成,又要有产品或设备的成套生产、销售和配套服务。而很多发达国家的装备制造业企业,特别是跨国公司,大都在相应国家政策的鼓励下,既实施高水平的成套设计、研发,又实施成套生产、销售和配套服务。

(四) 国产化

很多发达国家装备制造业发展的过程表明,国产化已经成为装备制造业发展过程中不可回避的方向。其中国产化的基础是相应国家装备制造业发展的现状与需求,国产化的内容既包括装备制造业产品的国产化,又包括装备制造业成套产品及其服务的国产化;国产化的方式既有依靠引进、消化、吸收再创新的,又有依靠自主创新的;国产化的过程既包括装备制造业产品或成套设备的自行设计,又包括装备制造业产品或成套设备零部件的国内生产或国内供应。而最重要的是装备制造业产品或成套设备的关键技术或配套技术的自主研发与应用。由于高新技术支撑的装备制造业产品或成套设备的国产化不仅会给装备制造业企业或行业带来好处,还会大大增强装备制造业企业所属国家或地区的国际竞争力,因此无论是发达国家还是发展中国家,在当今特别是未来,都很难回避本国或本地区在发展装备制造业过程中必须追求国产化的目标。

(五)产业集群化

20世纪90年代以后,在很多发达国家出现了一种相同或相关装备制造业企业聚集在某一地区的集群现象,并正在不断扩大发展,有的已形成了很强的创新竞争优势。如在德国有刀具业的索林根刀具业群、机床业的斯图加特机床业群、光学仪器业的韦热拉光学仪器业群,在美国有电子业的硅谷、医学设备业的明尼阿波利斯医学设备业群等,都是世界上较为典型的产业集群。在日本东京集聚了很多中小型企业,从事着电子设备和精密仪器产品的研发和生产;在英国的18个地区有154个产业集群,涵盖了很多装备制造业及其技术产品。

由于装备制造业企业集聚在某一个地区,在竞争合作中发挥的作用越来越大,因此促进了装备制造业的快速发展。产业集群是世界许多制造业强国形成和保持竞争力的一种重要的产业组织方式。正如著名学者迈克尔·波特所言,"当产业集群形成时,一个国家无论在最终产品、生产设备、上流供应还是售后服务等方面,都会有国际竞争的实力。"外国的装备制造业集群对其工业化进程起着不可估量的作用。

(六)服务化

传统装备制造业多以研发、生产和销售为主。未来随着用户的产业需求多样化,无论是传统的装备制造业还是现代的装备制造业,最重要的发展趋势都是必须高度重视并突出服务,并将服务化作为行业未来发展的首选。在发达国家,装备制造业特别是装备制造业的跨国公司,以服务化作为行业发展首选的趋势早已开始。这种服务不仅以客户需求开展研发、生产和销售活动,还进行售后服务,这不仅包括对本公司产品销售客户的服务,还包括对非本公司产品销售客户的服务,在相当多的情况下既包括单向服务,又包括成套服务。

由于诸多发达国家的装备制造业特别是装备制造业中的跨国公司,在以服务化为行业发展首选的过程中不仅提高了国际竞争力,还通过提高服务水平扩大了营利的空间,如通用电气公司在把服务作为独立的业务领域的过程中,所创造的价值已相当于其海外工程承包总额的70%。因此,将会有越来越多的装备制造业企业将服务化作为未来发展的首选。

三 国际高端装备制造业的发展

制造业的升级发展需要以科学技术的创新为驱动力。全球制造业的整体发展趋势是从机械 1.0 时代至电气化 2.0 时代,到以自动化为主的 3.0 时代,再到目前以智能化为代表的 4.0 时代,由基础的自然要素过渡到技术型、智能化生产,并且不断取代人力劳动甚至脑力劳动的一种生产过程的演变。在不断演变的过程中,呈现出一些基本特征:

首先,智能化、信息化技术的应用不断推动智能化技术与制造业的相互交融,并大量使用工业生产机器人取代人力劳动。其次,信息化技术的进步不断推动制造业生产趋向于国际产业协作,并不断降低生产成本。再次,智能制造技术的使用大大响应了全球降低污染、转向绿色发展的号召。

随着大数据、人工智能、物联网和云计算等高新技术的不断发展,先进的装备制造业日益呈现信息化、网络化和智能化的特点。对于全球各国来说,争夺智能制造先发优势是促进本国制造业国际分工地位提升的首要条件,一些发达国家不断实施政策以推动智能制造的发展。世界各国针对新一轮的制造业革命,纷纷提出了新的战略目标。

德国在 2013 年的汉诺威工业博览会上正式提出了"工业 4.0"的概念。工业 4.0 就是将生产过程中制造、供应和销售等信息利用物联网技术实现智能化和数据化,从而高效地完成产品个人化供应活动。

美国制订了"国家制造创新网络计划"和"先进制造伙伴计划",提出了"工业互联网"这一全新概念,大力发展智能制造。

2014 年,在日本发布的《制造业白皮书》中明确强调要加大调整制造业产业布局的力度,今后在制造业领域着重发展 3D 打印技术和机器人等行业。

作为工业革命发源地的英国,提出了《英国工业 2050 战略》,希望能在未来工业发展中抢占有利地位。

欧盟计划到 2020 年,将工业的贡献率在国民生产总值中提高到 20%,为此提出了复兴工业,将"再工业化"作为发展的重点。

与此同时,2015 年我国实施了"中国制造 2025"战略,不断推动智能制造的发展。2016 年明确提出《智能制造发展规划(2016—2020 年)》,推进智能制造实施"两步走"战略:第一步,到 2020 年,智能制造的发展基础和支撑能力明显增强,在传统制造业的重点领域基本实现数字化,有条件、有基础的重点产业的智能转型取得明显进展;第二步,到 2025 年,智能制造支撑体系基本建立,重点产业初步实现智能转型。我国装备制造业在全球技术变化的浪潮下,要顺应制造业向智能化、绿色化、服务化、国际化方向的发展。

(一) 全球化高端装备制造产业的布局

1. 美国高端装备制造产业的布局

美国的航空产业、卫星及应用装备、轨道交通装备、海洋工程和智能装备制造业目前在全球都处于领先地位,高端装备制造产业基地主要分布在东部各州以及西部的加利福尼亚州。表 2-1 为美国高端装备制造产业的空间布局。

表 2-1　　　　　　　　　　美国高端装备制造产业的空间布局

地区	公司名称	行业
西部	波音公司	飞机
西部	诺斯罗普·格鲁曼公司	雷达与军舰制造
中部	摩托罗拉公司	导航设备
东海岸	庞巴迪公司	轨道交通设备
东海岸	GE公司	轨道交通设备
东海岸	西科斯基公司	直升机
东海岸	洛克希德·马丁公司	航天航空
东海岸	轨道科学公司	卫星制造
东海岸	劳拉公司	卫星制造

数据来源：前瞻产业研究院。

2. 欧洲(除俄罗斯外)高端装备制造产业的布局

欧洲高端装备制造产业主要分布在西欧的英国、法国、德国、意大利、瑞士与北欧的瑞典、挪威等发达国家，见表 2-2。

表 2-2　　　　　　　　　　欧洲高端装备制造产业的空间布局

地区	公司名称	行业
挪威	克瓦纳集团	海洋工程装备
瑞典	GVA公司	工程装备
德国	沃尔夫公司	海洋工程装备
德国	西门子公司	轨道交通设备
瑞士	U-BLOX公司	导航设备
丹麦	马士基集团	海洋工程装备
由欧洲11个国家联合组建	阿里安公司	商业卫星发射
由法国、德国、西班牙联合组建	EADS公司	卫星制造
法国	泰雷兹集团	卫星制造
由德国、法国、西班牙、英国联合组建	空客公司	大型客机
法国	阿尔斯通公司	轨道交通设备
意大利	瓦伦特集团	轨道交通设备

数据来源：前瞻产业研究院。

3. 俄罗斯高端装备制造产业的布局

俄罗斯的高端装备制造产业在航空和卫星及应用上很突出，航空及卫星基地基本都分布在俄罗斯的西南部。俄罗斯的多家知名飞机制造商如米格、苏霍伊、图波列夫、伊留申、米里和卡莫夫等都聚集在俄罗斯的西南部。在卫星发射方面，俄美合资、俄罗斯控股的国际发射服务(ILS)公司在国际商业发射市场的份额仅次于阿里安公司，其总部也坐落于俄罗斯的西南部。俄罗斯的卫星导航系统格洛纳斯，目前已在俄罗斯 90% 以上的民

4. 亚洲(除中国外)高端装备制造产业的布局

日本、新加坡、韩国等亚洲东部国家在高端装备制造业上的发展较为迅速。日本的轨道交通装备能力较强，著名的轨道交通装备企业川崎重工在综合性重型工程装备制造方面处于领先水平。此外，日本的智能制造装备如精密机床、工业机器人、智能仪表等多领域都保持着国际领先地位。

韩国、新加坡等国家在20世纪80年代把握海洋工程产业链全球转移的机遇，继承了海洋钻井平台、钻井船、浮式生产储油船等成套大型设备的生产，具备海洋工程总包的能力，占据着大部分市场份额，如韩国的大宇造船、三星重工、现代重工、STX造船，新加坡的吉宝和胜科等。其他拥有海洋工程装备制造基地的亚洲国家(除中国外)有阿联酋和印度尼西亚等。

(二) 全球高端装备制造业的发展模式

纵观全球高端装备制造业，主要的发展模式有两种：以技术创新为驱动，以高度发达的市场经济体制与强有力的贸易政策为支撑的模式，该模式主要以美国为代表，也称为美国模式；以产业政策为导向，政府指定倾斜的财税政策与产业发展规划来支撑产业发展的模式，该模式以日本、法国、俄罗斯等国家为代表，也称为日本模式。

1. 美国模式

在当今全球装备制造业中，美国位列第一。为促进装备制造业的发展，美国政府采取了以技术进步战略为主，以资金、财税、贸易等相关支持政策为辅的策略，政府始终将技术作为支持的重点，通过提高技术创新能力来达到提升产业竞争力的目的。

2. 日本模式

日本是仅次于美国的制造业大国，也是较为成功地运用法律、政策等手段实现装备制造业振兴的国家。第二次世界大战以后，为了改变制造业的落后状况，实现制造业的现代化，日本政府实行了一系列产业振兴政策。

2.3 装备制造业的发展规划

一、发展装备制造业的意义

(一) 发展装备制造业是国际产业和国家发展的必然要求

经济全球化和信息化推动贸易的自由化，从而引起新一轮国际产业结构调整与转移，形成新的国际分工与国际竞争格局。制造业是许多发达国家和发展中国家的支柱产业，而装备制造业是制造业的核心,因此装备制造业的重要性日益显现。某些资源匮乏的国家凭借其强大的装备制造业,在国际竞争中常常扮演强者的角色;而没有装备制造业支撑的资源大国,却在国际竞争中将资源带来的丰厚收益拱手相让;没有装备制造业而以服务业和信息业为主的国家,在国际经济动荡中因根基不稳而风雨飘摇。

在人们惊叹信息社会到来之时,装备制造业仍然是信息产品的基础,在信息技术上领跑的西方发达国家,仍以强大的装备制造业为立国之本。拥有强大的装备制造业仍是在国际竞争中占据有利地位的重要条件。装备制造业不仅是制造业的基础,还是其他产业的基础。装备制造业的水平制约着人类向大自然索取资源的能力,提供了现代服务业赖以生存的硬件,改变着服务业的方式。装备制造业的发展和提高使世界不断发生着巨大的变化。一个国家装备工业的发展水平,反映出该国家在科学技术、工艺设备、材料、加工制造等方面的综合配套能力。特别是一些技术难度大、成套性强、跨行业制造的重大技术装备,反映了国家的经济技术实力。

进入 21 世纪,全球经济一体化的趋势进一步加强,现代技术革命的发展,尤其是信息技术革命的发展,使世界装备制造业发生了重大的变化,装备制造业的全球化趋势不断加强,从事制造业的企业积极参与国际分工,充分利用国际资源开展国际合作与竞争,这为我国装备制造业提供了很好的发展契机。

(二) 发展装备制造业对我国进一步发展的现实意义

1. 关乎国家荣辱兴衰

装备制造业是为国民经济各部门以及国防和基础设施建设提供装备的重要产业,是实现工业化、建设小康社会宏伟目标的重要保障。装备制造业对国民经济发展起支撑作用,对国民经济各产业的发展起带动作用,对国防安全起保障作用。

装备制造业在一个国家的国民经济和社会发展中具有十分重要的作用,它的水平往往决定了这个国家的经济素质、综合实力和国际竞争力。有人认为,现在是以软件和互联网为代表的知识经济时代,制造业已不再是重要的产业,甚至是"夕阳产业"。当今世界,科学技术突飞猛进,信息技术的崛起极大地改变了物质生产和社会生活的方式,也极大地提高了生产和工作效率,推进信息化是覆盖我国现代化建设全局的战略举措。但是,软件也好,互联网也好,归根到底都是提高效率的工具,信息技术的发展不可能取代作为国民经济基础的农业和作为国家经济实力支柱的工业。尤其是制造业,没有强大制造业的国家不可能成为经济强国。

2. 带动新型工业化发展

我国经济正面临农业化、工业化、知识经济化并进的局面,需要先进的技术装备做保障。

中国农业经过 70 多年的发展,已解决了人们的温饱问题,农业现代化有了质的飞跃,但农业现代化还没有全面完成。我国目前处在工业现代化初中期,各种工业都需要发展,而发达国家早已完成农业和工业现代化,一部分发展中国家也已经完成农业和工业现代化,与发达国家一样正步入知识经济化时代。实现农业现代化的关键是工业。在美国,主要是靠科学技术从事集约化农业生产,有各种各样为农业服务的公司。美国的农业人口占全国总人口的1%左右,但他们不仅养活了3亿多美国人,还使美国成为世界上最大的农产品出口国。而我国现在约有5.1亿乡村人口,解决了14多亿人口的吃饭问题,其中起关键作用的是工业。知识经济化即信息化,它的发展也要靠工业,即靠装备工业提供现代化的技术装备。没有先进的技术装备,根本谈不上信息化,因为电子、半导体、芯片都要用母机来生产,而母机要靠装备工业提供。我国目前已是世界工业生产大国,虽然制造业总量在全球遥遥领先,但大部分以中低端制造为主,高端制造的占比很小。例如,被称为"工业之母"的机床,我国目前只能制造中低端机床,世界上的高端机床基本被日本和德国垄断;制造芯片的高端光刻机,我国也一直与几大制造强国的技术存在较大差距,导致我国一直无法自主制造高端芯片,每年芯片的进口额比石油还多;还有航空发动机、工业机器人等,也一直是我国装备制造业的短板。

我国经济的快速增长,在很大程度上是靠资源和能源的大量投入完成的。目前我国处于经济发展的关键阶段,必须克服资源和技术等瓶颈的制约。振兴装备制造业,扩大和提高装备制造业在国民经济中的比重,不仅可以有效地降低经济发展对资源和能源的消耗,还能为国民经济各部门,特别是重工业的优化升级、增长方式的转变提供先进的技术装备保障。因此,振兴装备制造业能够带动我国新型工业化发展。

3. 防止经济"空心化"

装备制造业强大的国家始终把制造业作为"经济实力的脊梁",如果忽视了它,经济就陷于"空心化"。在我国,信息化必须同未完成的工业化结合起来,以信息化为先导,带动、加快、改造、提升工业化。同时,以工业化为基础,不断地为信息化提供更先进的技术装备。二者相互促进,共同发展。尽管服务业对经济增长的拉动力较大,但服务业的发展不可能取代工业化。我国服务业还比较落后,需要大力发展,提高其在国民经济中的比重,但如果没有强大的工业,特别是装备制造业的支撑,服务业的水平就难以提高,发展也不会很快。如果只有服务业而没有或很少有制造业,经济就陷于"空心化",国家就强大不起来。美国是当今世界上信息产业和信息化最发达的国家,服务业在其国民经济中的比重超过四分之三。与此同时,美国又是装备制造业最强大的国家,始终把制造业作为"经济实力的脊梁"。日本、德国等经济强国也都采取措施把制造业作为必须加强的基础产业。

4. 保障国际竞争力

装备制造业涉及面广,带动性强,是国家科技水平、创新能力、工业与经济实力的综合反映。我国作为发展中的大国,为实现全面建成社会主义现代化强国的宏伟目标,确保国防安全,必须用自主创新的先进技术来装备自己。

振兴装备制造业是提高我国国际竞争力和增强综合国力的保障,装备制造业承担着为国民经济各行业和国防建设提供装备的重任。一个国家国际竞争力的基础在于工业化,没有好的装备制造业,想要实现工业化并拥有强大的国际竞争力是不可能的。一个国家的综合国力体现在很多方面,其中最核心的就是经济实力,经济实力最主要的体现是工业水平,工业水平最重要的就是装备制造业。装备制造业是我国整个工业和国民经济的"发动机"和"心脏"。

二、我国装备制造业的发展规划

(一) 我国装备制造业发展的政策环境

振兴装备制造业是一项系统工程,必须统筹兼顾,在财税政策的基础上进一步整合相关政策,以形成目标明确的有效政策支持体系。我国装备制造业发展的政策主要包括以下几个方面:

1. 建立促进重大技术装备发展的组织协调机制

1983年国务院设立了重大技术装备领导小组和办公室,在国家重大技术装备的研制中发挥了重要的组织协调作用。后因国务院机构改革,该机构被撤销,国家有关重大技术装备的研制、开发、引进等工作的协调一直处于无序状态。鉴于装备制造业对整个国民经济和国家安全所具有的战略意义,国务院重新恢复设立国家重大技术装备领导小组和办公室,统一负责规划和组织协调国家重大装备的研制、开发与引进工作,协调重点工程项目与重大技术装备的联合,做好供方、需方和官方的有机结合,加强对重大技术装备攻关的统筹协调力度。

2. 国家设立装备制造业专项发展基金

(1) 设立装备制造业振兴基金

制约我国装备制造业发展的重要原因,包括技术研发投入不足,先进装备制造业中的关键技术和设计等自主知识产权产品缺乏,在国内外有市场竞争力的高新技术产品为数不多等。为支持装备制造业研发具有国内和国际竞争力的产品,支持装备制造业中关键技术设备的研发与生产,国家设立了装备制造业振兴基金。该基金主要用于重要技术研发补助,共性技术研发补助,参与产、学、研合作开发项目补助,对国家重点技术领域和重大研发项目、技术改造项目以及高精尖产品生产环节的流动资金贷款贴息。

(2) 重大装备研制风险基金

装备制造业产品的生产周期一般较长,生产过程中资金的耗费相对较大,其行业口碑和品牌具有同等的重要性。此外,受经济景气指数和固定资产投资规模的影响,一些重大装备、高技术产业所需的装备远远多于一般制造业,技术上的风险较大,由此带来的投资风险也远远高于其他行业,这也是民营资本介入较少的主要原因。因此,设立重大装备研制风险基金非常必要。重大装备研制风险基金专门用于支持装备制造业企业对重大技术装备的研发,以鼓励和促进我国重大技术装备的国产化。

3. 优化财政税收政策

一是调整税收政策,对于我国已有能力制造的设备,停止减免其进口关税;对出口的装备制造业产品在国内产供销环节所缴纳的增值税给予退税,推行装备制造业产品零税率制度;提高成套设备、主机的进口关税税率,降低关键零部件、关键原材料的进口关税税率,拉大成套设备、主机、关键零部件、关键原材料的进口关税税率梯度,促进国外先进技术的转让和技术装备的国产化进程。二是灵活运用政府采购政策,加大对国产技术装备的采购比重。三是对于重点工程项目采购的装备,如果国内制造部分按投资计其比重超过一定数值,则项目业主贷款时由国家财政予以贴息。四是对出口技术装备给予长期优惠贷款和长期贴息贷款政策。

4. 培育并促进产业集群发展,提高产业集中度

当代装备制造业发展的基本趋向,是以产业集群形式表现出的制造业专业化分工。从国际经验来看,国际上有竞争力的制造业产品基本上是依托产业集群生产出来的。产业集群在降低生产和交易成本、促进技术创新和组织创新等方面,具有独到的难以替代的重要作用。振兴和发展我国的装备制造业,形成若干有国际竞争力的装备制造业基地,发展产业集群是必由之路。

5. 制定和实施振兴装备制造业的法律法规体系

明确目标原则,加快振兴步伐;确定装备制造业中长期发展战略,明确发展重点,建立重大装备自主化指导体系;制定振兴措施,完善法律法规,强化政策支持。

6. 简化行政审批手续

协调各职能部门,简化审批手续十分必要。只有这样,才能使企业真正得到实惠,实现振兴装备制造业的战略目标。

(二)我国装备制造业坚持走可持续发展的道路

1. 注重节能减排,优化产业结构

科学发展观提出以来,建设资源节约型、环境友好型社会成为加快转变经济发展方式的重要着力点。党中央坚持不懈地推进节能减排工作,切实加强生态环境保护,"十一五"规划纲要第一次把节能减排列为约束性指标,经济可持续发展的能力不断增强,节能降耗取得明显成效,污染物排放总量得到控制。

国家"十二五"节能减排方案提出,要大力推进节能减排,加快形成资源节约、环境友好的生产方式和消费模式,增强可持续发展能力。"十三五"期间节能减排的目标是提高能源利用率和改善生态环境质量。要落实节约资源和保护环境基本国策,以提高能源利用率和改善生态环境质量为目标,以推进供给侧结构性改革和实施创新驱动发展战略为动力,坚持政府主导、企业主体、市场驱动、社会参与,加快建设资源节约型、环境友好型社会。节能减排和环境保护也是"十四五"规划的重点,"十四五"规划指出,今后五年经济社会发展要努力实现生态文明建设新进步的目标;要做到生产、生活方式绿色转型成效显著,能源资源配置更加合理、利用率大幅提高,主要污染物排放总量持续减少,生态环境持续改善,生态安全屏障更加牢固,城乡人居环境明显改善。

坚持将降低能源消耗强度、减少主要污染物排放总量、合理控制能源消耗总量相结合,形成加快转变经济发展方式、推动科学发展的机制。而优化产业结构,是现阶段推进节能减排的根本措施。要抑制高耗能、高排放行业过快增长,加快淘汰落后产能,推动传统产业改造升级,提高服务业和战略性新兴产业在国民经济中的比重,调整能源消费结

构,促进产业结构优化升级。

为实现节能减排,装备制造业实行了三大创新:通过技术自主创新,拓展新的领域;开发国际市场,拓展产业空间;创新经营模式,扩大节能减排技术装备的市场空间。

2. 新能源产业链的形成

新能源一般是指借助日益发展的新技术而开发、利用的非碳能源,如太阳能、风能、生物能、地热能和核能等。我国在制造业领域提倡节能减排、绿色制造的同时,还积极发展新能源产业,已形成了新能源产业链。

三 我国装备制造业的发展前景

未来中国装备制造业仍将获得长足发展,我们要以习近平新时代中国特色社会主义思想为指导,以国家利益为根本,以全球竞争为视角,通过自主创新、集群化、信息化、服务化、质量化、品牌化来充分发挥中国装备制造业的活力、动力和核心竞争力,实现从产业链低端向高端跃进,构建可持续发展模式,应对竞争激烈、资源能源紧缺、成本增加、环保强化的挑战。在这些变化趋势中,中国装备制造业的集群化、信息化、服务化和品牌化最为突出。

(一)集群化

制造企业为实现产业最有效分工、最短路径协作和最低成本,会聚集在某个地区共同赢得地区竞争优势。集群化不仅细化和优化了产业链的分工,促进了产、学、研、用、政、金等各方面的结合,充分发挥了龙头、中小企业的优势,还大大缩减了开发和制造的成本,提高了企业的自主创新能力和市场开拓能力。

美国的硅谷电子业群、明尼阿波利斯医学设备业群,德国的索林根刀具业群、斯图加特机床业群等,都是世界上较为典型的产业集群。中国的产业集群已经在广东、福建、浙江、江苏、山东、辽宁、陕西、四川等地区初具规模。

(二)信息化

装备制造业正向全面信息化迈进,主要表现为制造的信息控制,以实现制造的高速、精密、智能、简便,使效率提高、时间缩短、质量保证、成本降低,从而实现高附加值。其关键不仅在于芯片与软件的融合,还在于制造技术与信息技术的融合。

信息化将制造业的设计、生产、物流、销售和服务一体化,信息化制造贯穿于从接到订单到产品的制造、运输、销售、售后服务等的产品全生命周期。

装备制造业的发展将实现产业的信息化、软件化、高附加值化、网络化和电子商务化。柔性制造系统、柔性制造单元、数控系统的开发、推广和应用,正逐渐向制造智能化的方向发展。

(三) 服务化

服务化覆盖着产品的开发、生产、售后服务、报废和回收,已成为制造业发展的趋势。服务不仅有利于保持品牌的特色,增强市场竞争力,还是稳定客户、延长产业链及获取更多产业利润的重要方式。

(四) 品牌化

品牌化是强化市场竞争力、促进产业升级的关键。品牌是企业综合实力的象征,创新是品牌的核心竞争力。

品牌是企业的一种无形资产,它反映产品的品质,同时也代表企业的市场开拓能力和持续发展的后劲。现代的市场竞争已不单纯是过去的产品价格和质量的竞争,更重要的是企业形象的竞争。品牌是企业形象、文化的集中体现,是一个企业产品质量、技术、创新、市场占有和营销策略的总体展示。

2.4 装备制造业的发展趋势

一、产业的技术化趋势

国际产业结构调整的一个重要特点是以高新技术改造后的传统产业将赢得新的发展空间,我国也不例外。装备制造业的发展越来越依赖于技术的进步,产业的发展也呈现出技术化趋势。实施技术创新战略,提高技术创新能力;在国际产业调整环境下加大技术引进力度;以信息化促进制造业的发展和升级;以人为本,充分发掘和发挥人力资源,将是我国装备制造业发展的必然趋势。

(一) 自动化趋势

由于发达国家制造技术的自动化已经达到相当水平,产品设计普遍采用计算机辅助设计和计算机仿真等手段,企业管理也已采用科学规范化的管理方法和手段,在加工技术方面也已实现了底层自动化。发达国家主要从制造系统自动化方面寻找出路,提出了一系列新的制造系统,如计算机集成制造系统、敏捷制造、并行工程等。制造业的自动化发展趋势可概括为全球化、虚拟化和绿色化。

1. 全球化

制造业的全球化是21世纪制造业自动化最重要的发展趋势。近年来,在各种工业领域中,国际化经营不仅是大公司,还是中小规模企业取得成功的重要因素。一方面是由于国际和国内市场上的竞争越来越激烈;另一方面是由于互联网的快速发展,提供了技术信息交流、产品开发和经营管理的国际化手段,推动了企业间向着既竞争又合作的方向发展。这种发展进一步激化了国际市场的竞争。这两个原因的相互作用已成为全球化制造企业发展的动力。产品设计、物料选择、零件制造、市场开拓与产品销售都可以异地或跨越国界,实现制造的全球化。

2. 虚拟化

虚拟化是指设计过程中的拟实技术和制造过程中的虚拟技术。虚拟化可以大大加快产品的开发速度,减小开发的风险。设计中的拟实技术是面向产品的结构和性能的分析技术,以优化产品本身性能和降低成本为目标,包括产品的运动仿真和干涉检验、动力学分析、造型设计、人机工程学分析、强度和刚度有限元计算等。制造过程中的虚拟技术是面向产品生产过程的模拟和检验,检验产品的可加工性、加工方法和工艺的合理性,以优化产品的制造工艺,保证产品质量、生产周期和最低成本为目标,进行生产过程计划、组织管理、车间调度、供应链及物流设计的建模和仿真。虚拟化的核心是计算机仿真,通过仿真软件来模拟真实系统,以确保产品设计和产品工艺的合理性,保证产品制造的成功和周期,发现设计、生产中不可避免的缺陷和错误。

3. 绿色化

绿色制造已经成为 21 世纪新的课题。如何最有效地利用资源和最低限度地产生环境污染,是摆在制造业企业面前的一个重大课题。绿色制造实质上是人类社会可持续发展战略在现代制造业的体现,也是未来制造业自动化系统必须考虑的重要问题。

所谓绿色制造,就是没有(或少有)环境污染的制造,它贯穿于产品的全生命周期,如在产品设计时就必须考虑产品的可回收性(可拆卸性),以及制造过程中的无切削、快速成型、挤压成形等。而这一切除了工艺革新外,还必须依靠信息技术,通过计算机的模拟、仿真实现绿色制造。

(二) 智能化趋势

智能制造系统是一种由智能机器和人类专家共同组成的人机一体化智能系统,它在制造过程中能进行智能活动,诸如分析、推理、判断、构思和决策等。通过人与智能机器的合作共事,去扩大、延伸和部分取代人类专家在制造过程中的脑力劳动。它把制造自动化的概念扩展到柔性化、智能化和高度集成化。智能制造系统最终要从以人为主要决策核心的人机和谐系统向以机器为主体的自主运行转变。

1. 通过智能化提升传统制造水平

智能化将进一步提高制造系统的柔性化和自动化水平,使生产系统具有更完善的判断与适应能力,同时将会显著减少制造过程中的物耗、能耗,提升传统制造业的水平。

2. 智能化有助于缓解环境和能源对制造业的制约

智能化在提高专业化分工与协作配套,促进生产要素的有效集聚和优化配置,降低成本以及节约社会资源、能源等方面具有重要作用。

3. 智能化技术推动了机械制造业生产方式的全新改变

未来的机械制造业将是由信息主导的,采用先进生产模式、先进制造系统、先进制造技术和先进组织管理方式的全新的机械制造业。信息技术将促进设计技术的现代化,制造的精密化、快速化,自动化技术的柔性化、智能化,以及整个制造过程的网络化、智能化、全球化。各种先进的生产模式无不以智能信息技术的发展为支撑。智能信息技术将改变机械制造业的设计方式、生产方式、管理方式和服务方式。

4. 智能化技术为现代制造服务业提供了技术保障

现代制造服务业是面向制造业的生产性社会化服务业,已成为制造业附加值的主要贡献者。我国的制造服务业尚处于起步阶段,借助信息化技术手段,制造业服务的模式得以不断改进和优化,服务得以向业务链的前、后端延伸,并能够不断优化服务内容,持续改进服务质量。

(三) 信息化趋势

当前,装备工业正向全面信息化方向迈进,其新的发展趋势主要表现为柔性制造系统、计算机集成制造系统的开发与推广应用,并向制造智能化方向发展。在这一过程中将实现产业的信息化、软件化、高附加值化。从技术发展特征来看,表现为技术的融合化;从产品发展来看,表现为产品的高技术化,即产品的高附加值化、智能化和系统化;从系统管理角度来看,表现为集成化、网络化。具体体现在以下几个方面:

1. 产品信息技术含量不断增加

重大产品和所需材料的研制成功,体现了我国装备制造业产品信息化水平的不断提高。

装备工业是工业体系的核心和基础,是实现工业化的基础条件。推进装备工业"两化"深度融合,将促使信息技术渗透到装备工业的各个层面,从产品、设计、制造、管理、业务流程到产业体系,有助于优化产业结构,提升产业价值链,从而促使我国装备工业乃至整个工业由大变强。

由中国国家铁路集团有限公司牵头组织研制、具有完全自主知识产权、达到世界先进水平的动车组列车"复兴号",是目前世界上商业运营时速最高的动车组列车。中国第二重型机械集团有限公司成功建造的世界最大模锻压机——8万吨级模锻压机,地上高27米,地下高15米,总高42米,设备总质量为2.2万吨。这些产品的研制成功,体现了我国装备制造业产品信息化水平的不断提高。

2. 生产设计信息化成效显著

生产自动化、设计数字化软件在装备工业中得到了广泛应用。一是在研发设计中使用了计算机辅助技术(CAX),大大提高了设计精度和效率;二是使用了计算机辅助工艺过程设计(CAPP)生产,不仅实现了生产的有序化,还降低了传统工艺过程设计对生产设计人员经验的要求,保障了工艺的最优化和标准化;三是通过引进先进的信息化技术和信息化设备系统,实现自动化生产。

在汽车行业，CAD/CAM/CAE 技术的应用普及程度较高。在整车领域，高端和中端三维 CAD 和 CAM 技术已得到普遍应用。零部件企业为了能够与整车企业交换产品信息，也广泛应用了 CAD 技术，而且往往采购与其主要客户相同或兼容的 CAD 软件，DWG 文件已经成为二维工程图纸数据交换的标准。

在造船行业，CAD 技术的应用逐步深化，设计智能化态势初显。CAD 技术在国内骨干造船企业中已经全面用于船舶设计的各个阶段和各个专业。通过二次开发，骨干企业均建立了适合自身条件的数字化设计系统，可以按照企业的生产要求生成相应的图示和报表，并与企业内部的管理信息系统建立接口，基本满足了企业内部的设计工作要求和部分生产管理要求。图 2-12 所示为生产设计信息化示例。

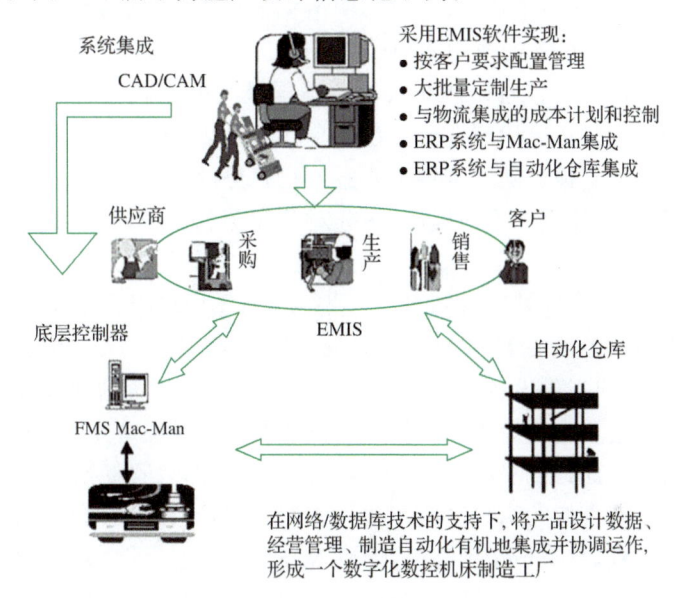

图 2-12　生产设计信息化示例

3. 信息技术与企业管理融合

我国装备制造业企业纷纷使用 PDM、SAP、ERP、MES、SCM、CRM 等生产管理系统，实现了关键设备管理信息化、企业管理最优化及生产管控一体化。表 2-3 列出了信息化在生产中的作用。

表 2-3　　信息化在生产中的作用

序号	要素替代	举例
1	信息要素对土地要素的替代	通过信息化减少库存，节约工业用地
2	信息要素对资本要素的替代	降低生产成本和管理成本，加快资金流转
3	信息要素对劳动力要素的替代	提高生产率，减少劳动力的投入
4	信息要素对资源要素的替代	通过信息化减少原材料损耗
5	信息要素对能源要素的替代	利用电子信息技术化流程和工艺进行节能
6	信息要素对技术要素的替代	提高工业设计智能化和工业生产自动化水平，使工业产品的使用"傻瓜化"

（四）服务化趋势

今天的制造业所要考虑的，包括从市场调查、产品开发或改进、制造、销售、售后服务到产品的报废、解体或回收的全过程，涉及产品的整个生命周期，体现了全方位地为顾客服务、为社会服务的精神。随着知识经济的到来和不断发展，制造业正在被改造成某种意义上的服务业和信息业。近年来，制造业的网络化和电子商务的发展充分显示了装备工业服务化的趋势。"快速交货"已在质量与价格之上，成为决定企业成败的第一要素，这一点也显示了制造业的服务化趋向。国际上知名的大企业均在积极地开展与产品相关的全生命周期内的服务，并积极推进网络销售、网络承揽订货、网络售后服务等。美国通用汽车公司通过它建立的 e-GM 业务中心（从事电子商务的专门机构），不仅进行网上销售，还负责推进全公司的网络化。通用汽车公司与美国最大的互联网公司 AOL 合作，加强面向客户的信息服务。日本丰田汽车公司设有自己的网站，开展全公司销售网点的联网，并开展网上服务和信息支援。随着装备工业服务化趋势的发展，许多企业的销售额中服务（指全球服务，下同）的比重在不断提高，服务对公司毛利润率、营业利润率的提高所起的作用不断增强。

在与用户结合方面，国外装备制造业企业主动熟悉用户产品各种零部件的制造工艺，深入理解用户提出的各项要求，主动并有针对性地开发用户所需要的新工艺装备。在国际市场上，不仅为用户提供设备，还提供工艺服务，工艺和装备的开发与用户产品的开发同步进行。装备制造业企业为用户提供工艺设计和实验报告是较为普遍的现象。

在为用户服务方面，工业发达国家的企业针对下游部门的服务范围正在拓宽和延伸，并把服务视为创造新价值的源泉。服务的内涵和外延经过不断的变化，现在已经伴随产品生命周期的全过程，甚至衍生到金融、网络等新的服务品种。在产品价格竞争激烈、利润空间不断缩小的形势下，国外装备制造业企业越来越多地依靠服务来扩大经营的增值空间。

用户满意度的内涵也随着网络技术和现代制造技术的发展不断扩大和延伸，目前已经发展到：在质量方面是全生命周期的质量，即产品的设计制造质量、售后服务质量；在成本方面是全生命周期的成本，即产品设计制造成本、购买后的运行和维护成本、报废后的处理成本；在交货期方面是快速响应，即研制快速、生产快速、工程服务快速。

二　发展的跨越式趋势

我国的装备制造业经过多年的建设与积累，已经建立起较为完备的工业体系，形成了巨大的存量资产和生产能力，一些装备制造业企业已经初步掌握了一批重大设备的关键技术。但由于过去我国对优先发展装备工业缺乏足够的重视及长期受到适应性战略调整和计划经济体制的影响，加之近年来受到大量进口设备的冲击，因此这一产业总体上技术落后，运行效益差，竞争力不强。

鉴于经济全球化进程不断加快，国际化竞争日益激烈，为缩小我国制造业与制造强国的差距,我们必须充分利用现代化技术发展的最新成果,借鉴发达国家的先进经验,形成一种跳跃式发展道路,即在后发基础上实现我国装备制造业的跨越式发展。

我国装备制造业的总体发展有必要建立一个总体框架,框架的最底层构成装备工业的发展平台,是总体框架的基础;第二层是以大型制造基地和大型企业集团作为跨越式发展的两大支柱;第三层是以产品结构的调整和升级为主要内容的产业结构调整;第四层即最终目标,使我国装备制造业的竞争力不断提高,最终在国际市场中占有一席之地。

三 产业的集群化趋势

随着社会经济的不断发展,集群现象已从自然科学领域进入到社会科学领域。管理学者称之为产业的地理集群或战略集群,而某些经济学家则称之为集群经济。产业集群的概念涉及企业或产业的行为(状态)、成因以及可能产生的利益、效果,其概念在产业规划上的进一步应用,则强调如何提供相关条件以促成产业集群的有效发生与长期发展。地理位置相近常给集群中的企业带来许多好处,如产业信息交流、共享地理资源等,而这些因素往往也能增强企业的竞争力。产业集群形成后,相关企业彼此间自然而然地建立起一种共生共存的关系。

改革开放以来,产业集群现象在我国普遍存在,浙江、广东、福建、江苏、河北、河南、江西等很多省份都有产业集群,其中以浙江、广东和江苏为最多。装备制造业由于产业链条长,极易通过集群形式来发展。我国许多地区的装备制造业都是通过集群形式发展的,通用设备制造业,专业设备制造业,铁路、船舶、航空航天和其他运输设备制造业,电气机械和器材制造业,计算机、通信和其他电子设备制造业,仪器仪表制造业等均具有产业聚集效应,已形成一定规模的产业集群。

四 技术的高水平化趋势

(一)以核心技术为突破口,提高装备制造业的自主创新能力

装备制造业是技术密集型产业,是高技术的载体及转化为生产力的桥梁和通道,自主创新能力的强弱决定装备制造业竞争力的高低。谁拥有核心技术、自主品牌,谁就能在竞争中胜出。提高装备制造业的自主创新能力,主要体现在以下四个方面:

第一,必须推进关键领域核心技术的创新和转化。在能源、材料、机械制造、基础零部件等行业投入重大技术装备研制专项奖励资金,支持产、学、研合作和区域联合承担国家重大科技专项,提高重大技术装备研发设计、核心元器件配套、加工制造和系统集成的整体水平,尤其要提高基础零部件的档次和水平。

第二,激励企业成为自主创新的主体。完善企业自主创新激励机制,全面落实企业研发费用税前加计扣除等自主创新优惠政策,加大创新产品的政府采购力度。鼓励企业通过自主开发、引进技术消化吸收以及国际合作、并购、参股国外先进的研发、制造企业等方

式掌握核心技术。

第三，强化工业设计在自主创新中的地位与作用。全面推进工业设计示范基地（企业）建设，积极发展工业设计培训教育机构，形成多层次的工业设计人才培训体系。

第四，通过技术改造提高重大装备技术水平。充分落实企业技术投资的自主权，引导企业采用国内外先进、适用的新技术、新设备、新工艺、新材料，对现有设施、生产工艺条件及辅助设施进行改造，规范技术改造投资管理，依法依规下移技术改造投资管理权限。

（二）培育重点企业，打造一批航母型龙头装备制造业企业

把重点企业做大做强，打造一批航母型龙头企业，是缩小我国工业与世界先进水平差距的重要途径。

一是扶持重点企业做大做强。要坚持实施"龙头带动"战略，瞄准世界高端制造业，着力推进产品的信息化、数字化、智能化。近几年，我国重点扶持了多家装备制造业骨干企业，支持企业以工程配套、主机配件结合为主要途径，通过多种形式和途径进行兼并与联合，整合资源，形成一批具有工程总承包、系统集成、国际贸易和融资能力的大型企业集团，培育国家级和世界领先的创新型装备制造业龙头企业。对发展快、市场潜力大的企业进行重点扶持，尽快培育出一批参与国际分工的"专、精、特"专业化零部件生产企业。

二是积极引进大型跨国装备制造业企业和重大装备制造合作项目。以装备市场的需求为基础，以项目合作为主要手段，集中力量引进对装备制造业的技术水平有重大提升作用的大型合作项目，以及一批实力雄厚、带动能力强的著名跨国装备制造业企业，吸引跨国装备制造业企业建立研发中心、管理营运中心和地区总部。

三是推动大中小企业协作配套。要积极指导和推动装备制造业的大中小企业，尤其是主机生产企业和零部件供应商之间的合作，促进建立长期战略合作伙伴关系，共同实现基础零部件产业突围。鼓励、引导主机生产企业向基础零部件企业投入资金和技术支持，向"专、精、特"方向发展。

（三）加强节能减排和生态环保工作

随着国际社会对节约能源和保护环境的高度重视，加之企业间的竞争加剧，越来越多的生产企业要求采用既节能又环保的装备来组织生产，以最大限度地降低生产成本。

1. 改进制造工艺，实现少废或无废生产

改进制造工艺，开发新的工艺技术，采用能够使资源和能源利用率高、原材料转化率高、污染物产生量少的新工艺，减少制造过程中的资源浪费和污染物的产生，使中间废弃物能够回收再利用，最终废弃物可以分解处理，尽可能实现少废或无废生产。

2. 研发节能设备或改造老设备，减少资源消耗

在加工过程中实施清洁生产，需要从绿色制造设备与装备等方面入手。采用节能设备，研发新设备或改造老设备，实现节能降耗。通过采用变频器产品调速改变电机、风机及水泵的控制方式，能够产生十分可观的节能效果，成为当前广泛采用的节能方式。由沈阳鼓风机集团股份有限公司生产的首套国产天然气长输管线20兆瓦电驱压缩机组，将传

统的汽轮机驱动改为变频电驱,节能效果相当显著。

3. 采用绿色设计与全生命周期评价方法,减轻环境负荷

绿色设计是从可持续发展的高度审视产品全生命周期,强调在产品开发阶段按照全生命周期进行系统性的分析与评价,消除潜在的对环境的负面影响,以形成"从摇篮到再生"的过程。产品全生命周期评价技术正在成为绿色设计和制造实施的重要工具,是绿色制造的前沿技术领域之一,同时也是实施绿色设计和制造的关键和共性基础技术。

4. 利用回收再生和复用技术,实现可再生循环

可再生循环的制造过程主要应用拆卸技术和循环再利用技术。拆卸技术是指依据最小附加成本及产品被拆卸后所能获得最大综合利用价值的原则,开发最佳的拆卸程序和方法。通过二次制造将已用过的产品的性能特征恢复到接近于新产品的状态,不仅延长了产品的寿命,还促进了部件和材料的循环再利用。循环再利用技术是对拆卸下来的零部件或者分解、还原的材料进行二次利用的技术。在产品的设计、制造中要考虑两个因素:回收和分解。回收设计致力于开发材料回收技术,如废弃金属的粉碎重熔。分解设计是指通过将产品分解为最基本的组分,尽可能地使产品中的所有材料都能够循环利用,金属和非金属材料可通过分解而回收,避免产生废物而污染环境。

练习与思考

一、填空题

1. 中国装备制造业的发展可分为(　　　　)、(　　　　)、(　　　　)和(　　　　)四个阶段。

2. 高端装备制造业的发展目标:第一步,力争用10年时间迈入制造强国行列,到2020年,(　　　　);第二步,到2035年,我国制造业整体达到世界制造强国阵营的中等水平,(　　　　);第三步,到中华人民共和国成立100年时,使综合国力进入世界制造强国前列,建成全球领先的装备制造技术体系和产业体系。

3. 我国装备制造业的发展规划明确指出,要保证装备制造业企业发展的良好政策环境,我国装备制造业要坚持(　　　　)。

二、简答题

1. 中国装备制造业的发展经历了哪几个阶段?
2. 发展装备制造业的重要意义是什么?
3. 我国装备制造业的发展趋势具有什么特点?
4. 我国装备制造业与国际装备制造业的差距主要表现在哪些方面?

第 3 章

我国装备制造业的空间布局

经过 70 多年的发展,中国装备制造业的发展格局已经发生了很大变化。目前,中国装备制造产业已初步形成五大产业集聚区的发展格局,其中环渤海和长三角(长江三角洲)地区是装备制造产业发展的核心圈,东北和珠三角(珠江三角洲)地区为两翼支撑,中西部地区为重要补充。

珠三角地区是机床、智能机器人、海洋工程和航空服务业的研发和生产基地;长三角地区是国内重要的高端装备制造业开发和生产基地,在国内高端装备制造产业中占有重要地位;东北地区是中国的传统老工业基地,虽然其在全国的地位已经没有了往日的辉煌,但在传统的重型装备领域依然占有很大比重;环渤海地区是国内重要的高端装备研发、设计和制造基地;中西部地区逐渐成为我国轨道交通装备的重要制造基地,在航空领域也有快速发展,其拥有一定的装备工业基础,虽然配套产业相对弱一些,但是可以抓住具有传统优势的产业,完善产业链,走特色发展道路。本章主要介绍珠三角、长三角和东北地区的装备制造业。

能力目标

能主动查阅资料,自主了解我国各地区装备制造业的特点、种类和发展趋势,了解我国装备制造业的总体布局。

知识目标

- 理解装备制造业和高端装备制造业的分类。
- 了解我国装备制造业高质量发展的途径。
- 了解我国装备制造业的空间布局。

素质目标

具有严谨的科学态度和良好的职业道德修养;具有自我学习、勇于开拓和创新的精神;具备理解国家装备制造业相关政策的基本能力,具备对装备制造业提出高质量发展的能力。

3.1 珠三角地区的装备制造业

发展珠三角规模以上先进装备制造业,建设珠江西岸先进装备制造产业带,是广东省委、省政府在"十三五"期间的重大战略决策,也是广东省主动承担起的建设制造强国的历史重任。提高广州、深圳、珠海、佛山、中山、江门等区域装备制造业的国际竞争力,加快国际化发展趋势,注重国际品牌的传播与影响力,不仅是提升广东实体经济核心竞争力的必然要求,同时也是抢占未来产业经济和科技发展制高点的必然选择,对于加快广东产业转型升级,构建现代产业体系,使广东省由制造大省向制造强省转变,具有重要的历史战略意义。

随着《珠江三角洲地区改革发展规划纲要(2008—2020年)》《广东省先进制造业发展"十三五"规划》以及《粤港澳大湾区发展规划纲要》等一系列政策和规划纲要的发布,珠三角地区已形成珠江西岸先进装备制造产业带。因此,了解珠三角地区的经济情况,知道珠三角装备制造业的发展情况和特色,了解其高质量发展装备制造业的途径,对了解我国装备制造业的发展具有非常重要的借鉴作用。

一 地区定义

珠三角位于广东省中南部,明清时期称为广州府,是广府文化的核心地带和兴盛之地。珠三角的概念首次正式提出是1994年10月8日,广东省委在七届三次全会上提出建设珠三角经济区。珠三角最初由广州、深圳、佛山、珠海、东莞、中山6个城市及惠州、清远、肇庆三市的一部分组成,也就是通常所说的广东珠三角。它是我国第一个打破行政区划,按照经济区划原则建立的经济区,成为广东乃至全国商品经济较活跃和具有发展潜力的地区之一。其发展主要得益于邻近的香港,香港一直是珠三角经济区的主要投资来源。珠三角经济区地处珠江出海口,濒临南海,毗邻港澳,历来是华南、中南、西南地区对外联系的主要通道和我国的南大门。后来,珠三角的范围调整扩大为由珠江沿岸的广州、深圳、佛山、东莞、中山、珠海、江门、肇庆、惠州共9个城市组成的区域,这就是通常所说的珠三角或小珠三角。

20世纪90年代后期,在小珠三角的基础上出现了大珠三角的概念。大珠三角有两个不同的概念,一是指小珠三角和港澳,另一是指粤港澳。根据《大珠江三角洲城镇群协调发展规划研究》中的定义,大珠三角是指珠江口湾区和广佛、港深、珠澳三大都市区,具体包括香港、澳门、广州、深圳、珠海、东莞、佛山、中山、江门市的全部,以及惠州市的惠城区和惠阳区以及惠东县和博罗县、肇庆市的端州区、鼎湖区、高要区和四会市。

大珠三角地区可视为粤港澳大湾区的前身,粤港澳大湾区与昔日大珠三角地区合作发展的脉络类同,大珠三角地区在合作上欠缺融合,如今通过各城市不同经济模式的互相配合,如将广东省城市作为制造业生产基地,吸引港商北上设厂,全面提高生产效能,从而推动整个地区的经济发展。粤港澳合作不是新概念,大湾区城市群的提出,应该说是包括港澳在内的珠三角城市融合发展的升级版,从过去三十多年"前店后厂"的经贸格局,升级成为先进制造业和现代服务业有机融合的最重要的示范区;从区域经济合作,上升到全方位对外开放的国家战略。这为粤港澳城市群的未来发展带来了新机遇,也赋予了新使命。

泛珠三角("9+2"经济区)的概念是 2003 年 7 月被正式提出来的,包括珠江流域及与之地域相邻、经贸关系密切的福建、江西、广西、海南、湖南、四川、云南、贵州和广东 9 个省区,以及香港、澳门 2 个特别行政区,简称"9+2"。泛珠三角的陆地面积为 200.6 万平方千米。

至此,珠三角实际上涵盖了小珠三角、大珠三角、泛珠三角三个不同层面既相互区分又紧密关联的概念。

珠三角是广东省平原面积最大的地区,有在全球具有影响力的先进制造业基地和现代服务业基地,是中国参与经济全球化的主体区域,全国科技创新与技术研发基地,全国经济发展的重要引擎,南方对外开放的门户,以及辐射带动华南、华中和西南发展的龙头,也是中国人口集聚最多、创新能力最强、综合实力最强的三大城市群之一,有"南海明珠"之称。2009 年 1 月 8 日,国务院发布了《珠江三角洲地区改革发展规划纲要(2008—2020 年)》,该纲要规划的范围是,以广东省的广州、深圳、珠海、佛山、江门、东莞、中山、惠州和肇庆市为主体,辐射泛珠江三角洲区域,并将与港澳紧密合作的相关内容纳入规划,规划期至 2020 年。

二 珠三角地区经济情况简介

珠三角地区是我国改革开放的先行地区,是我国重要的经济中心区域,社会经济情况良好,主要具有以下几个特点:

1. 经济实现持续稳步增长

广东省统计局数据显示,2019 年珠三角地区的生产总值为 8.68 万亿元,占广东全省的 80.7%。纵观 2014—2018 年,珠三角地区的生产总值占全省的比重逐年提高,如图 3-1 所示,珠三角地区的经济总量占比累计提高了 0.9%。珠三角地区是广东经济的"火车头",是广东经济发展的重要力量,它为全省经济的平稳增长发挥了重要的基石作用。

2. 外向型经济总体水平较高

珠三角地区充分发挥毗邻港澳的地缘优势和侨胞遍及世界各地的有利条件,以国际市场为导向,以国内市场为依托,推动外向型经济高水平、快速发展。

3. 外资投入较大

广东省统计局数据显示,2018 年,全省实际利用外商直接投资的金额为 1 450.88 亿元,同比增长 4.9%。珠三角地区实际利用外资同比增长 3.7%,总量占省的 93.3%。

4. 产业结构优化合理

珠三角地区已经完成了从传统的农业经济向重要的制造业中心的转变,并成功实现

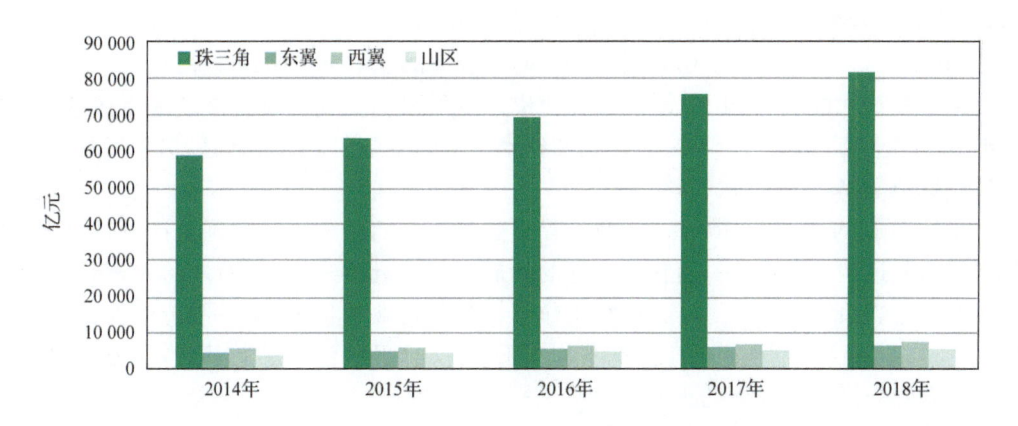

图 3-1　2014—2018 年广东省四大地区的生产总值

(数据来源：广东省统计局)

了第二、第三产业双重主导的经济社会全面联动发展，产业已调整为"三二一"结构。

5. 工业生产发挥重要支撑作用

珠三角地区规模以上工业的增加值在整个广东省占较大份额，工业增长支撑点相对集中，电子、电器和汽车三大支柱产业占规模以上工业近 50%，特别是电子信息业，其占比超过 30%，且主要依靠少数大企业拉动。

6. 高端产业发展良好

珠三角地区的先进制造业和高技术制造业占其规模以上工业增加值的比重较大，其中深圳一直保持领先优势。

7. 财政实力持续增强

近几年来，广东省地方一般公共预算收入持续增加，其中绝大部分来自珠三角地区。

8. 服务业居主体地位

现代服务业主要集中在珠三角地区，另外，高技术服务业企业也基本集中在珠三角地区。

三　珠三角地区装备制造业的发展情况和特色

1. 装备制造业的发展现状

广东省以高端电子信息制造业、先进装备制造业、石油化工产业、先进轻纺制造业、新材料制造业、生物医药及高性能医疗器械产业等六大产业为发展重点，着力构建先进制造业产业体系。2017 年，《广东省先进制造业发展"十三五"规划》印发，首次提出打造先进制造业"三带两区"的思路。该规划提出，沿交通轴线和海岸线整体展开，打造珠江东岸高端电子信息制造产业带、珠江西岸先进装备制造产业带、沿海石油化工及新材料制造产业带、环珠江口先进轻纺制造及生物医药产业集聚区、粤东西北配套产业集聚区的"三带两区"总体空间布局。《珠江西岸先进装备制造产业带布局和项目规划(2015—2020 年)》指出,规划范围为珠江西岸六市一区,包括珠海、佛山、中山、江门、阳江、肇庆(主要指鼎湖、大旺、高要、四会)市和顺德区,建设具备国际竞争力的先进装备制造业基地。

经过改革开放40多年的发展,珠江西岸已发展成为重要的装备制造业生产基地,初步形成了产业特色鲜明、具有一定规模和技术水平的装备制造产业体系,为发展先进装备制造业奠定了坚实的基础。

自从2014年8月广东省委、省政府提出建设珠江西岸先进装备制造产业带以来,珠江西岸的先进装备制造业一直保持良好的发展态势。近年来,珠江西岸的先进装备制造业迅速崛起,装备制造业工业增加值、工作母机类制造业增加值、装备制造业投资等指标的增速,均显著高于同期全省工业的平均水平,为实体经济注入了新动能,成为推动制造业转型升级与高质量发展的重要着力点。

2. 高质量发展装备制造业

现在,珠江西岸先进装备制造产业带涉及位于珠江西岸的珠海、佛山、中山、江门、阳江、肇庆、韶关和云浮等8个城市。2019年2月,《粤港澳大湾区发展规划纲要》提出,以珠海、佛山为龙头建设珠江西岸先进装备制造产业带。

(1)珠江西岸先进装备制造产业带的龙头城市

①珠海市

近年来,珠海以"海陆空"和智能制造产业为主攻方向,推进珠江西岸先进装备制造产业带建设,先进装备制造产业发展成效显著。珠海市工业和信息化局数据显示,自珠江西岸先进装备制造产业带建设以来,珠海共引进装备制造业项目190个,项目计划总投资超过1 000亿元。其中,总投资100亿元的中航通飞制造基地项目、总投资65.6亿元的中海福陆海洋工程装备制造基地项目等90个项目已正式投产,总投资90亿元的利盟激光打印机高端装备智能制造项目等32个项目已动工建设。

近年来,珠海格力电器股份有限公司(以下简称格力)坚持自主研发核心技术。在光伏直驱变频离心机系统之后,又相继研发出具有国际领先水平的磁悬浮变频离心式制冷压缩机及冷水机组和三缸双级变容积比压缩机,大幅减少能源消耗。此外,格力还自主研制出精密程度高的数控机床,为我国制造注入新动能。格力于2013年开始自主研发数控机床,经过几年的沉淀,各种数控机床逐步研发成功,其中CNC玻璃精雕机GA-V4560(图3-2)、高精度石墨加工中心GA-LM540及车铣复合加工中心GA-CX540,是格力在手机3C领域推出的新产品数控机床,为3C行业发展智能制造提供了解决方案。格力是先进装备制造业坚持自主创新的缩影。通过紧紧抓住科技创新,抢占产业发展制高点,珠江西岸先进装备制造产业带建设得以扎实推进。

珠海新能源汽车制造集聚区以金湾区为核心,辐射高栏港经济区、高新区、保税区,被认定为广东省第一批战略性新兴产业基地,已集聚了银隆新能源、中兴智能汽车、英搏尔电气等骨干企业,形成新能源汽车闭合式循环产业链。2019年,银隆新一代氢燃料电池客车"奔马"首次对外亮相,搭载了银隆自主研发的氢钛动力总成技术,具有续航里程长、动力强劲、环境适应性强、运行噪声低、排放零污染、运行安全等优势。

在船舶制造方面,珠海集聚了中海福陆重工有限公司、三一海洋重工有限公司、玉柴船舶动力股份有限公司等企业,形成完整的船舶与海洋工程装备产业链;在航空方面,作

图 3-2　CNC 玻璃精雕机 GA-V4560

为中国国际航空航天博览会的永久举办地和低空空域管理改革试点城市,国际航展和航空产业已成为珠海的城市名片;在智能制造方面,以 ABB 和格力智能装备为龙头,初步形成机器人本体制造、核心零部件生产、系统集成、自动化解决方案的产业链条。

近年来,先进装备制造业在珠海不断孕育壮大,已逐渐成为支撑和引领珠海经济发展和产业转型升级的重要力量。珠海将围绕机器人、新能源汽车、新材料等领域组织实施一批核心关键技术攻关项目,增强高端装备制造业的自主创新能力和产业化水平;联合金融机构,支持合适的装备制造业企业到海外并购以获得先进技术、知识产权和高端品牌。

② 佛山市

佛山市共有装备制造业规模以上工业企业 1 629 家,龙头骨干企业实力雄厚。

当前,佛山正以智能制造为主攻方向,全力推动制造业的转型发展。佛山以工业机器人为引领的智能装备的发展取得了明显进展,产业转型升级呈现加速态势。工业机器人主要应用在汽车制造、陶瓷、家电、机械装备以及金属材料加工等行业领域,主要替代搬运、焊接、码垛、喷涂、装配、冲压等工种。全市共有数控装备、3D 打印和工业机器人等规模以上智能装备制造企业 300 多家,其中机器人研发生产企业约有 100 家,其中利迅达机器人系统有限公司的打磨拉丝机器人系统(图 3-3)和机器人智能化焊接系统被评为"广东省高新技术产品";嘉腾机器人自动化有限公司已成为国内 AGV 搬运机器人的领先企业;恒力泰机械有限公司的超大规格陶瓷板成型装备的技术已居于国际领先水平,连续多年保持国内市场占有率第一及世界产销量第一。

新能源汽车是佛山装备制造业发展的新增长点。佛山汽车制造业已逐渐形成以整车生产为主导,汽车关键零配件、汽车市场服务以及其他相关行业兼备的完整汽车产业链。佛山市是国内发展氢能源产业较早的城市之一,中车四方(中车四方轨道车辆有限公司的简称)落户佛山高明区,建设氢燃料有轨电车制造基地,目前高明区已集聚了中车四方、泰极动力(泰极动力科技有限公司的简称)等数十家涉及氢能源产业的相关企业,基本构成了整车制造、动力电池、汽车动力转向器及配套零部件等上、中、下游产业链。距离高明区几十千米的"仙湖氢谷",位于佛山南海区丹灶镇,泰罗斯动力(泰罗斯汽车动力系统有限

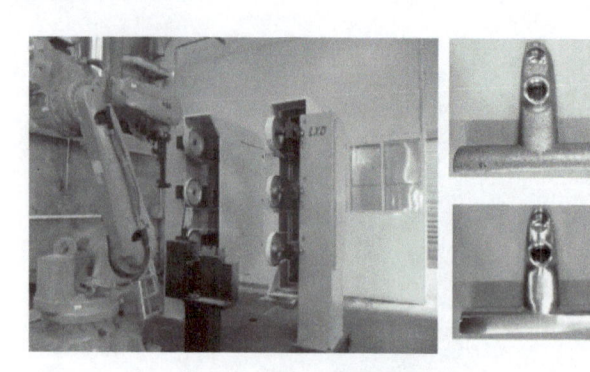

图 3-3 打磨拉丝机器人系统及其产品

公司的简称)、海德利森(海德利森—氢科技有限公司的简称)等数十家氢能源汽车核心部件企业在此聚集。2019 年,一次加氢可持续行驶约 100 千米,速度最高达 70 千米每小时的氢能源有轨电车(图 3-4)在佛山市正式上线,立刻引发社会的关注。经过多年发展,截至 2020 年底,"仙湖氢谷"已引进 50 多个氢能产业项目,总投资超过 250 亿元,已有超 30 家氢能企业相继落户,逐步形成完整并具有国内自主知识产权的氢能产业链。

图 3-4 氢能源有轨电车

佛山南海区的汽车制造产业集聚区已引入一汽-大众汽车、粤海汽车、福田汽车等规模以上整车及零部件生产企业 120 多家、销售企业 54 家,从业人员超过 2 万人,初步形成了涵盖整车制造、零部件生产和汽车销售服务的完整产业链。一汽-大众汽车有限公司佛山分公司是大众集团全球范围内自动化率最高的整车企业。

自 2005 年成功举办第二届"珠洽会"并成为永久会址以来,佛山装备制造业发展迅速。佛山规模以上装备制造业工业增加值约占珠西产业带装备工业增加值的一半以上。同时,佛山产业结构调整优化,细分领域增长势头良好。

(2)珠江西岸先进装备制造产业带的其他城市

①中山市

中山市致力于打造具有国际竞争力的高端装备制造产业基地,制订并实施高端装备制造产业发展行动计划,全面提升高端装备制造业的综合实力。全市装备制造领域拥有4个国家级产业基地和5个省市共建战略性新兴产业基地。在新能源和节能环保装备、光电装备、智能制造装备、船舶和海洋工程装备等领域,培育并壮大了蒂森电梯有限公司、明阳智慧能源集团股份公司、中山大洋电机股份有限公司等一批行业领先企业。

近年来,中山市重点扶持一批"专精特尖"装备制造企业和项目的发展,通过自主研发,填补国内在精密型装备领域的技术空白。其中在光学防抖、超高倍率变焦镜头、4K高清等开发领域,中山联合光电科技股份有限公司是目前国内唯一独立开发并规模量产的企业;江龙船艇科技股份有限公司研发出中国首艘具有自主知识产权的甲醇燃料动力船艇(图 3-5),并成功实现下水;中科富海(中山)低温装备制造有限公司研发出国内首台 BOG 低温提氦装置,填补了国内提氦技术的空白。

图 3-5　甲醇燃料动力船艇

为推动光电装备产业集聚区的建设,中山市将光电装备产业作为先进装备制造业发展的重点方向,从土地指标、财政资金、政策优惠等方面进行全方位支持。

② 江门市

江门市制定了培育高端装备、轨道交通装备、船舶及海洋工程装备、智能装备及工作母机、新能源汽车及零部件制造等新兴产业工作方案,装备制造业迅猛发展,推动千亿元级产业集群加速崛起。

轨道交通是当前支撑江门市装备制造业加速发展的重要力量。2019年,由中车广东轨道交通车辆有限公司(简称中车广东公司)打造的全新铝合金车体 A 型地铁(图 3-6)正式下线,并于 2020 年投入深圳地铁 6 号线的使用。中车广东公司是华南地区唯一同时具备和谐号动车组和城轨车辆修造能力的企业,计划总投资 18.8 亿元。在中车广东公司的带动下,广东轨道交通产业园的建设得以稳步推进。

江门市工业和信息化局数据显示,2014 年至 2019 年,全市装备制造业投资增幅接近1倍。2015 年至 2019 年,共签约引进亿元以上项目 196 个,其中 10 亿元以上项目 43 个;引进亿元以上项目的协议投资额超过 1 000 亿元,项目动工率超过 80%,累计完成投资 431.8 亿元。

图 3-6　铝合金车体 A 型地铁

③阳江市

近几年,阳江市把推进先进装备制造产业带发展作为全市经济建设的头号工程,以沿海临港工业为主攻方向,打造世界级风电产业基地、千亿元级合金材料产业集群,做大做强两大产业,争当广东沿海经济带高质量发展的"排头兵"。阳江风电装备产业基地自 2017 年建设以来,引进了明阳、金风风机整机项目和中国三峡风电等项目共 17 个,计划投资 167.96 亿元(截至 2019 年)。

④肇庆市

肇庆市的装备制造业已进入快速发展的新阶段,正着力打造新能源汽车、先进装备制造、节能环保这三大千亿元级产业集群,已成为引领肇庆工业经济高质量发展的新引擎。尤其在新能源汽车领域,全产业链雏形初现,在整车制造、零配件生产以及研发方面均有一批重大项目支撑,已成功引入投资超 100 亿元的小鹏汽车项目。

⑤韶关市

装备制造业是韶关市最大的工业产业体系,也是广东省装备制造业主要的金属原材料和基础零部件基地。作为珠江西岸先进装备制造产业带重要的基础原材料和零部件配套区,韶关市充分利用钢铁、有色冶金、能源电力、装备制造等方面良好的产业基础,围绕华南先进装备产业园,致力打造大湾区先进装备制造业共建基地。2018 年以来,韶关市引进建设装备制造业项目的步伐进一步加快,南方(韶关)智能网联新能源汽车试验检测中心项目、华南装备园宏大齿轮精密锻造中心项目、韶铸集团整体搬迁升级改造项目等一批装备制造业重点项目顺利推进。

⑥云浮市

近年来,云浮市逐步形成了氢能源及汽车产业、现代农牧机械、不锈钢制品自动化生产设备、石材加工机械四个特色产业。

在应用优势的引领下,一批信息技术应用创新和数字经济发展产业项目在云浮市落地。云浮市创新"应用＋研发＋产业"的发展模式,通过省市共推共建,有望走出一条跨越式发展之路。同时,作为全国氢能源产业基础较好、发展较快、集聚度较高的地区之一,云浮市的氢能源及汽车产业的发展取得了重大突破,率先构建起制氢加氢、氢燃料电池及动力总成、氢能源汽车整车制造、氢能源研究及产品检测等产业集群。

3. 持续优化的政策环境和政策体系

珠江西岸先进装备制造企业的快速发展，离不开广东省持续优化的政策环境。

自 2014 年 8 月，工业和信息化部与广东省人民政府决定共同推进珠江西岸先进装备制造产业带发展以来，广东省不断完善产业政策，增强财政支持，优化发展环境，并取得了显著成效。

广东省工业和信息化厅网站数据显示，2015—2019 年，省财政拨给珠江西岸八市的资金约 169 亿元（包括出资 50 亿元建立珠江西岸先进装备制造产业发展基金），以股权投资、贷款贴息、事后奖补等方式，重点支持珠江西岸高端先进、具有规模效应和集聚效应的装备制造业项目落地建设。

4. 产业集群良性循环

自 2014 年珠江西岸先进装备制造产业带启动建设以来，共培育形成了珠海船舶与海洋工程装备产业、佛山智能制造装备产业、中山光电装备产业、江门市轨道交通装备产业、阳江风电产业、肇庆汽车零部件产业、韶关华南先进装备产业、云浮氢能源汽车产业等 20 个产业集聚区。

广东省积极支持龙头企业的创新发展，从而带动所在产业集群乃至整个珠江西岸产业带的高质量发展，主要表现在：支持龙头骨干企业加强产品创新与研发；支持核心共性技术的攻关；加强龙头骨干企业培育和创新平台建设。

装备制造业是衡量一个国家或地区制造水平的重要标志，而自主研发是装备制造业实现跃迁的必备能力。当前，珠江西岸先进装备制造产业带上的装备制造企业通过提升研发创新能力，实现重大技术装备的国产化，以核心技术占领产业制高点。依靠创新要素驱动产业发展，已成为珠江西岸先进装备制造产业带上的靓丽风景线。

广东以制造业立省，高端装备制造业发展优势明显，近年来引进并建设了一批项目，培育了一批龙头骨干企业，高端装备的研发、设计和制造能力持续增强，新产品、新技术不断取得突破，初步形成产业集聚态势。但是，广东省高端装备制造业的基础比较薄弱，产业配套体系不够完善，产业链协同创新力度不够，重要领域核心技术的"卡脖子"问题仍然较突出，在国际交流、技术合作、人才交流、知识产权维权等方面面临着严峻的挑战。

为加快培育高端装备制造战略性新兴产业集群，促进产业迈向全球价值链的中高端，2021 年 9 月，广东省工业和信息化厅网站发布了《广东省培育高端装备制造战略性新兴产业集群行动计划（2021—2025 年）》。该计划提出，要将广东省打造成全国高端数控机床、海洋工程装备、航空装备、卫星及应用、轨道交通装备等高端装备制造的重要基地，从创新能力、产业规模、企业竞争力、知识产权这四个方面确定了到 2025 年的工作目标。该计划制定了六项重点任务：一是突破产业发展瓶颈和短板；二是构建产业创新平台和创新体系；三是加强质量品牌建设；四是培育具有核心竞争力的龙头骨干企业；五是深化产业开放合作；六是增强知识产权综合实力。为支撑目标任务的完成，该计划提出实施高端数控机床工程、海洋工程装备工程、航空装备工程、卫星及应用工程、轨道交通装备工程、集成电路装备工程等六大重点工程。为保障各项目标任务和工程的落实，该计划提出了五方面保障措施，包括加强组织领导、加大政策支持力度、加大用地用海政策支持力度、强化金融支撑以及强化人才支撑。下一步,在抓落实之中,逐步建立和完善高端装备制造战略性新兴产业集群"五个一"体系:形成一张动态骨干企业清单、一张动态重点项目清单、一套政策工具包、一套科技创新体系、一家战略咨询支撑机构。

四 珠三角地区重点装备制造业企业情况简介

1. 华为技术有限公司

华为技术有限公司(以下简称华为)于1987年在中国深圳正式注册成立,是全球领先的ICT(信息与通信技术)基础设施和智能终端提供商,致力于把数字世界带入每个人、每个家庭、每个组织,构建万物互联的智能世界。华为《2019年可持续发展报告》显示,截至2019年底,华为约有19.4万员工,业务遍及170多个国家和地区,服务30多亿人口。

在无线领域,华为发布了业界首个3GPP标准的全系列5G端到端商用产品与解决方案,基于自研芯片和自有天线技术,优化了5G系列化产品的规格及性能,率先完成IMT-2020(5G)等各项测试。发布面向5G时代的SingleRAN Pro解决方案,构建LTE+NR未来目标网战略:10倍新能力助力运营商收入开源,极简网络帮助运营商支出节流。提出Wireless AI网络自动化三层架构,通过AI技术逐步实现移动网络自动驾驶。发布多频天线、室内数字化、5G微波、5G电源等创新解决方案,助力可持续发展。推出RuralStar、PoleStar、TubeStar等场景化解决方案,进一步消除数字鸿沟。华为"刀片式基站"获得2018年度国家科学技术进步奖一等奖。华为PoleStar 2.0智慧杆如图3-7所示,被定位为智慧城市的"神经末梢",一杆支持5G移动通信、智慧照明、智能监控、物联网、智慧环保和城市信息发布等多种业务。

图3-7 华为PoleStar 2.0智慧杆

在网络领域,通过NetCity联合创新模式,华为智简网络(Intent-Driven Network)在25个领先运营商和企业成功落地,利用智能技术提升运维效率。发布全新一代智能数据中心交换机CE16800系列,为日益增长的数据中心流量和AI应用提供极速智能连接。发布业界首个Wi-Fi 6商用产品,为园区用户提供10吉比特每秒(Gb/s)的极速连接。

在软件领域,华为致力于打造Cloud Native、开放、敏捷的运营软件平台,使运营商数字化加速。融合计费方案持续向5G演进,2018年贡献了3GPP 5G计费标准中主要的提案。华为与中国移动联合打造了敏捷、开放、安全的CM IoT运营平台,30分钟可完成10万张卡的批量开通,API月调用次数超30亿次,支撑了运营商物联网连接的爆发式增长。

在云核心网领域,5G极简核心网解决方案提供了由云化向5G的平滑演进,率先完成IMT-2020(5G)推进组SA/NSA 5G核心网测试;引入AI技术应用于移动网络资源部署、U2020网管系统智能运维等业务,并落地商用局点。发布IoT云服务2.0,以"连接+

云+智能"为条件,使产业物联网运行;发布 CloudLink 协作智真系列产品,引领企业通信与协作迈入智能时代。

在智能计算领域,基于华为昇腾(Ascend)系列芯片,发布了 Atlas 智能计算平台,通过模块、板卡、小站、一体机等丰富的产品形态,打造面向端、边、云的全场景 AI 基础设施方案,以强大算力构筑业界领先的解决方案竞争力;发布 ARM-based 处理器鲲鹏 920,并针对 ARM 原生应用、大数据、分布式存储等应用推出基于鲲鹏 920 的 TaiShan 服务器。

我国装备制造业正向自动化、集成化、信息化、绿色化方向转型。2018 年中央经济工作会议提出,加大制造业技术改造和设备更新,加快 5G 商用步伐,加强人工智能、工业互联网、物联网等新型基础设施建设。2019 年政府工作报告中首次提出"智能+",打造工业互联网平台,为制造业转型升级赋能。正是这些智能技术群的聚变,推动了万物互联网迈向万物智能,驱动"智能+"时代的到来,促使装备制造业向数字化方向转型。

2. 广州智能装备产业集团

广州智能装备产业集团有限公司(简称广智集团)是广州市人民政府直属的全资企业集团,集团注册资本 23 亿元,2019 年底总资产 583 亿元,在岗员工 3 万多人。

广智集团集楼宇智能装备、智能电网系统、清洁能源装备、智能机器人和智慧运维服务于一体,致力于成为智能装备龙头企业,主营楼宇智能装备、智能电网系统及高端线束、环保和清洁能源装备、基础制造及通用工业设备、工业机器人和智能系统五大业务板块,如图 3-8 所示。在电梯、专业通信、输配电、能源和动力设备等领域累积了丰富的技术和市场资源,形成了较为完善的产业链布局,同时也在工业机器人、轨道交通相关设备、隧道工程装备等高端装备领域进行了广泛布局。目前,已形成覆盖华南、华东、华北、西部地区的六大基地十大园区的产业布局,总面积超过 150 万平方米,打造出全国性的智能产业园。

(a)楼宇智能装备　(b)智能电网系统及高端线束　(c)环保和清洁能源装备　(d)基础制造及通用工业设备　(e)工业机器人和智能系统

图 3-8　广智集团的五大业务板块

广智集团坚持创新驱动发展战略,强化核心竞争力,构建"集团—二级产业集团(龙头企业)—生产单位"的三级创新体系,以广智研究院为核心,以广日股份、广哈通信、广重集团等 7 家二级龙头企业和下属各高新技术企业的研发机构为网络,建成体系完整的集团创新体系。

广智集团以"聚焦于智慧城市和智能制造领域,为客户提供数字化、网络化、智能化高端装备和系统解决方案"为战略定位,正朝着智能装备产业龙头的目标砥砺奋进,努力为珠三角地区的高端装备制造业做出积极的贡献。

3.2 长三角地区的装备制造业

在我国经济进入高质量发展阶段的背景下,装备制造业作为中高端技术的产业部门,其发展状况显得尤其重要。长三角地区是我国经济较发达的地区之一,也是我国装备制造业的重要基地。长三角地区装备制造业的规模巨大,是地区制造业的主体产业,在全国具有重要战略地位,因此其发展状况值得高度关注。

随着《长江三角洲区域一体化发展规划纲要》的发布,长三角地区的一体化已经上升到国家战略层面。根据《长三角地区区域经济发展规划(2009—2020)》,长三角地区要发展成为"具有世界影响的装备制造业基地"。

一 地区定义

长三角地区是我国经济发展活跃、开放程度高、创新能力强的区域之一,在国家现代化建设大局和全方位开放格局中具有举足轻重的战略地位。长三角地区在 2010 年指上海市、江苏省、浙江省两省一市。2019 年国务院批准的《长江三角洲区域一体化发展规划纲要》指出,长三角地区包括上海市、江苏省、浙江省、安徽省,区域面积为 35.8 万平方千米。

二 长三角地区经济情况简介

2019 年长三角地区 27 个城市的 GDP 数据见表 3-1。由表 3-1 可知,有 6 个城市的 GDP 总量突破 1 万亿元,其中 GDP 总量最高的是上海。作为长三角地区乃至全国最重要的核心城市,上海 2019 年 GDP 总量高达 38 155 亿元,也是我国 GDP 排名第一的城市。其他 5 个破万亿元的城市分别是苏州(19 236 亿元)、杭州(15 373 亿元)、南京(14 030 亿元)、宁波(11 985 亿元)、无锡(11 852 亿元),江苏省占 3 个,浙江省占 2 个,安徽省暂时没有城市上榜。在众多城市中,合肥(9 409 亿元)和南通(9 383 亿元)是最有希望成为长三角地区下一批破万亿元的城市。GDP 总量在 5 000 亿元以上的除了以上城市外,还有常州(7 401 亿元)、温州(6 606 亿元)、扬州(5 850 亿元)、绍兴(5 780 亿元)、盐城(5 702 亿元)、嘉兴(5 370 亿元)、台州(5 134 亿元)、泰州(5 133 亿元)。GDP 总量最低的城市是池州(832 亿元),与铜陵(960 亿元)是仅有的两个 GDP 总量未突破 1 000 亿元的城市。

第3章 我国装备制造业的空间布局

表 3-1　　　　　　　　2019 年长三角地区 27 个城市的 GDP 数据

城市	GDP 总量/亿元	城市	GDP 总量/亿元
上海	38 155	嘉兴	5 370
南京	14 030	绍兴	5 780
苏州	19 236	金华	4 560
常州	7 401	舟山	1 372
无锡	11 852	台州	5 134
南通	9 383	合肥	9 409
扬州	5 850	芜湖	3 618
镇江	4 127	马鞍山	2 111
盐城	5 702	铜陵	960
泰州	5 133	安庆	2 381
杭州	15 373	滁州	2 909
宁波	11 985	池州	832
温州	6 606	宣城	1 561
湖州	3 122		

注：以上排名不分前后，数据以整数为准。数据来源为国家统计局。

根据数据得知，2019 年长三角地区 27 个城市的 GDP 之和约为 20.4 万亿元，约占全国 GDP 总量(99.94 万亿元)的 20.4%。

2018 年 11 月，首届中国国际进口博览会在上海开幕。在开幕式上宣布了党中央交给上海的三项新的重大任务：增设中国(上海)自由贸易试验区新片区；在上海证券交易所设立科创板并实行试点注册制；实施长三角区域一体化发展国家战略。

2019 年 5 月 13 日，中共中央政治局召开会议，会议审议了《长江三角洲区域一体化发展规划纲要》。2019 年 8 月召开的中央财经委员会第五次会议提出，要根据各地区的条件，走合理分工、优化发展的路子，落实主体功能区战略，完善空间治理，形成优势互补、高质量发展的区域经济布局。按照中央的部署，长三角一体化发展上升为国家战略，其重要的目标就是优化长三角区域经济布局，并由此与其他区域经济发展国家战略相互配合，完善中国改革开放的空间布局。以表 3-1 中所列的 27 个城市为中心区(面积为 22.5 万平方千米)，辐射带动长三角地区高质量发展。以上海青浦、江苏吴江、浙江嘉善为长三角生态绿色一体化发展示范区(面积约为 2 300 平方千米)，示范引领长三角地区更高质量的一体化发展。以上海临港等地区为中国(上海)自由贸易试验区新片区，打造与国际通行规则相衔接、更具国际市场影响力和竞争力的特殊经济功能区。本规划纲要是指导长三角地区当前和今后一个时期一体化发展的纲领性文件，是制定相关规划和政策的依据。规划期至 2025 年，展望到 2035 年。

2013 年 9 月 29 日，中国(上海)自由贸易试验区正式成立，面积为 28.78 平方千米。

2014年12月28日,全国人大常务委员会授权国务院扩展中国(上海)自由贸易试验区,将其面积扩大到120.72平方千米。中国(上海)自由贸易试验区涵盖上海外高桥保税区、外高桥保税物流园区、洋山保税港区和浦东机场综合保税区、金桥出口加工区、张江高科技园区和陆家嘴金融贸易区七个区域。2019年8月6日,国务院印发《中国(上海)自由贸易试验区临港新片区总体方案》,设立中国(上海)自由贸易试验区临港新片区(以下简称新片区)。新片区规划范围为上海大治河以南、金汇港以东,包括小洋山岛、浦东机场南侧区域,面积为873平方千米。按照"整体规划、分步实施"原则,先行启动南汇新城、临港装备产业区、小洋山岛、浦东机场南侧等区域,面积为119.5平方千米。新片区的建设不是简单的空间扩大,也不是简单的政策平移,而是要在更宽领域、更高层次,以更大的力度深化改革、扩大开放。至此,长三角地区的自由贸易试验区格局发生了变化:坐拥上海、浙江、江苏3个自贸区以及临港新片区,形成集群之势。三个自贸区各有特色,上海自贸区突出全球金融与贸易功能,江苏自贸区着力推进自主可控先进制造业体系和先进制造业集群建设,浙江自贸区强调海洋经济特色。

长三角区域经济布局不断优化,从20世纪90年代Z字形的区域空间发展格局,到21世纪高铁时代建立长三角"一小时城市圈",长三角地区逐渐形成了多层中心网络化的区域经济发展格局。长三角地区的城市发展开始实质性地进入3.0时代,从单中心城市发展阶段进入多中心城市发展阶段,现在又进入以中心城市和周边城市合作联动的都市圈发展阶段。

三 长三角地区装备制造业的发展情况和特色

1. 装备制造业的发展现状

长三角地区是我国经济具活力、开放程度高、创新能力强、吸纳外来人口多的区域之一。"十三五"时期,长三角城市群成为我国装备制造业转型升级的"试验田",是"一带一路"与长江经济带的交会点,我国智能制造产业集聚区和我国经济的重要增长点。《长江三角洲区域一体化发展规划纲要》制定并实施了长三角制造业协同发展规划,全面提升制造业发展水平,按照集群化发展方向,打造全国先进制造业集聚区。围绕电子信息、生物医药、航空航天、高端装备、新材料、节能环保、汽车、绿色化工、纺织服装、智能家电十大领域,强化区域优势产业协作,推动传统产业升级改造,建设一批国家级战略性新兴产业基地,形成若干世界级制造业集群。

长三角地区是国内重要的高端装备制造业开发和生产基地,在国内高端装备制造产业中占有重要地位。其中,上海是国内民用航空装备科研和制造重点基地,江苏省的海洋装备工业发达。目前长三角地区已形成了包括研发、设计、制造在内较完整的装备制造产业链,在航空、海洋工程、智能制造装备领域特色较突出。在2019年第21届中国国际工业博览会·2019智能制造大会上正式发布的《中国先进制造业品牌500强白皮书》显示,先进制造业500强中高端装备制造业占51%,长三角地区是该榜单上500强企业最集中的地区,民营企业是其中的中坚力量。

长三角地区装备制造业的发展要从根本入手,需要将技术创新能力提升到一个新的高度,这也是近年来长三角地区战略规划的主要方向。

2. 高质量发展装备制造业

(1)上海市

上海市统计局数据显示,2019年,上海市高端装备制造业实现工业总产值2 613.03亿元,比上年增长2.8%。其中,船舶和海洋工程装备实现工业总产值798.74亿元,比上年增长11.8%,是高端装备制造业的主要拉动力,其中大型国有控股企业的拉动作用尤其突出。在全球民用船舶制造业持续低迷的大环境下,江南造船(集团)有限责任公司交付了我国第一艘自主建造的极地科学考察破冰船"雪龙2"号(图3-9)、新型深远海综合科学考察实习船"东方红3"号,标志着我国在极地和深远海科学考察硬件能力上的突破;沪东中华造船(集团)有限公司交付了首艘智能集装箱船"荷花"号,并通过了中国船级社整船网络安全评估,对我国智能船舶的发展具有里程碑意义。我国船厂在全球船舶脱硫装置改装市场中占据主导地位,其中上海中远海运重工有限公司是国内脱硫装置改装项目最多的船厂,上海华润大东船务工程有限公司排名第三。

图3-9 "雪龙2"号

2019年,航空装备的生产实现工业总产值296.55亿元,比上年增长0.7%,其中飞机制造业保持平稳增长,拉动了航空装备总产值增长3.0%。中国商用飞机有限责任公司持续向成都航空有限公司、天骄航空有限责任公司等主要客户交付ARJ21国产喷气支线客机(图3-10),自2017年7月取得中国民航局生产许可证以来已累计交付22架。另外,C919国产大型客机2019年内又有104、105、106三架飞机相继下线投入试飞。

(2)浙江省

浙江省经济和信息化厅数据显示,2019年浙江省装备制造业规模以上企业实现总产

图 3-10　在 ARJ21 的总装生产线上装配飞机部件

值 28 724 亿元,同比增长 4.6%,增幅比全省规模以上工业高 0.5%。2019 年,浙江省高端装备制造业规模以上企业实现总产值 15 645 亿元,同比增长 5.2%,高端装备制造业增加值占装备制造业增加值的比重达到 57.5%,占规模以上企业增加值的比重达到 23.5%。2020 年浙江省装备制造业重点领域首台(套)产品有 127 项(含宁波市 26 项),其中国内首台(套)产品 4 项,省内首台(套)产品 123 项。其中,杭州制氧机集团股份有限公司研发的十万等级空分装置及空气压缩机组成功入选国内首台(套)名单,技术达到国际先进水平,打破了国外对特大型空分装置、空气压缩机及汽轮机的垄断,填补了国内空白;奔腾激光(温州)有限公司研发的 20 千瓦光纤激光切割数控机床(图 3-11)成功攻克了 4 项"卡脖子"技术和 6 项关键技术,解决了国内机床超高温长时间连续工作下切割头的稳定性和机床长时间连续工作的可靠性这一行业关键的共性问题,并成功入选国内首台(套)名单。

图 3-11　20 千瓦光纤激光切割数控机床

(3)江苏省

2018 年,江苏省制造强省建设领导小组召开会议,提出要着力建设具有国际竞争力的先进制造业集群,推动江苏制造向江苏创造转变,江苏速度向江苏质量转变,江苏产品向江苏品牌转变。装备制造业是制造业的核心,江苏省装备制造业的规模总量、转型步伐、研发实力等各方面均位于全国前列,装备制造业高质量发展是江苏省高质量发展的重要抓手。在新时代背景下,为贯彻"中国制造2025"战略部署,参与"一带一路"国际产能和装备制造合作,江苏省以系统化思维积极推动装备制造业发展向高端化、国际化、智能化和绿色化方向转变。

江苏北人机器人系统股份有限公司在智能化焊接装备方面,通过多年的技术研发及经验积累,在智能化焊接装备的产品方面已实现焊接工艺自主规划、焊接路径与焊缝高精度检测等技术新突破,通过科技成果转化开发出了可移动式智能化焊接机器人等高新技术产品。其研发的智能化焊接机器人系统应用于发改委智能制造装备发展专项"航天器大型薄壁结构件制造数字化车间"等项目,该技术打破了国际大公司对相关领域的垄断和封锁,对提升我国航空航天、船舶、重工等行业的智能制造水平极具战略意义。

2019年,总投资15.3亿元的吉姆西12英寸集成电路先进制程技术及装备研发制造项目签约落户无锡市锡山区。吉姆西半导体科技(无锡)有限公司实施国家科技重大专项"极大规模集成电路制造装备及成套工艺",获评无锡市首批"瞪羚企业",已快速成长为目前国内最大的半导体领域再制造设备供应商和最大的研磨液供应系统制造企业,为中芯国际集成电路制造有限公司、上海华虹(集团)有限公司、台湾积体电路制造股份有限公司、杭州士兰微电子股份有限公司、华为技术有限公司、中电海康集团有限公司和英特尔公司等众多知名集成电路制造企业提供半导体制造设备的升级改造服务。

江苏丰尚智能科技有限公司(简称丰尚公司)是我国饲料机械行业的龙头企业,多年来一直致力于推动饲料加工装备的高质量发展,始终以科技创新为抓手,强化科技成果转化作用,不断在产品研发上精益求精。2019年,丰尚公司的"大型智能化饲料加工装备的创制及产业化"项目(图3-12)荣获行业唯一的国家科学技术进步奖二等奖,实现了我国大型智能化饲料加工成套装备的自主创新。该装备使传统的每小时30吨、需要30名工人操控的生产线产量提高到了每小时100吨,且生产工人只需16人,彻底改变了饲料生产严重依赖工人的现状,加速了我国饲料生产企业向现代化智能工厂迈进的步伐。

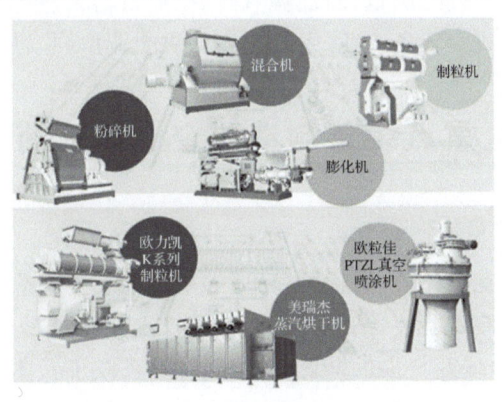

图 3-12 丰尚公司自主研发的产品

(4) 安徽省

安徽省经济和信息化厅数据显示,2019年上半年,安徽省装备工业实现主营业务收入6 300亿元,同比增长3%。2019年,安徽省共投入130亿元资金,采用"借转补"、事后奖补、产业基金等方式推动制造业高质量发展。在装备制造及工业机器人产业发展进程中,安徽省装备制造业已形成汽车、智能制造装备、工程机械等10多个行业、100多个大类、近万种产品且门类比较齐全的制造业体系,智能装备、自动化生产线、工业机器人等高端装备持续快速发展,其中六轴工业机器人的产量居全国第一位。

安徽省不断打造支柱产业,提升装备制造业水平。机床作为"工业之母",是一个国家制造业水平的象征。然而长期以来,高端数控机床主要依赖进口,成为中国制造的一个短板。马鞍山市博望区是全国闻名的剪折机床和刃磨具之乡,也是全省唯一的高端数控机床战略性新兴产业集聚发展基地,相关工业企业达2 000余家。马鞍山市中亚机床制造有限公司自主研发的高端数控机床,可以一次完成冲、钻、铣、切等五六道工序,一台机床顶几台机床,大大提高了生产效率和工件的精准度。马鞍山市恒利达机械刀片有限公司开发出的高端数控磨削机床,使产能提升了几倍。

安徽省不断优化产品结构,不断增加附加值。高铁是中国企业走出去的一张名片,也是战略性高端装备产业。高速车轮作为高速列车的关键部件之一,是车轮中的高风险、高技术含量、高附加值产品,被公认为世界上技术要求高、生产难度大的尖端产品,过去一直依赖进口。马钢(集团)控股有限公司(简称马钢)瞄准这一新兴产业,积极转型升级,加快高速轮轴的研发,成功拿到了国内时速350千米每小时高铁车轴的生产许可证,不仅打破了国外垄断,还使高铁轮轴成为其"走出去"的拳头产品。马钢同时大力发展技术含量和附加值更高的高速车轮的制造,由原来只生产普通铁路车轮向高速化、重载化、低噪声等高铁、地铁车轮发展。

安徽省不断加强技术研发,补齐产业链短板。安徽省为加快装备制造业发展,重点实施"1234"行动计划,"1"就是以装备工业高质量发展为主线,"2"就是坚持发展高端装备和提升传统装备,"3"就是以智能制造为主攻方向,建设数字化生产线、数字化车间和智能工厂,"4"就是着力发展壮大智能制造、新能源汽车、工业机器人、重大技术装备等四个产业,形成零部件、整机企业、成套装备企业、系统方案解决企业协同发展的格局。

四 长三角地区重点装备制造业企业情况简介

1. 上海电气集团股份有限公司

上海电气集团股份有限公司(简称上海电气)是中国装备制造业最大的企业集团。上海电气是一家大型综合性高端装备制造企业,主导产业聚焦能源装备、工业装备、集成服务三大领域,致力于为全球客户提供绿色、环保、智能、互联于一体的技术集成和系统解决方案。产品包括火力发电机组(煤电、气电)、核电机组、风力发电设备、输配电设备、环保设备、自动化设备、电梯、轨道交通、医疗设备、油气海洋工程和工业互联网等。作为中国工业的领导品牌,上海电气创造了中国及世界上众多第一。

改革开放以来,上海电气诞生了一大批世界领先的创新产品,如全球首台百万千瓦超超临界二次再热发电机组(图 3-13)、三代四代核电核岛和常规岛主设备、大型海上风电设备、西气东输的高频电动机、中国第一套 6 000 千瓦火电机组、世界第一台双水内冷发电机、中国最大的 1.2 万吨水压机、中国第一套 30 万千瓦核电机组等。上海电气正在成为中国最大的综合性装备制造业企业的路上飞奔,并代表中国与世界一流企业同台竞争。

图 3-13　百万千瓦超超临界二次再热发电机组

2. 杭州制氧机集团股份有限公司

杭州制氧机集团股份有限公司(简称杭氧)是我国空气设备行业的龙头企业和国家重大装备制造业企业,于 1950 年建厂,2009 年搬迁至临安,2010 年在深圳证券交易所上市。作为国之重器责任肩负者,杭氧为国内冶金、化肥、石化、煤化工、航天航空等领域提供成套空气分离设备(空分设备)4 000 多套,产品遍布全国,并出口到美国、欧洲、亚洲等 40 多个国家和地区,大型、特大型空分产品的国内市场占有率一直保持在 50% 以上。

杭氧始终重视对技术创新的投入,每年都会将新产品、新技术、新工艺计划("三新"项目)列入公司工作考核的重点,并将其转化为技术成果。其中神华宁夏煤业集团有限责任公司(简称神华宁煤)每年 400 万吨煤炭间接液化示范项目研制的十万等级空分设备(图 3-14),经中国机械工业联合会与中国通用机械工业协会联合鉴定,其总体技术达到国际领先水平,在部分性能指标方面优于国外公司同类产品。

图 3-14　神华宁煤十万等级空分设备

杭氧作为国内第一台空分设备的制造者,一直引领着中国空分产业的发展,经过多年的技术攻关和持续创新，拥有了世界先进的空分设备设计及制造技术。杭氧已经具备了特大型空分设备的自主研发和制造能力，空分设备的最大单机容量已达到十二万等级，大型空分设备的技术性能指标已达到国际领先水平，在稀有气体氖、氦、氪、氙等提取设备的研制方面也取得了重大突破。

3. 合肥合锻智能制造股份有限公司

合肥合锻智能制造股份有限公司（简称合锻智能）位于安徽省合肥市经济技术开发区，公司前身为合肥锻压机床总厂，始建于1951年，为专业从事锻压设备生产、销售的大型企业。合锻智能是集液压机、机械压力机、色选机等各类高精专产品的研发、生产、销售和服务为一体的大型装备制造企业，是我国大型锻压设备自动化成套技术与装备产业化基地、国家数控成形冲压装备产业技术创新战略联盟副理事长单位、国家火炬计划重点高新技术企业。

合锻智能自主研发的大型数控成形机床数字化设计技术、自动化控制技术、机电液一体化技术、伺服控制技术、大型超大型部件加工技术、智能成套设备解决方案及安装调试技术等达到国内领先水平。合锻智能参与的多项国家级尖端装备，先后应用于飞机、神舟飞船、天宫火箭、核电、高铁以及国家跃升计划的科研领域，市场占有率基本保持在29%～32%。

合锻智能自主研发设计的重型机械压力机（图3-15），冲压次数达每分钟30次，这几乎是普通机械压力机的两倍。除了速度快，这套装备的智能化操作水平和节能效果也达到了国际先进水平，由它组建的生产线与传统生产线相比，节能近30%。也正因为这些优势，合锻智能成为中国极少数实现成套全自动大型冲压装备出口的装备制造业企业之一。

图3-15 合锻智能自主研发设计的重型机械压力机

3.3 东北地区的装备制造业

装备制造业高质量发展是我国经济高质量发展的重中之重，是一个现代化大国必不可少的。在当前国家推进装备制造业高质量发展，建设"一带一路"的背景下，作为中国装备制造业核心的东北老工业基地,其装备制造业的发展情况及存在的问题引人关注。在国内传统市场需求萎缩、产业结构调整加剧、东北经济下行压力加大的形势下,东北装备制造国有企业亟待完成转型升级,实现高质量发展,助力东北振兴。

2016年发改委正式推出《东北振兴"十三五"规划》,提出东北振兴离不开装备制造业的转型升级。2018年9月25日至28日,习近平在东北三省考察并主持召开深入推进东北振兴座谈会时强调,以新气象、新担当、新作为推进东北振兴,明确提出新时代的东北振兴是全面振兴、全方位振兴。装备制造业是东北工业中的重点产业,重振装备制造业有助于推动东北全域的经济发展。

一 地区定义

现在的东北地区,广义上指由辽宁、吉林和黑龙江三省以及内蒙古东五盟(赤峰市、兴安盟、通辽市、锡林郭勒盟、呼伦贝尔市)所构成的区域,狭义上仅包括辽宁、吉林、黑龙江三省。东北地区的土地面积为147万平方千米,占全国国土面积的15.32%;辽宁省统计局、吉林省统计局和黑龙江省统计局的数据显示,2019年东北三省的GDP之和为50 249亿元,占全国总量的5.07%,国内生产总值在全国的位次:辽宁第15位,黑龙江第24位,吉林第27位。东北地区是我国东北边疆地区自然地理单元完整、自然资源丰富、多民族深度融合、开发历史近似、经济联系密切的大经济区域,在全国经济发展中占有重要地位。其中沈阳、长春、哈尔滨、大连为副省级城市。

二 东北地区经济情况简介

东北地区是我国重要的工业和农业基地,其维护国家国防安全、粮食安全、生态安全、能源安全、产业安全的战略地位十分重要,关乎国家发展大局。

2003年,中共中央、国务院印发了《关于实施东北地区等老工业基地振兴战略的若干意见》,明确了实施振兴战略的指导思想、方针政策。随着振兴战略的实施,东北地区加快发展步伐,加大体制机制创新,不断完善基础设施,提升了作为重要商品粮生产基地、林业基地、能源原材料基地、机械工业基地和医药工业基地的地位。党的十八大以来,党中央高度重视东北老工业基地的振兴发展。2016年《中共中央国务院关于全面振兴东北地区等老工业基地的若干意见》的出台,标志着新一轮东北振兴战略的全面启动,东北振兴政策红利持续发力。党的十九大明确提出,深化改革,加快东北等老工业基地的振兴,这预示着在新的历史阶段,全面深化改革、扩大开放是实现东北全面振兴的根本之策。

东北老工业基地为我国改革开放和现代化建设做出了重要的历史性贡献,具有特殊的地位。一方面,东北地区是中华人民共和国成立后最早建立的工业基地,为我国构建独立、完整的工业体系和国民经济体系,为改革开放和现代化建设,都做出了重大的贡献。东北三省地理位置特殊,拥有丰富的自然资源和一定的重工业基础,是我国工业的"摇篮"和重要的工业与农业基地。另一方面,东北地区为全国的工业化提供了丰富的基础资源。东北地区幅员辽阔、物产丰富,拥有独特的自然资源优势。在国家建设中,东北老工业基地源源不断地为国家输送了大量的生产资料和基础资源,为我国经济发展和现代化建设提供了极其重要的资源支撑。此外,东北三省还为各地培养和输送了大量技术和管理人才,有力地支援了全国工业体系建设。东北地区在中国经济的发展中做出了巨大的历史贡献。

改革开放以后,东北地区面临多重转型,在体制上需要从计划经济转向市场经济,在经济结构上需要从传统产业转向现代产业。同时,东北地区在发展中也面临着一系列问题,比如结构转型较慢、体制转型面临困境等。

近几年,在世界经济增速放缓、我国经济下行压力加大的背景下,相对于全国经济发展,东北地区是短板。但应看到,2017年以来,东北地区的经济指标已经呈现企稳向好态势。作为我国重要的工业和农业基地,东北地区拥有一批关系国民经济命脉和国家安全的战略性产业,在资源、产业、科教、人才、技术设施等方面都具有一定的优势。

东北地处边疆,正在成为新的开放前沿。我国地域辽阔,开放前沿不应只有一个。如果说南部以珠三角为开放前沿、东部以长三角和环渤海南片为开放前沿,那么北部则可以东北为开放前沿。从东北亚大范围看,东北三省和内蒙古东五盟位于东北亚的核心地带,临近俄罗斯、朝鲜、蒙古国、日本、韩国,加上隔洋相望的美国,在地理区位上与6个国家关联。辽宁沿海经济带、吉林长吉图开发开放先导区、黑龙江沿边经济带开放步伐加快,大连金普新区、哈尔滨新区、长春新区、中德(沈阳)高端装备制造产业园、珲春国际合作示范区等重点开发开放平台正在加快建设。英特尔大连工厂、沃尔沃和宝马总装厂、宝马发动机工厂等一大批重大外资项目落户东北。

"一带一路"建设给东北地区带来了新的发展机遇,如中俄天然气管道、中俄原油管道建成运营等,将使新时期东北地区作为我国开放前沿之一的作用得到进一步发挥。

东北地区区位条件优越,沿边沿海优势明显,在国家发展全局中具有举足轻重的地位。习近平就东北振兴提出了六个方面的要求,涵盖创新、协调、绿色、开放、共享等方面,是新发展理念的具体化措施,构成了破解发展短板的系统性方法论。

三 东北地区装备制造业的发展情况和特色

1. 装备制造业的发展现状

(1)具有较好的发展基础,产业体系较为完善

东北地区装备制造业具有良好的发展基础,产业体系较为完善,自我配套能力强,近几年结合国家重大工程取得了一批重大技术装备自主化成果,形成了若干个特色鲜明的优势产业。东北地区工业销售产值比较具有优势的装备制造产业包括汽车制造业、通用设备制造业、专用设备制造业、铁路、船舶、航空航天设备制造业等。辽宁省的装备制造业涵盖了以机床和轴承为代表的基础类装备,以石化设备、重型矿山设备和输变电设备为代表的重大工程专用装备,以及以船舶、汽车和机车为代表的交通运输类装备,具备较强的重大技术装备研发、设计和制造能力。吉林省在交通装备、农业机械装备、光学精密机械、材料试验机、汽车专用模具、煤炭机械等领域具有较好的基础。黑龙江省在农用机械装备、动力装备、航天装备等领域具有很好的基础。这些都为东北地区的装备制造业发展奠

定了坚实的基础。

(2) 具有较好的科研基础,为国家重大战略提供有力支撑

东北地区的科研基础比较好,拥有船舶制造国家工程研究中心、高档数控国家工程研究中心、国家水力发电设备工程技术研究中心、国家真空仪器装置工程技术研究中心、特高压变电技术国家工程实验室、高速列车系统集成国家工程实验室(北方)等科研支撑。东北地区的中国一重集团有限公司、中车长春轨道客车股份有限公司、沈阳鼓风机集团股份有限公司、北方重工集团有限公司、大连船舶重工集团有限公司、瓦房店轴承集团有限责任公司等一批国有重点企业的技术装备水平、生产能力、产品质量有了显著提高,对国家重大战略提供了有力支撑。随着国家"一带一路"倡议的不断推进,中国的高铁、水电、工程机械等产品将会加大"走出去"的力度,东北地区将会在这些方面发挥更大的支撑作用。

(3) 龙头企业优势突出,集群化发展态势明显

经过多年发展,东北地区在装备制造业领域形成了一批在行业内具有重要地位的龙头企业,并培育了一批具有广泛市场影响力的知名品牌,促进了装备制造业集群化和基地化发展。比如智能制造装备领域的沈阳机床股份有限公司、中国一重集团有限公司、瓦房店轴承集团有限责任公司、哈尔滨电气集团有限公司、特变电工沈阳变压器集团有限公司等,航空装备领域的中航沈飞股份有限公司、中国航发沈阳黎明航空发动机有限责任公司、航空工业哈尔滨飞机工业集团有限责任公司等,海洋工程领域的大连船舶重工集团有限公司,轨道交通设备领域的中车长春轨道客车股份有限公司、中车大连机车车辆有限公司等,围绕这些龙头企业,相关的配套企业在周边集聚,形成了集群化发展态势。

2. 高质量发展装备制造业

党的十九大以来,我国经济发展进入新的阶段。"十三五"以来,国家出台了一系列政策、规划及措施来推动装备制造业的发展。《中共中央国务院关于全面振兴东北地区等老工业基地的若干意见》提出,到2020年,东北地区在重要领域和关键环节的改革上取得重大成果,在此基础上用10年左右的时间,使东北地区实现全面振兴,成为全国重要的经济支撑带。振兴东北老工业基地,装备制造业的振兴发展是关键之一。

(1) 企业转型升级

实施东北振兴战略后,东北地区的重点企业进行了大规模技术改造,企业生产面貌大为改观,装备水平显著提升,重大技术装备自主化成果显著,传统优势产业的竞争力不断增强。据统计,目前东北地区发电设备的产量占全国的三分之一,高档数控机床的产量占全国的三分之一,内燃机的产量占全国的五分之一。大型水轮机组、大型风电机组、大型核电机组、30万吨油轮、350千米高速动车组和高档数控机床在东北实现了国产化。东北地区在国企改革和解决历史遗留问题方面取得了积极进展,大部分国有工业企业完成了产权制度改革,百余家大型骨干企业实现了战略性重组,国有资本进一步向重要行业和关键领域集中。大连机床、沈阳机床、北方重工、哈尔滨量具刀具集团等大型企业"走出去",成功并购了国外知名企业,国际竞争力显著增强。

(2) 打造国之重器

要想实现装备制造业的高质量发展,还要打造国之重器。国之重器背后所代表的核

心技术长期被西方发达国家所垄断,这些技术买不来,所以就需要自主创新以形成自己的技术。

"海星6000"是在中科院海洋先导专项支持下,由中科院沈阳自动化研究所主持,联合中科院海洋研究所等单位共同研制的。它是我国首台自主研制成功的6 000米级有缆遥控水下机器人装备(图3-16、图3-17),填补了国内该领域的空白。在历时3年的研制过程中,中科院沈阳自动化研究所突破了超长铠装电缆的实时状态监控与安全管理、自适应电压补偿的长距离中频高压电能传输、近海底高精度悬停定位以及深海浮力调节等多项关键技术,在6 000米近海域连续开展海底采样、海洋环境调查、生物多样性调查和近海底原位探测等深海科学考察作业。"海星6000"科学考察等任务的圆满完成,标志着我国有缆遥控水下机器人平台及其应用技术迈上了一个新台阶,进一步提升了我国开展6 000米级深海科学考察作业的能力。

图3-16 "海星6000"准备入水

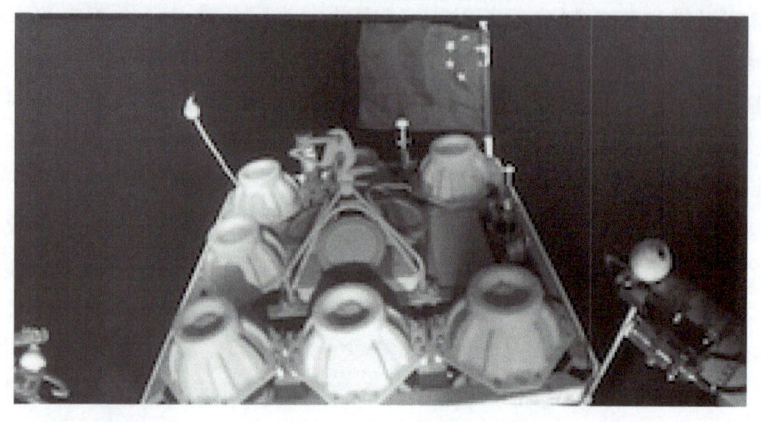

图3-17 "海星6000"对着陆器进行海底移位

从2019年开始,辽宁省已连续三年征集工业高质量发展推荐产品,第一批(2019年版)确定了189户企业生产的284种产品,第二批(2020年版)确定了145户企业生产的248种产品,加上第三批(2021版),共发布了全省517户企业生产的933种优势产品。大连光洋科技集团有限公司的五轴立式加工中心出口到德国,开创了国产全自主知识产权高档数控产品出口西方发达国家的先河;2017年沈阳鼓风机集团股份有限公司实现了十万等级空分压缩机的国产化,之前全世界只有德国的两家企业能够生产这个级别的空分压缩机,这不仅让制约我国相关行业发展的关键装备技术掌握在中国人自己手里,也让国外厂商的报价直接降低了一半;一重集团大连核电石化有限公司承制的全球首台3 000吨超级浆态床锻焊加氢反应器(图3-18)在辽宁省大连市完工,该设备的质量超3 000吨,长度超70米,外径达6.15米,是目前世界上单体质量最大、生产能力最强的浆态床锻焊加氢反应器,也是我国研制的继500米口径球面射电望远镜和全海深载人潜水器之后的又一大国重器。

图3-18 3 000吨超级浆态床锻焊加氢反应器

哈尔滨电气集团有限公司(简称哈电集团)以技术创新为引领,通过对9FA、9FB燃气轮机技术的引进、消化、吸收及再创新,对重型燃机及联合循环技术有了深入掌握,推进了我国重型及中小型燃气轮机本土化,在燃机及联合循环、装备制造能力上取得了长足进步,本土化方向涵盖了多级别、多机型燃气轮机,实现了从"制造合作"向"制造+研发+服务"模式的转变。哈电集团已经成为我国重型燃气轮机-蒸汽联合循环设备的重要供应商。

我国轨道列车秉承创新驱动、打造一张永不褪色金名片的目标,攻坚克难,强势逆转。2017年6月25日,由中国国家铁路集团有限公司牵头,中车长春轨道客车股份有限公司研制出了具有完全自主知识产权、达到世界先进水平的中国标准动车组CR400BF,被命名为"复兴号"。同年9月21日,"复兴号"动车组以350千米每小时的时速在京沪高铁运营,使我国成为世界高铁商业运营时速最快的国家。目前,中车长客最先进的高铁是京张高铁"复兴号"智能动车组,它将服务于第24届北京冬奥会。2019年底,"复兴号"智能动车组在京张高铁上线运行。京张高铁运行有两种动车组:一是标准版,二是奥运版。在奥运版的动车组上,1、4、8车都提供了滑雪板存放间;在5车的餐吧位置设计了媒体采访座,还针对残疾人增加了一些适应性设计。标准版的"复兴号"智能动车组定员为576人,奥运版"复兴号"智能动车组定员为561人。由于我们在高寒动车组的研发方面掌握着世界领先的核心技术,因此解决了零下40摄氏度的冰雪环境下列车高速运营的世界性难题。冬奥会期间的低温和积雪不会对列车产生影响,可以保证乘客在极端天气条件下也能按时抵达目的地。作为即将服务于第24届北京冬奥会的高速列车,"复兴号"智能动车组将首次采用自动驾驶技术,在智能化、节能环保、人性化等方面进行较大提升。该动车组将代表中国高速动车组产品的最高水平,向全世界展示中国轨道装备制造业的创新能力。此外,中车长客设计的下一代时速400千米每小时的高速动车组正在试验中,该车设计速度为400千米每小时,试验速度将达到440千米每小时。

3. 建立完整、可持续发展的先进装备制造体系

装备制造业是国之重器,装备制造支撑现代经济体系,以先进装备或重大战略装备为主的高端装备将引领装备制造业的未来。振兴发展先进装备制造业首要要从产业链、创新链、价值链的构建入手,系统谋划。建立完整、可持续发展的先进装备制造体系,这三个链条互相影响又缺一不可。

(1) 构建完整的先进装备制造业自主可控的产业链

装备制造业要实现由大变强、由产业链低端向中高端跨越,打破装备产品低端市场产能过剩、中高端市场供给不足、核心部件大量依赖进口的现状,构建高端装备制造业自主可控的生产全过程产业链是关键。创新是第一动力,人才是第一资源,要树立创新资源全球化的理念,联合攻关一批关键的"卡脖子"技术,打破基础装备和高新技术装备的核心部件受制于人的局面。在专用装备、重大技术装备上,整合高校、科研院所和龙头企业的优势,在跟踪国际先进技术的基础上,力争拥有核心技术、核心零部件的自主知识产权,敢于领跑、创新和突破,提高核心部件网络化设计、智能化制造能力,实现高端装备全生产过程自主可控。

目前市场上销售的国产机器人,其电动机、减速机等核心部件大多是从德国、日本等国家进口的,国内厂商主要完成机械部分和控制部分,组装集成的产品居多。在我国,机器人的制造链是不完整的,我们需要研究在构成机器人的三大部分六大系统中(尤其是核心部件),哪些是国内不能生产而需要从国外进口的,哪些是国内能生产但市场不认可的,通过联合攻关和应用示范,实现核心部件自主可控、替代进口、成熟稳定,构建完整的机器人制造全生产过程产业链。

沈阳新松机器人自动化股份有限公司在沈阳总部已建成国际领先、涵盖智能制造全产业链条的工业4.0生产展示中心,包括一套完整的智能制造生产示范线和示范展示区,实施了全流程智能化管理,从定制到生产交付的全过程采用智能生产、智能物流、智能装配检测以及MES制造执行系统等先进技术和手段,实现全程无人化作业,是一个在国内乃至国际都具有示范意义和影响力的智能制造技术与应用的公共服务平台。

(2) 创新链是先进装备制造业自主可控产业链完整性的关键技术支撑

许多装备产品零部件需要从国外进口,其主要原因是缺少关键技术,这主要体现为生产方法和工艺水平落后,甚至不知道如何生产,或者理论上知道如何生产,但实际生产过程中废品率和成本太高,质量和性能无法保证。这就是创新链没有形成,或者说不完整。很多重大、先进的高端装备,在我国还没有建立起完整的创新链。创新链不完整会导致整个产业链不完整或不可控,创新链的完整性支撑着产业链的完整性。

例如我国大型船用柴油机曲轴,国内已经实现自主加工,但曲轴所需的锻坯不得不从国外进口,这主要是因为没有掌握曲轴的材料冶炼、锻造、热处理等核心技术或关键工艺流程。国内生产的锻坯由于成品率低,成本异常高,产品稳定性不好,市场认可度低,企业无法维持正常生产经营,导致以企业为主体的创新难以持续。缺少与生产曲轴原料锻坯

相关的自主知识产权,使得创新链不完整。

(3) 价值链是构建先进装备制造业自主可控产业链的目的

价值链是保证整个产业链实现利润、支撑整个生产过程或产业链可持续发展的核心,也是产业链、创新链的最终产出。通过价值链分析构建完整的产业链的经济体系,通过创新链促进技术进步,增加整个产业链的价值。价值链分析还能够找出不经济的生产过程,反过来引导或激励产业链和创新链的调整。

2018 年辽宁省委省政府决定成立辽宁省先进装备制造业基地建设工程中心,为先进装备制造业的发展提供服务、支撑和保障。其中重要的工作是运用产业链、创新链、价值链的分析方法,对涉及全省的先进装备制造行业如数控机床、机器人、航空装备、海洋工程装备、IC 装备、智能装备、新能源汽车等开展调查研究,分析每个行业的产业链、创新链、价值链的完整性和不足,为构建完整、健康、可持续的先进装备制造业的产业链、创新链和价值链开展深入的研究,提出对策。当前该中心以"搭平台、做服务"为切入点,提出"3+3+6"工作设想。找准中心定位,要做好三件事:一是当好政府的参谋、助手,二是当好企业发展的帮手,三是当好产业提升的推手。落实新发展理念,要打好三张牌:一是市场牌,二是改革牌,三是创新牌。要整合全省资源,搭建科技成果转化平台、高端人才交流平台、科技金融服务平台、国际研发合作平台、公共技术检测平台和先进装备制造业工业互联网公共服务平台等六大平台。依托这些平台,通过体制机制的创新,激发内生动力和活力,为"一带五基地"建设和打造辽宁具有国际竞争力的先进装备制造业基地发挥服务、支撑、保障的作用,支撑辽宁先进装备制造业基地建设,为辽宁老工业基地振兴做出应有的贡献。

四 东北地区重点装备制造业企业情况简介

1. 中航沈飞股份有限公司

中航沈飞股份有限公司(简称中航沈飞)是以航空产品制造为主营业务的股份制公司,注册地在威海市文登区,办公地在沈阳。2017 年,沈阳飞机工业(集团)有限公司 100% 股权注入中航沈飞,成为中航沈飞的唯一全资子公司,实现了核心军工资产整体上市,被誉为"中国战机第一股"。

60 多年来,中航沈飞始终坚持"航空报国、航空强国"的宗旨和"敬业诚信、创新超越"的理念,凭借致远的发展战略、至上的客户理念、雄厚的技术实力、卓越的创新管理,先后研制生产了 40 多种型号、数千架歼击机并装备部队,填补了一系列国防建设的空白,诞生了多个第一,谱写了中国航空工业发展的恢宏篇章。特别是其研制生产的我国第一代舰载机歼-15(图 3-19),使我国航空武器装备实现了从陆基向海基的重大突破;其研制生产的国产第四代战机歼-31"鹘鹰",使我国成为世界上第二个能够同时研制两款第四代战机的国家。

图 3-19 舰载机歼-15

中航沈飞以智能制造为牵引,围绕航空制造技术的发展趋势和高端航空产品的研制需求,突破并掌握了一系列核心、前沿技术,建成了数字化制造、自动化装配、多项目协同的加工制造和系统集成平台,形成了面向新一代航空产品研制生产的技术支撑体系。中航沈飞的飞机装配集成、钛合金制造和复合材料加工等技术处于国内外领先水平,部分技术填补了我国航空工业领域的空白。

2. 大连船舶重工集团有限公司

大连船舶重工集团有限公司(简称大船集团)隶属于中国船舶集团有限公司,始建于 1898 年,先后经历了日俄殖民统治、中苏合营、独立经营、改革开放、企业分建、整合重组、整体上市等发展阶段。大船集团是当今中国最大、国际知名的船舶制造企业,是目前国内唯一可为用户提供从产品研发、设计、建造到维修、改装与绿色拆解全生命周期服务的船舶企业集团,也是唯一汇聚了军工、民船、海洋工程装备、修/拆船、重工等五大业务板块的装备制造企业集团。

按照"一总部、三基地"的总体布局,大船集团已形成以大连为总部,统筹大连、葫芦岛和山海关三地一体化发展的产业格局。拥有大连湾海洋工程建造、三十里堡装备制造、香炉礁湾渔轮建造、长兴岛工程船建造等 4 个专业化产业基地,以及钢材加工、舱口盖制造、舾装件制造、船用吊机、甲板机械、爆炸加工等 6 个专业化配套中心。

大船集团是中国为海军建造舰船最多的船厂,自中华人民共和国成立以来,共有 46 个型号、827 艘战舰(截至 2019 年 8 月)从这里驶向深海,被誉为中国"海军舰艇的摇篮"。2012 年 9 月 25 日,更以成功建造并交付了我国第一艘航空母舰"辽宁号"(图 3-20)的卓越功勋,彰显了百年船厂的深厚底蕴和强大实力。大船集团目前承担着多型重大的军工建造任务,是目前中国海军最重要的合作方和舰船建造基地。

3. 哈尔滨电气集团有限公司

哈尔滨电气集团有限公司(简称哈电集团)是中央管理的关系国家安全和国民经济命脉的国有骨干企业之一,是中国历史最悠久、技术水平最高、影响力最大的发电设备研制基地。哈电集团从诞生那天起,就肩负了"承载民族工业希望,彰显中国动力风采"的历史

图 3-20　航空母舰"辽宁号"

使命。经过 60 多年的不断发展和壮大,形成了以大型煤电、水电、核电、气电、风电、电气驱动装置、舰船动力装置和电站"交钥匙"工程八大主导产品为核心的多电并举、协调发展的产业格局。哈电集团是我国最大的、也是唯一具备全系列成套舰船动力装置的制造基地,其产品占国内市场份额的 90% 以上。哈电集团的大型水电机组占国产装机总量的二分之一,煤电机组占国产装机总量的三分之一,重型燃气轮机占国内市场份额的三分之一,核电机组占国产装备总量的五分之一,制造了我国第一艘航空母舰及驱逐舰、核潜艇等国产大型主战舰艇的全部主动力装置。

近年来哈电集团大力开展科技创新,水电、煤电、气电、交直流电机等传统产品不断升级,核电业务逐渐拓展,燃驱与电驱、光热发电、海水淡化、潮流能发电等新技术、新产品不断开发,高效、环保、经济、可靠型产品的比重日益提高。研制成功 AP1000 三代核电蒸发器和国际首套 AP1000 汽轮发电机组;中国首台 100 万千瓦压水堆轴封式冷却剂泵国产化制造成功;承制的世界首台参数最高的莱芜 100 万千瓦超超临界二次再热锅炉以及我国第一台 66 万千瓦超超临界二次再热锅炉机组顺利通过 168 小时连续满负荷试运行,生产的国内单机容量最大的 110 万千瓦褐煤锅炉正式投入商业运行,建立了我国大容量电站机组新的里程碑。哈电集团运用自主技术成功改造国华绥中电厂 1、2 号超临界 80 万千瓦汽轮机组,改造工程通过满负荷 168 小时试运行,改造后原俄制机组换上"中国芯",开创了中国百万级火电机组技术改造成功的先河。另外,还完成了单机容量最大的向家坝 80 万千瓦水轮发电机组的制造;西气东输国产首台 30 兆瓦燃驱、自主知识产权 20 兆瓦电驱试制成功;17 种超(超)临界火电机组国产化二类阀门研制成功,填补了国内空白;世界首创的江苏大丰万吨非并网风电海水淡化示范项目正式投入运行,各项技术指标优良,实现了新能源海水淡化的新突破。

4. 中国第一汽车集团有限公司

中国第一汽车集团有限公司(简称中国一汽)位于吉林省长春市,其前身为第一汽车制造厂。中国一汽在长春生产的整车产品有红旗、奔腾乘用车,解放品牌重、中、轻型卡车(图 3-21),解放品牌城市客车和公路客车,大众品牌 CC、迈腾、宝来、蔚领乘用车,奥迪品牌 A4、A6、Q5、Q3 乘用车，马自达品牌乘用车，丰田品牌 LC200、RAV4 多功能运动车等。

图 3-21 解放品牌卡车

中国一汽已构建了从东北到华北、华东，再到西南、华南的产业布局，业务覆盖红旗、解放、奔腾、合资合作、新兴业务、海外业务和生态业务等七大业务板块。红旗、解放品牌的价值在国内自主轿车和自主商用车中保持第一。红旗 L 系列是国家重大活动指定用车，H 系列轿车在细分市场增长迅速。解放中、重型卡车是国内商用车领域的领航者。新能源汽车已经量产，红旗 E-HS3 纯电动轿车等已投放市场。

5. 中车长春轨道客车股份有限公司

中车长春轨道客车股份有限公司（简称中车长客）的前身为长春客车厂，始建于 1954 年，是国家"一五"期间重点建设项目之一。

中车长客是我国知名的轨道客车研发、制造、检修及出口基地，是中国地铁、动车组的"摇篮"，动车组列车"复兴号"（图 3-22）就出自这里。

图 3-22 "复兴号"智能动车组

中车长客搭建了 200～250 千米每小时和 300～350 千米每小时两个高速动车组产品平台，相继开发了 CRH5A 型动车组、时速 250 千米每小时的综合检测车、CRH380BL 型高速动车组、CRH380CL 型高速动车组、CRH380BG 型高寒动车组、CRH3A 型城际动车组、中国标准动车组等车型，是中车唯一能生产时速 350 千米每小时高寒动车组的主机厂。

在城市轨道车辆领域,中车长客搭建了 A/B/C 型车、直线电机车、低地板车、跨座式单轨车、磁浮车等车辆平台,实现了城市轨道车辆产品的全覆盖。先后开发了我国首列不锈钢地铁车、铝合金轻轨车、单轨车、耐高寒地铁车、无人驾驶地铁车、低地板轻轨车等 60 多种城市轨道车辆。

在普通铁路客车领域,研制了 25B、25G、25K、25T 等 200 多种普通铁路客车,形成了系列化的 25 型客车产品。

近年来,中车长客承担了国家重点研发计划项目"时速 400 千米每小时及以上高速客运装备关键技术"等 92 项,其中国家级 23 项,铁总级 30 项,中车级 19 项,省市级 20 项。

中车长客是中国高端装备制造业的代表,高铁被称为中国装备制造业的亮丽"名片"。

练习与思考

简答题

1. 简述我国装备制造业的空间布局。
2. 简述当今珠三角地区装备制造业的发展情况。
3. 珠三角大力发展装备制造业的地区有哪些?
4. 简述珠三角地区是如何高质量发展装备制造业的。
5. 长三角地区包括哪些地域?
6. 简述长三角一体化对该地区装备制造业的影响。
7. 简述长三角地区是如何高质量发展装备制造业的。
8. 简述东北振兴的意义。
9. 东北地区的装备制造业有哪些重大突破?
10. 根据本章内容,思考东北地区装备制造业高质量发展的途径。
11. 根据本章内容,总结珠三角、长三角和东北地区装备制造业的优势和不足。

第4章 装备制造业的基础行业

装备制造业的基础产业即基础类装备,它是装备制造业的核心。基础类装备主要包括机床、工具、模具、量具、仪器仪表、基础零部件、元器件等,广义上还包括相应的基础技术(包括设计和生产制造技术)和基础材料。

我国装备制造业发展迅速,我国已成为世界装备制造大国,主要表现在四个方面:一是经济总量跃居世界前列;二是装备制造体系日趋完善;三是创新和保障能力显著增强;四是结构调整取得重要进展。但是我国还不是装备制造强国,与发达国家相比还存在四个方面的差距:一是技术创新能力急需提高,关键核心技术未完全掌握;二是产业基础薄弱,基础元器件、关键零部件、核心材料已成为发展"瓶颈";三是产品结构不平衡,高端装备产业急待培育和发展;四是产业集中度低,具有国际竞争力的大企业少,国际知名品牌少。

> 微课
> 装备制造业的基础行业

> 微课
> 装备制造业基础行业的技术突破

能力目标 >>>

能主动查阅资料,自主了解国内外装备制造基础产业中的典型装备和产品的技术创新点,逐步提升学习新知识、新技术的能力。

知识目标 >>>

- 能说出电工电器行业、工程机械行业、重型机械行业及能源装备行业的内涵。
- 能列举我国电工电器、工程机械、重型机械及能源装备四类装备制造基础产业的发展现状及未来前景。

素质目标 >>>

拥护中国共产党的领导和我国社会主义制度,在习近平新时代中国特色社会主义思想的指引下,践行社会主义核心价值观,具有深厚的爱国情感和民族自豪感;具有质量意识、环保意识、安全意识、信息素养、工匠精神、创新思维。

4.1 电工电器行业

近年来,我国电工电器产业规模不断扩大,综合实力显著提升。我国电器工业平均增长速度较快,主要产品的产量连续创造历史最好成绩,以清洁、高效的发电设备和特高压交直流输变电设备为先导的制造技术水平显著提高,成为全球电工电器装备制造大国。

一、电工电器行业的定义和分类

(一) 定义

电工电器行业涵盖国民经济装备制造业重要的支柱行业,如发电、变电、输电、配电、用电设备和电工器材以及各种特殊用途电气设备等行业。产品有关能源的利用与开发,电能的生产、输送、转换及使用等整个电能流程系统。

(二) 分类

按照目前机械工业信息中心统计系统的分类,电工电器行业分为 25 个子行业,与《国民经济行业分类》(GB/T 4754—2017)中对应的行业代码及类别名称见表 4-1。

表 4-1　　电工电器行业分类

中类代码	类别名称	小类代码	类别名称
307	陶瓷制品制造	3073	特种陶瓷制品制造
309	石墨及其他非金属矿物制品制造	3091	石墨及碳素制品制造
341	锅炉及原动设备制造	3411	锅炉及辅助设备制造
		3413	汽轮机及辅机制造
		3414	水轮机及辅机制造
		3415	风能原动设备制造
		3419	其他原动设备制造
342	金属加工机械制造	3424	金属切割及焊接设备制造
346	烘炉、风机、包装等设备制造	3461	烘炉、熔炉及电炉制造
		3465	风动和电动工具制造
356	电子和电工机械专用设备制造	3561	电工机械专用设备制造

续表

中类代码	类别名称	小类代码	类别名称
381	电机制造	3811	发电机及发电机组制造
		3812	电动机制造
		3813	微特电机及组件制造
		3819	其他电机制造
382	输配电及控制设备制造	3821	变压器、整流器和电感器制造
		3822	电容器及其配套设备制造
		3823	配电开关控制设备制造
		3824	电力电子元器件制造
		3825	光伏设备及元器件制造
		3829	其他输配电及控制设备制造
383	电线、电缆、光缆及电工器材制造	3831	电线、电缆制造
		3832	光纤制造
		3833	光缆制造
		3834	绝缘制品制造
		3839	其他电工器材制造
384	电池制造	3841	锂离子电池制造
		3842	镍氢电池制造
		3843	铅蓄电池制造
		3844	锌锰电池制造
		3849	其他电池制造

资料来源：《国民经济行业分类》(GB/T 4754—2017)。

二 国际电工电器行业的发展概况

(一) 发展现状

1. 市场现状

(1) 电工电器行业市场发展平缓，新增装机量小幅增长

2017年，全国各类电力装机量基本保持平稳，总体有小幅增长。太阳能发电及风电装机量同比小幅增长，核电装机量与上年基本持平，火电和水电装机量有小幅下降。

2017年，欧洲四大经济体及日本等国的电力需求呈现小幅萎缩。新兴经济体的中国、东盟（东南亚国家联盟的简称，成员国有印度尼西亚、马来西亚、菲律宾、新加坡、泰国、文莱、越南、老挝、缅甸和柬埔寨）正在进行的城市化及偏远地区、农村地区的电力基础设

施建设推动了电工电器行业产品需求的增长;印度、孟加拉国、土耳其等国正大力发展国内经济,推动国内电力需求的增长,从而直接拉动对电工电器行业产品需求的增长;非洲大陆正推动电力需求的稳步增长。

(2) 太阳能发电、风电装机量高歌猛进

习近平在气候雄心峰会上通过视频发表题为《继往开来,开启全球应对气候变化新征程》的重要讲话中提到,到 2030 年,中国太阳能发电、风电总装机量将达到 12 亿千瓦以上。近年来,太阳能的利用已成为可再生能源领域增长的主要产业之一,这主要是由于技术的进步和太阳能电池板价格的下降。2020 年底中国太阳能发电装机量已经达到 2 亿千瓦,几乎是美国的 3 倍。截至 2021 年 6 月底,全国发电装机量约为 22.6 亿千瓦,同比增长 9.5%。其中,风电装机量约为 2.9 亿千瓦,同比增长 34.7%;太阳能发电装机量约为 2.7 亿千瓦,同比增长 23.7%。与此相反,核电进入了越来越低速增长的态势,全国核电装机量在所有发电种类的装机量中增量最小。

(3) 电线电缆行业迅速发展

当前中国的电线电缆市场已经成为全球第一大市场,产能、产量及需求量都处于全球领先地位,中国上万家电线电缆企业满足了国内外的线缆产品需求。2015—2020 年我国电线电缆销售收入总体呈波动变化的趋势,在 2018 年达到低谷,为 0.99 万亿元。随着我国对新能源投资的加快,电线电缆行业开始缓慢复苏。2020 年电线电缆销售收入达 1.08 万亿元,同比增长 5.02%。

以高能效、低损耗为主要特征的高压、超高压输电方式已成为电力行业发展的必然方向,它由于大容量、高可靠、免维护等诸多优势而被大量应用在长距离、大跨度的输电线路中,高压、超高压电力电缆逐渐替代中低压电力电缆是行业发展的必然趋势。

2. 技术现状

(1) 发电设备情况

① 化石能源发电设备

超超临界燃煤发电技术作为燃煤发电的先进技术,在国内外都得到了快速发展。超临界发电技术最早诞生在美国,1957 年世界第一台超超临界参数机组在美国投入运行,单机容量为 125 兆瓦。日本的超临界机组技术来自欧美,超临界机组的装机容量占常规火电机组装机容量的 60% 以上,容量超过 45 万千瓦的机组都采用超临界参数。俄罗斯的超临界技术主要为独立自主研发,通过长期技术积累,初步构建了比较完善的产品体系与超临界技术。

② 清洁能源发电设备

- 水力发电方面。混流式水电机组适用于中高水头,且运行稳定,结构紧凑,平均效率较高,是超大容量水力发电机组主要的选择样式。目前世界上单机容量最大的混流式水电机组在中国向家坝水电站。
- 核能发电方面。核电技术的开发与核电站的建设始于 20 世纪 50 年代,核电技术目前已经发展到第四代。
- 其他可再生能源发电方面。风力发电发展迅速,全球风电累计装机前三名分别是中国、美国、德国。太阳能发电技术在安全性和环保性方面比其他发电技术更有优势,太阳能已成为增长最快的清洁能源。太阳能发电技术分为太阳能光伏发电和太阳能光热发电两种。

（2）输配电技术稳定发展

输配电技术作为电力输送及使用的重要组成部分，受到各国政府及相关企业的重视，从而得到了稳定、持续的发展，新技术不断涌现，推动了行业整体技术的进步。目前特高压输电网已经在我国建成。

（3）电线电缆行业加快整合

2017年，我国质检部门加大了对电线电缆行业的监管，电线电缆行业加快整合，行业并购将继续深入。此外，铜、铝等主要原材料价格的上涨，使中小企业常受限于企业现金流的不足，资金管理难度和套保需求进一步增长，管理水平落后的企业会被加速淘汰。"一带一路"倡议为电线电缆行业带来难得的机遇，相关国家的电力建设需求将持续增长。

目前，国内市场亟须发展的产品品种是特种架空线、核电站电缆、低烟低卤和低烟无卤阻燃电缆、汽车用配线和高阻燃电缆。

（二）发展趋势

1. 市场趋势

（1）与可再生能源发电相关的设备生产将持续增长

2016—2017年，诸多国家都在推动可再生能源行业的发展，各国政府积极制定本国可再生能源发展规划，同时推出奖励政策以推动本国可再生能源行业的发展。以欧盟为代表的西方发达国家计划提升可再生能源在整个能源消耗中的比重，从而推动与可再生能源发电相关的设备生产的持续增长。

（2）新兴经济体发展成为电工电器装备新引擎

新兴经济体经济处于起步阶段，电力基础建设相对落后，随着经济发展对电力需求的持续增长，缺电现象会越来越严重，电力基础设施建设的需求将进一步增长，亟待增加发电设备并加快电网建设。新兴经济体国家由于经济和技术原因，一般在电工电器行业没有很强的本土企业，这些需求就会转化为其他国家电力设备企业的市场。"一带一路"沿线国家大部分是新兴经济体国家，随着"一带一路"建设的推进，这些国家的电力基础不能满足经济发展需求，同时经济合作中的跨境电力输送工程等都会给电工电器行业带来新的增长点。

（3）发达经济体电网升级、智能化改造产生新需求

发达经济体国家出于对环境保护和发展经济的考虑，积极制订可再生能源发展计划，大力发展可再生能源行业，这一方面增加了与可再生能源发电相关的设备需求，另一方面由于风能、太阳能等可再生能源提供电能的特殊性，原有的输配电网络不能很好地吸纳产生的电能，需要对原有的输配电网络进行智能化升级改造，使得原有的输配电网络设备不符合智能电网的技术要求，因而均需更换，这会产生新的设备采购需求，进而推动与智能电网建设相关的电工电器产品需求的持续增长，预计这将是电工电器行业发展的新增长点。

2. 技术趋势

(1) 清洁能源将成为能源供应的重要组成部分

地球环境日益受到人类活动的干扰,气候多变、恶劣天气现象频繁、环境恶化现象加重等是世界各国经济社会发展面临的重大问题。面对能源危机和气候危机,世界各国基本达成了使用清洁能源代替目前占主导地位的化石能源的共识,从根本上解决化石能源污染和温室气体排放问题,太阳能、风能等可再生能源发电在整个能源体系中的比重将会越来越大,安全、可靠的核能发电技术日益重要,使用清洁能源发电将是发展趋势。

(2) 技术进步使光伏发电的成本快速降低

随着近几年科技的发展以及光伏发电的普及,光伏材料的成本越来越低。"531 新政"之后,光伏行业关注的焦点是平价上网的进程以及系统成本的下降。在过去的 10 年里,光伏组件、光伏系统的成本分别从 30 元每瓦和 50 元每瓦下降到目前的 1.8 元每瓦和 4.5 元每瓦,均下降了 90% 以上。预计到 2050 年,光伏已成为中国的第一大电源,光伏发电总装机量将达 50 亿千瓦,占全国总装机量的 59%;全年发电量约为 6 万亿千瓦时,占当年全社会用电量的 39%。

三 我国电工电器行业的技术水平分析

(一) 主要产品的技术水平

1. 发电设备

随着国内经济的高速发展,对电力的需求正快速增长,从而推动了发电设备的技术快速发展。目前发电设备在我国重大装备领域中与国际水平的差距最小,且是率先获得突破的领域。

(1) 化石能源发电设备

我国在燃煤发电机组制造方面已经进入世界先进行列,可批量生产 60 万千瓦级和 100 万千瓦级超临界、超超临界火力发电机组,在一些重大装备领域已经达到世界领先水平,高技术产品所占的比重不断提升,产品结构得到优化,国际竞争力显著提高。但是,我国燃煤发电机组技术也存在如下不足:核心技术没有完全掌握;没有实现完全自主、完全国产化;一些已经突破的技术还不成熟,设备运行的故障率偏高;等等。

(2) 清洁能源发电设备

我国的常规水电技术基本上同国外一流水电公司处于相当水平,我国已生产三峡混流式机组、二滩混流式机组、水口电站轴流式机组、冶勒电站冲击式机组。已投入应用的三峡地下电站水轮发电机采用世界最先进的蒸发冷却技术,单机容量为 70 万千瓦。

截至目前,我国有五种第三代核电技术拟投入应用,分别是 AP1000、"华龙一号"、CAP1400、法国核电技术(EPR)以及俄罗斯核电技术(VVER)。其中"华龙一号"是我国拥有完全自主知识产权的核电技术,由中国核工业集团有限公司(简称中核集团) ACP1000 和中国广核集团有限公司(简称中广核)ACPR1000+等技术融合而成。我国核电技术还实现了向海外输出,与英国、阿根廷、巴基斯坦等国家签署了多项核电合作协议。2017年7月,中广核与中核建(中国核工业建设股份有限公司的简称)、中船重工(中国船舶重工集团有限公司的简称)、中国一重(中国一重集团有限公司的简称)、东方电气(中国东方电气集团有限公司的简称)、上海电气(上海电气集团股份有限公司的简称)等10家核电、工程建造及装备制造企业在中广核防城港核电基地召开"华龙一号"项目高层峰会,签署了联合宣言,表示共同为"华龙一号""走出去"创造条件,推动国内核电产业"抱团出海"。

我国光伏发电设备企业缺少对核心技术的掌握。国内光伏发电设备企业通常是从国外购买原料硅,在国内加工成硅片、太阳能电池,最后组件封装后出口或在国内销售。由此使国内光伏发电设备企业承担了产业链中高污染、高耗能的环节,抗风险能力弱,生产成本高。

我国虽然风电装机量排名世界第一,但是没有掌握风力发电机的核心技术,国内的风电设备生产厂家掌握的几乎都是风力发电机中技术含量不高的硬件技术,风力发电机的核心部件和电控软件几乎都来自国外。

2. 特高压装备

由于我国存在明显的能源资源与电力消费分布的矛盾,能源资源80%以上分布在西部和北部地区,而电力消耗70%以上集中在中部与东部地区。所以,聚焦特高压装备制造需要发展大容量、高效率与远距离输电技术,这是提高能源跨区域输送能力、解决能源供需矛盾与优化资源配置的必然选择。

中国在特高压直流输电技术领域处于世界领先地位,是世界上唯一全面掌握该项技术并开始大规模应用的国家。截至2017年底,全国共建成包括向家坝—上海、酒泉—湖南、云南—广东工程在内的12项特高压直流输电工程,年输送电量超过4 500亿千瓦时,其中清洁能源占比超过80%,相当于每年东、中部地区标准煤消耗减少1.7亿吨,二氧化碳排放量减少4.5亿吨,是"大气污染防治行动计划"的主要输电通道。目前中国运营中的1 000千伏特高压交流输变电工程有6个,±800千伏特高压直流输电工程有8个。

3. 智能电网装备

智能电网是新时期输变电装备发展的新方向。智能电网以特高压电网为骨干网架,将传感技术、信息技术、通信技术和控制技术与物理电网进行集成,从而允许不同发电形式的接入,实现电网的自愈、监测和控制功能,更加充分地满足用户的用电需求,并优化资源配置。

(二) 重大技术突破

1. 容量最大的升压变压器

经济的快速发展对发电厂的发电效率提出了更高的要求,其中1 000千伏级电力变压器产品由于其自身的特点,如输送容量大、输电距离远等,而得到了广泛应用。2017年,中国西电集团有限公司(简称中国西电)成功研制出了1 000千伏、250兆伏安发电机变压器，随后又研制了 1 000 千伏电压等级中容量最大的 400 兆伏安发电机变压器。中国西电的升压变压器产品实现了一系列技术突破，具有结构紧凑、体积小、节能环保的特点，各项指标均满足或优于国家技术标准要求，并达到国际领先水平。

2. 高端直流断路器

我国城市轨道交通建设处于快速发展阶段，而在轨道交通机车通常所采用的直流牵引供电系统中，直流断路器属于核心保护设备，但目前国内的直流断路器仍严重依赖进口。河南平高集团有限公司于 2017 年研制出了能够应用于轨道交通领域的 PGDB-1800/D4000-80 型高端直流断路器，并顺利通过指标测试，弥补了我国在这一领域的空白，有利于降低国内轨道交通建设的成本，对提高我国轨道交通装备国产化水平具有重要意义。

四 我国电工电器行业存在的主要问题

(一) 技术与国际先进水平有差距

1. 技术发展不均衡，部分技术较落后

我国电工电器行业的部分技术已经接近世界先进水平，但一些行业的技术水平与世界水平差距较大。如我国 60 万及 100 万千瓦级超临界、超超临界火力发电机组的整体技术已经达到国际先进水平，第三代核电技术与国际先进水平相当，超高压输电技术整体在国际上领先，但是燃气发电机技术远落后于国际先进水平，跨国企业西门子、三菱和通用电气几乎占据了我国燃气轮机的全部市场。

2. 锂电池隔膜制备技术是我国动力电池行业的痛点

目前，我国已经形成了比较完善的动力电池产业链，但部分核心技术依旧缺失，部分产品依赖进口。其中，我国动力电池行业的一个短板就是锂电池隔膜制备技术。2017 年我国隔膜行业的国产化率达到 90%，虽然国产化率在不断提升，但基本实现国产化的主要是干法隔膜技术，而湿法隔膜技术则依然有欠缺。

当前锂电池材料中技术水平最高的高附加值材料为隔膜，其占锂电池成本的 15% 左右，其中造孔的工程技术、基体材料以及制造设备为技术难点。当前国内隔膜一致性不高是普遍存在的问题，主要反映在孔隙率不达标，缺陷不规律，孔径分布及孔隙、厚度分布不均匀等方面。

3. 产品硬件技术发展较快，控制软件成为"软肋"

现在电工电器行业生产的设备智能化程度在不断提高，产品控制软件用来保证设备的安全、经济、高效运行。我国电工电器行业的许多企业通过技术引进，提升了自身技术水平，但重视设备硬件生产技术引进而轻视软件技术引进的现象比较普遍，因此产品的控制软件仍需要从国外厂家购买。

（二）人才不足阻碍行业快速发展

1. 技术研发人才缺乏，企业发展底气不足

我国电工电器行业的许多技术都是从国外引进的，许多企业对研发人才队伍的建设不够重视，研发资金的投入也远不如国外企业，研发人员的待遇等也与国外企业存在较大差距。由此产生的直接后果是研发人才缺乏，技术开发动力不足，技术研发进展缓慢，企业技术储备严重不足，企业的创新能力严重落后，企业的竞争力得不到提升，企业发展底气不足。

2. 熟练技术工人不足，产品质量不能保证

熟练技术工人不足，不仅是电工电器行业存在的问题，还是我国许多行业都存在的问题。许多岗位的工人技术水平不能够适应岗位需要，由此产生的直接后果是产品的合格率达不到要求，产品的无故障运行时间及使用寿命缩短。

（三）行业集中度低，抵御风险能力弱

1. 中小企业占主导，行业技术水平不均衡

电工电器行业包含许多大型装备制造子行业，大型装备制造涉及的技术门类及资金耗费较多，对生产企业的资金、技术、人才集中度要求较高。国内电工电器行业中小企业众多，说明我国电工电器行业中小企业占主导，产业集聚度低；大型企业整体规模偏小，技术研发能力不足，缺乏创新能力，整体技术水平与国际水平的差距不同。

2. 产品覆盖面窄，抵御市场风险能力弱

国内电工电器行业占主导地位的是中小企业，行业中大多数企业产品的规格品种偏少，技术含量低，产品销售市场的准入门槛低，市场竞争激烈，企业获利难度较大，营利能力普遍较弱。

五 我国电工电器行业的发展前景分析

（一）发展前景预测

1. 传统能源发电设备需求下降，新能源发电设备需求增加

我国大气环境污染比较严重，环境治理任务重。政府非常重视环境治理，随着国家大力提倡绿色发展，大力开展环境保护，节能环保的新能源成为社会热点。调整能源结构成为政府工作重点，国家出台了多项政策，强调环境保护，并提出要实现可持续发展，必须提高新能源在整个能源消耗中的比重。

2. 输配电设备的发展迎来新机遇

经济发展使我国电力的需求快速增长，许多城市的电网建设时间较久，一方面需要更

换老旧设备,另一方面需要进行电网扩容改造,保证城市经济发展及居民生活正常用电。国家对城市电网进行改造扩容,提升电网的容量和技术含量,使得输配电设备的需求呈现增长态势。此外,农村电网改造升级、智能电网的建设等都拉动了输配电设备市场的增长。

3. "一带一路"带来新需求

我国政府提出"一带一路"倡议,其中包含推进跨境电力与输电通道建设、积极开展区域电网升级改造合作等内容,而"一带一路"沿线的新兴经济体国家居多,对经济发展有非常迫切的需求,经济发展必将带动电力需求的增长,电力基础设施建设将有巨大的需求,未来几年"一带一路"沿线国家包括电力生产、输变电工程在内的电力基础设施建设的投资将会快速增长,电工电器行业将会迎来一个新的发展机遇。

(二)投资机会

1. 可再生能源(除水电)发电设备

全球气候异常、环境恶化,使得各国政府日益重视新能源的开发。欧洲国家为了推动可再生能源的发展,政府提供上网电价补贴、配额制、资本财政拨款和补贴等支持政策,助推欧洲可再生能源行业的发展。我国政府也在通过政策杠杆,提高风能、太阳能等可再生能源在整个能源消耗中的比重,从而缓解环境恶化给国内经济发展带来的压力,培育经济发展新的增长点。

2. 水电、核电发电设备

风能、太阳能等可再生能源较高的使用成本,阻碍了新兴经济体国家发展的步伐。由于经济发展落后,许多国家和地区的水电开发程度不高,因此开发水电资源成为部分国家发展新能源的首选。中国、印度等发展中大国,由于资源条件的限制,核电与可再生能源一起成为传统能源的替代品。

3. 天然气发电设备

受我国大气污染问题依然严重及碳排放总量的限制,燃煤电厂的发展空间日益受限,清洁能源逐步成为未来能源发展新的增长点。作为清洁低碳化石能源,天然气发电的环境效益及其在能源发展格局中的重要作用越来越受到关注。自2015年电力体制改革和油气市场氛围逐步宽松以来,我国天然气发电得到了快速发展。在政策的引导下,天然气发电的装机量从2014年的5 697万千瓦发展到2019年的9 022万千瓦,占全国发电装机量的4.49%,年均增长31.67%;发电量为2 362亿千瓦时,占全国总发电量的3.22%,年均增长35.43%。天然气发电装机量的年均增速和发电量的增速均远高于全国发电装机量的年均增速和发电量的增速。

4. 输变电设备

我国经济发达、用电量大的地区主要分布在华东及华南沿海地区,而电力生产大户分布在西部及西北部地区,需求与供应双方相距太遥远。为尽量减少传输损失,需要建设特高压输变电工程。我国政府推行新农村建设、小城镇建设,加快城市建设步伐,加快城市电网、农村电网升级改造及智能电网建设,规划建设数千千米跨地区、长距离、大容量、超高压远程输变电工程,这些都需要大量的输变电设备及线材,这为输变电设备提供了新的发展机遇。

4.2 工程机械行业

工程机械是装备工业的重要组成部分。概括地说,凡土石方施工工程、路面建设与养护、流动式起重装卸作业和各种建筑工程所需的综合性机械化施工工程所必需的机械装备,均称为工程机械。

工程机械主要用于国防建设、交通运输建设,能源工业建设和生产、矿山等原材料工业建设和生产、农林水利建设、工业与民用建筑、城市建设、环境保护等领域。

一、工程机械行业的定义和分类

(一) 定义

工程机械是用于工程建设的施工机械的总称。工程机械广泛用于建筑、水利、电力、道路、矿山、港口和国防等工程领域,种类繁多。

世界各国对工程机械行业的称谓基本相同,其中美国和英国称其为建筑机械与设备,德国称其为建筑机械与装置,俄罗斯称其为建筑与筑路机械,日本称其为建设机械。在中国,部分产品也称为建设机械,而在机械系统,根据国务院组建该行业的批文,统称其为工程机械,这个称谓一直延续到现在。各国对该行业划定的产品范围大致相同,中国工程机械与其他各国相比增加了铁路线路工程机械、叉车与工业搬运车辆、装修机械、电梯、风动工具等行业。

(二) 分类

中国工程机械行业的产品范围主要从通用设备制造业和专用设备制造业大类中分列出来。从中国报告大厅发布的《中国工程机械行业市场调查分析报告》获悉,1979年由国家计委(现改组为国家发展和改革委员会)和第一机械工业部(现已撤销)针对中国工程机械行业的发展编制了"七五"发展规划,产品范围涵盖了工程机械行业18大类产品,并在"七五"发展规划后的历次国家机械工业行业规划中都确认了工程机械行业这18大类产品,该产品范围一直延续至今。

这18大类产品包括挖掘机械、铲土运输机械、工程起重机械、工业车辆、压实机械、桩工机械、混凝土机械、钢筋及预应力机械、装修机械、凿岩机械、气动工具、铁路路线机械、军用工程机械、电梯与扶梯、工程机械专用零部件等。

二、国际工程机械行业的发展概况

(一) 发展现状

1. 市场现状

2021年4月28日全球工程机械50强峰会组委会发布的"2021全球工程机械制造商50强榜单"数据显示,虽受到新冠肺炎疫情等因素的影响,但全球工程机械制造商50强的销售额同比仅微幅下滑了2.87%,这得益于中国政府对新冠肺炎疫情的有效控制以及中国经济的快速恢复。其中中国企业表现亮眼,徐工集团首次进入全球三甲,三一重工、中联重科分别位居全球第四、第五位,见表4-2。共有11家中国工程机械制造商进入50强榜单,销售总额为507.33亿美元,同比增长40.03%,销售额占50强总销售额的比重上升至26.48%,而其他国家的企业保持原位或呈现不同程度的下降。

对比全球主要国家,2021年度,中国取代美国,以26.48%的销售占比由全球第三升至全球第一;美国企业的销售额为420.21亿美元,占比21.93%,位居第二;日本企业的销售额为398.9亿美元,占比为20.83%,排名第三。

表4-2　　　　　2021年全球工程机械制造商50强(前10名)

2021年排名	排名变化	企业名称	国别	销售额(亿美元)
1	0	卡特比勒	美国	248.24
2	0	小松制作所	日本	185.33
3	+1	徐工集团	中国	162.52
4	+1	三一重工	中国	152.16
5	+5	中联重科	中国	99.73
6	0	沃尔沃建筑设备	瑞典	99.18
7	-4	约翰迪尔	美国	89.47
8	-1	日立建机	日本	78.81
9	-1	利勃海尔	德国	74.75
10	-1	斗山INFRACORE	韩国	68.62

2. 技术现状

(1) 小型化、微型化

基于小型化和微型化产品灵活性好、适应性强的特点,工程机械产品逐步实现小型化和微型化。在近几十年的发展进程中,中等工程机械的销量呈现下滑趋势,发展也较为缓慢,但是微型化、小型化产品仍然呈现高速发展趋势,特别是在发达国家和地区,如欧洲和北美等。目前国际上主要的小型化工程机械产品有小型装载机、小型挖掘机、小型推土机等。

(2)特大型化

特大型工程机械是在大型工程建造中不可缺少的重要设备,如大型水电工程基地和大型露天矿山基地的建设,在社会发展建设中处于重要地位。但是,由于这些产品的研发与生产周期较长,科技含量较高,投资较大,市场需求有限,因此市场集中度较高。如特大型装载机,目前只有卡特彼勒、小松-德雷塞及马拉松·勒图尔诺三家公司生产。

(3)一机多用,作业功能多样化

随着工程机械应用范围的扩大,传统机械的特点已逐步从单一作业转向多功能。通过合理设计液压系统,使液压软管自动连接到各种附属作业装置,实现操作手柄就可完成更换附属作业装置的工作。例如,SD15-9 小型挖掘机具有挖掘、破碎、钻孔、推土、抓料等多种功能,可以更换附件,使设备利用率大大提高。

(4)电子化

随着时代的发展,电子化的工程机械技术已成为主流,大部分国外工程机械产品采用了智能化控制技术和全电子控制技术。电子化的工程机械产品与传统产品相比,可保障机械的动力输出处于最优状态,实现无人驾驶、自动驾驶与遥控功能,在一定程度上提高作业效率。

(二)发展趋势

1. 市场趋势

(1)全球工程机械将温和而持续增长

全球经济复苏势头稳健和发展中国家产出持续高速增长,将有效带动工程机械温和而持续增长。全球工程机械设备的销量呈上升趋势,特别是 2018—2019 年,行业出现了峰值,均超过了 110 万台。Off-Highway Research 的数据显示,2020 年由于新冠肺炎疫情的影响,全球工程机械设备的销量下降至 89.1 万台,同比下降 19%。从产业区域来看,中国、日本和美国依旧占据第一梯队的位置,而德国、瑞典和法国则稍微弱势一些,但仍远超其他国家。

(2)全球工程机械的销售将集中在美洲和发展中国家

随着全球各国积极投资建设基础设施,特别是美洲和发展中国家,将会是工程机械主要的销售地区。一方面,美国政府出台的万亿美元基础设施建设计划,英国工程机械咨询有限公司预见未来几年北美地区将迎来大幅增长,2022 年北美工程机械的销量或达 267 350 台,预计增长 23%(表4-3)。另一方面,发展中国家积极投资基础设施建设,其中印度和巴西的经济都出现了明显回暖的趋势,将有效带动工程机械需求的增长。

表 4-3　　　　　　　工程机械全球销售情况及预测(2019—2022 年)　　　　　　　台

地区	2019 年销量	2020 年销量	2021 年销量	2022 年销量
欧洲	160 238	152 316	150 790	149 953
北美洲	217 525	238 515	255 325	267 350
日本	61 700	65 285	71 845	66 845
中国	225 965	201 945	212 520	222 700
印度	66 410	72 460	78 310	83 960
其他	222 377	220 420	230 980	236 678
总计	954 215	950 941	999 770	1 027 486

资料来源：英国工程机械咨询有限公司。

(3)工程机械的全球合作是发展新动向

随着合资企业在创新方面逐渐表现出优势,通过建立合资企业和跨国并购的方式获取关键技术,实现弯道超车,成为工程机械企业不断提高自身能力的主要选择。合资企业可以连接国内外企业,共享营销渠道和技术知识,加强人才交流和项目合作,加深交流与集团内部的创新互动,成为行业中最具创新力的领军者。企业可以控制被并购企业的资源和管理权,整体资源的流动和创新合作拓展战略,使得企业品牌效应放大。随着 2017 年科尼集团与特雷克斯公司物料搬运与港口解决方案完成合并,科尼集团在港口解决方案领域和工业起重领域全面提升为全球领先者,并在工业服务业务上取得实质性增长。

2. 技术趋势

(1)向智能化方向发展

智能化、网络化、数字化制造标志着新一轮产业变革和科技革命正在崛起。目前,无线遥控、工程机械产品有线、智能化控制面板、车身稳定系统、自动作业系统等技术逐步发展和推广。

(2)向人机交互方向发展

工程机械产品的操纵系统、驾驶室内部的舒适性以及外观造型逐渐接近汽车行业,最大化满足人性化需求。未来电子技术运用在工程机械上,将提高机器的技术性能,并使司机的操作程序大大简化,进而真正实现人机交互效应。如今,我国工程机械逐步向产品的可靠性、舒适性、外观质量、技术性能、安全性能及智能化技术等方面发展,在节能、环保、排放、噪声等方面的研发与创新也在逐步加强。

(3)向高能效方向发展

随着世界各国尤其是发达国家越来越重视对资源的利用率,以及环保设计理念的兴起,工程机械的绿色化、高能效发展已成为行业共识。工程机械节能技术的发展重点有几大方向:基于清洁能源技术、系统节能技术以及混合动力技术等。目前,"绿色循环计划"融合了工程机械和互联网相关技术,旨在建立一个清晰、透明、诚信的高品质二手工程机械交易新局面,提高工程机械能源的利用率。

三 我国工程机械行业的技术水平分析

(一)主要产品的技术水平

1. 挖掘机技术逐步向国际技术水平看齐

随着我国挖掘机企业在技术、品质和服务等方面的全面提升,国内挖掘机产品已经具备走向国际市场的基本条件,突破了国际绝大多数核心技术的限制,打破了外国产品的垄断。例如,矿用液压挖掘机 XE4000 具备高可靠性、舒适性、安全性、智能化等特点,性能达到国际先进水平;700 吨级超大型矿用液压挖掘机的自主研制,标志着中国成为全球第四个具备 700 吨级以上液压挖掘机研发及制造能力的国家,仅次于德国、日本、美国;挖掘机 SY215 成功应用于自主开发的数字化施工系统,标志着中国在新一代数字化施工技术领域达到国际先进水平。

2. 装载机技术水平满足国际高端要求

我国装载机行业的整体技术水平、制造水平已经完全可以满足国际高端市场的需求,正在逐步完成行业产品大升级。装载机行业产品的大升级主要体现在对污染排放控制方面的高标准,使得工程机械行业进入全新的"国Ⅲ"[环境保护部(现已撤销,组建了生态环境部)2016 年第 5 号公告《关于实施国家第三阶段非道路移动机械用柴油机排气污染物排放标准的公告》]标准时代。目前,我国装载机行业不仅基本完成了主导产品的更新换代,代表前沿技术的新产品也满足最新的排放标准。V 系列装载机不仅符合"国Ⅲ"排放要求,还配备了 APD 自动功率分配节能系统,具备国际化水准的重载电控定轴式变速箱、大功率湿式驱动桥。

3. 压实机械技术与国际先进技术的差距变小

经过多年积极推进技术引进、消化吸收与创新发展工作,我国压实机械行业不仅增加了产品系列和品种,还逐步提升了产品的性能和可靠性,与国际先进技术的差距正在逐步缩小。例如,E 系列全液压单驱压路机采用柳工无冲击激振技术、ECO 节能技术等行业领先的核心技术,具有高可靠性、高施工效率、高施工质量、高舒适度、高性价比、低油耗、低维护成本等特点。

(二)重大技术突破

1. SY395H 型履带式挖掘机

2017 年,我国成功研制的 SY395H 型履带式挖掘机采用独创的动态寻优功率匹配控制系统和高压区域增功率控制技术,逐步优化了结构、材料、焊接工艺,解决了国产挖掘机重载工况下油耗高、效率低、可靠性差这三大共性问题。

2. 垂直举升装载机 VL80A

2017 年,国家重大技术装备内刊将垂直举升装载机 VL80A 列入。该装载机在研发制造过程中采用交互式设计理念,先后攻克了工作装置机构设计、结构设计、专用工装模具设计与制造等技术难题。VL80A首次使用四杆机构的连杆作为装载机的动臂,通过优化铲斗运动轨迹,将铲斗举升过程中的载荷力臂缩短了30%(使装载机的倾翻载荷提高了30%)。此外,VL80A在6吨装载机的平台上开发,虽然只拥有6吨机的配置,但却能实现8吨机的作业能力。

3. XCA1200型全地面起重机

2017年,我国成功研制出全球唯一的八轴1 200吨全地面起重机——XCA1200型全地面起重机。它采用独创的多柔性体整机优化与L型风电专用臂架技术、超长臂架大载荷吊载精准控制技术,以及全球首创的风电臂自翻转技术、双动力分时驱动技术。自2017年7月上市以来,圆满完成了5个风场150多台风机的吊装及检修工作,首次实现了全地面起重机安装百米高2兆瓦风机的作业,创造了一个月安装23台风机的奇迹。

4. 纯电动正面吊XCS45

经过两年的技术突破和调试,纯电动正面吊XCS45在2017年获得国家相关部门颁发的特种设备制造许可证和型式试验合格证,象征着世界首台纯电动正面吊正式获准上市。纯电动正面吊拥有200千瓦大扭矩驱动电动机,匹配AMT变速箱,可输出350千牛的牵引力,使车辆在瞬间达到25千米每小时的速度。同时,它采用235千瓦时大容量免维护动力电池,拥有智能化能源管理系统,辅以回收率可达30%的能量回收技术,可以达到8小时连续重载作业。

5. 高铁救援起重机

中国国家铁路集团有限公司在2017年通过了对高铁救援起重机的试用评审,填补了我国在高铁救援起重机研究上的空白。该设备具有完全自主知识产权和多项技术创新,采用了许多关键技术,如多支腿承载和支腿载荷智能控制等,解决了高速铁路线路和桥梁承载能力限制的问题;采用圆弧形吊臂等结构,降低自重,满足了高铁救援起重机高速回送和安全高效救援的要求;首次采用专家故障诊断系统,全面提高了高速铁路救援起重机的可靠性和可操作性,实现了高铁救援适用、安全、高效及智能控制的目标。

6. XZJ5151JGKZ5绝缘斗臂车

XZJ5151JGKZ5绝缘斗臂车的问世,填补了国内绝缘斗臂车的空白,为中国电力企业解决了供货周期长、成本高、服务不及时以及备件依靠进口的难题。XZJ5151JGKZ5绝缘斗臂车的最大作业高度为21米,整车绝缘等级达到35千伏(美国标准为46千伏),不限幅作业,最大作业幅度达13米。它采用研制的光纤通信装置,解决了在绝缘环境下信号可靠传输的问题;采用液压发电装置,为斗内操控系统供电,实现了智能充电,有效解决了上装绝缘段不能传输电能的问题;采用悬点式绝缘臂滚轮支撑机构,从而延长了臂架的使用寿命,并配备了工作斗升降功能和工作斗液压接口,满足不同带电作业工况的需求。

7. 常压换刀式超大直径泥水平衡盾构机

国产首台常压换刀式超大直径泥水平衡盾构机"沅安号",是具有完全自主知识产权的产品,它于2017年9月在长沙顺利验收下线。这一装备的诞生,填补了我国国产盾构机常压换刀技术领域的空白,也创造了盾构机史上最美的"桃花"刀盘。设备开挖直径为11.75米,整机长度为132米,总质量约3 000吨,装机功率为6 100千瓦。"沅安号"泥水平衡盾构机采用自主首创的常压换刀技术,大大降低了泥水盾构人工带压换刀作业的风险,有效提高了换刀作业效率,降低了常压条件下的换刀成本。

四 我国工程机械行业存在的主要问题

(一)产品同质化严重

在工程机械国际市场中,我国产品的同质化问题比较严重,竞争力较弱。在国内,大多的工程机械公司不具有核心技术,主要依靠产品的模仿生产,造成产品同质化问题严重,通过价格战抢占市场份额。在国外,工程机械产品技术日益成熟,呈现出差异化,主要以高端和高技术含量产品为主,抢占国内工程机械市场。例如,国内履带吊的技术源头高度统一,小企业生产履带吊大都是买现成的图纸,而这些图纸几乎有着相同的母版。国外履带吊技术高端化发展,比如德马格、利勃海尔、马尼托瓦克几家企业的产品,无论是性能还是质量都位于世界前列。

(二)产品可靠性差

由于技术水平的落后,我国工程机械产品在可靠性与产品生命周期方面,与发达国家差距很大。海关总署和统计局的数据显示,在1 000小时可靠性试验中,国际水平长达500~800小时,而我国工程机械产品无故障间隔的平均时间仅为150~300小时;在不采用进口发动机的条件下,国际水平可以达到8 000~10 000小时,而国内产品的大修期寿命仅为4 000~5 000小时。

(三)产品配套服务体系不完善

我国工程机械产品的相关配套服务体系不完善,建设速度远远落后于海外市场的开拓速度,多数企业仅能实现短期的售后服务,部分中小企业甚至难以实现配套服务,使得用户体验不佳,市场遭受影响。例如,中国交通进出口有限公司向斯里兰卡出口400辆大型客车,由于经验不足,为用户提供的技术培训不到位,造成当地司机出现不规范操作,导致车辆无法正常运营,最终公司失去了整个斯里兰卡市场。

(四)再制造业务技术落后

由于对可再生资源回收利用的技术认识不足,因此我国工程机械企业在再利用和再制造方面的水平有限,再制造业务技术落后,市场接受度低。首先,工程机械行业总体回收利用率低,资源和能源严重浪费。其次,再制造业务的操作工人技术落后,使零部件没有进行有效分离,一些回收价值高的材料严重流失。此外,工程机械回收再制造的法律法规体系、政策支持体系、技术创新体系、经济评价指标体系和有效的激励约束机制不完善,导致市场秩序紊乱,对再制造产品的接受度低。

(五)行业标准与国际脱节

目前,我国正逐步完善工程机械行业标准,但是与国际标准相比仍然存在差距,主要体现在行业未形成科学、完整的标准体系,以及国内标准的更新速度落后于国际标准。例如,截至2017年4月底,对于非道路机械的柴油发动机,我国执行"国Ⅲ"排放标准,仅相当于"欧洲Ⅲ号"排放标准,而欧洲标准化委员会(CEN)关于发电机组的欧盟通用安全标准《EN ISO 8528-13:2016》已于2016年12月31日正式发布,并于2017年7月1日起强制执行,它比"欧洲Ⅲ号"排放标准更为严格。

(六)关键零部件制造技术落后

目前,我国工程机械行业绝大部分关键零部件都需要从国外进口,导致企业生产成本高,缺乏国际竞争力。如整体式多路阀门、湿式制动驱动桥、液压泵与液压马达、动力换挡变速箱、回转支承等高端核心配件技术,都掌握在国外企业手中。国内工程机械产品多采用国外品牌的核心零部件,如柴油发动机多选择美国康明斯、日本五十铃等品牌,液压件多采用日本川崎、德国博世力士乐等品牌,而变速箱则选择德国采埃孚等品牌。

五 我国工程机械行业的发展前景分析

(一)发展前景预测

1. 工程机械行业设备的需求量将稳步上升

未来几年,我国工程机械行业的设备需求量将保持稳步上升的态势。2020年我国基建项目首月就迎来了开门红,全年开工项目环比再创新高。除粤港澳大湾区万亿级基建项目的规划和实施外,2020年1月就有200多个来自铁路、公路、市政、轨道交通等领域和海外的基建项目及标段中标,总中标额高达3 224亿元。随着我国基建投资额的增长,工程机械主要设备的需求量也在增加,2020年我国工程机械主要设备的保有量达到906万台。同时,"一带一路"相关国家和地区的基础设施投资将为我国工程机械行业设备提供广阔的市场增量。此外,工程机械行业进入设备淘汰轮换期,未来国内将有250万台左右的工程机械设备需要更新,进一步扩大了市场。未来几年,将是工程机械行业提质增效、转型升级发展的机遇期,是国际化发展的机遇期,也是中国工程机械行业迈向工程机械强国的重要阶段。

2. 工程机械行业设备将迎来涨价潮

随着生产成本的上涨和设备需求量的上升,工程机械行业设备将迎来涨价潮。钢材作为工程机械行业最核心的原材料,2021年其综合均价比2020年上涨了约50%;依赖进口的机械设备核心部件的价格也在上涨;此外,人力成本、物流成本和节能环保成本的大幅增长,给工程机械生产企业带来巨大的制造成本压力。随着未来工程机械设备市场需求量的上升,这些成本上涨的压力最终将转化给终端用户。

3. 工程机械行业将迎来海外并购潮

随着工程机械行业形势一片大好以及我国工程机械企业的国际化发展,未来会有更多的中国工程机械企业选择海外并购。近年来,我国工程机械企业在国际化发展过程中,为了提高自己在市场、品牌、技术等方面的竞争力,进行了大量的海外并购:三一重工在2012年收购了德国混凝土泵制造商普茨迈斯特;同年徐工集团收购了德国混凝土设备制造商施维英;从2013年起,中联重科(中联重科股份有限公司的简称)先后并购了德国M-TEC、荷兰Raxtar、意大利LADURNER和全球排名前列的意大利混凝土机械制造商CIFA等。通过并购,这些企业获得了更多的与国外企业竞争的优势。未来在"一带一路"倡议的引领下,我国越来越多的工程机械企业将选择走出国门,同国外的企业竞争,因此,工程机械行业将会出现越来越多的海外并购。

4. 工程机械行业智能化升级势在必行

随着互联网、大数据、人工智能等技术的推广普及,任何一个产业都在和这些科技建立关系。中联重科通过建立大数据物联网工业云平台、智能化改造和大数据应用,降低自身服务成本,增加售后市场服务收入,也借此帮助客户提升自身经营管理的能力,为客户降低人力、燃油、维修、设备管理等设备运营的主要成本,还可以根据采集到的数据对宏观经济运行态势、客户经营情况及市场未来走势进行相应的分析和预判,引起国家高度重视。互联网、大数据、云计算等技术在工程机械行业的应用可以降低企业成本,带来实际收益。未来这些技术会越来越多地应用到工程机械的其他企业。

(二)投资机会

1. 挖掘机行业市场需求预计增长

未来,我国会持续加强交通基础设施建设。《国家综合立体交通网规划纲要》中提到,到2035年建成现代化高质量综合立体交通网,实现"全国123出行交通圈"。在两会工作报告中,也针对2021年交通基础设施建设项目做出了目标性的规划。

未来,随着我国基建工程、交通建设等工程的开工,挖掘机的需求量会持续增加。根据往年挖掘机的销量以及"十四五"规划中提到的我国工程建设的情况来看,未来我国挖掘机的销量将以每年15%的速度增长,到2026年我国挖掘机的销量能达到76万台左右。

2. 混凝土机械行业预计进入缓慢营利阶段

随着宏观政策不断深化和市场状况的进一步改善,未来混凝土机械行业将扭转增速不断下滑的局面,逐步进入缓慢营利阶段。宏观来看,基础设施建设、"一带一路"建设和环保政策的强化,都将持续带动混凝土机械行业的发展。同时,装配式建筑给整个行业带来了新的契机。2020年全国建筑业的产值为26.4万亿元,按照国家的战略规划,到2025年,装配式建筑的比例要达到50%。微观来看,行业存量设备持续出清,市场需求逐步好转,存量设备及在贷设备的投资回收期缩短,设备产能利用率正逐步提升。产品的供给量持续减少,新机的销售量持续下滑,全社会有效产能的供给开始收缩;而PPP拉动的基建投资和地产投资韧性十足,需求仍然保持较快增长,使得混凝土机械行业逐步呈现好转局面。

3. 装载机行业未来将呈温和上涨趋势

经过近半个世纪的发展,我国已成为全球第一大装载机制造国,装载机行业相对较为成熟,未来预计将呈温和上涨态势。随着基础设施建设长期增长以及城市化率持续提升,国内装载机的需求依然不会降低。同时,国际市场还有很大的发展空间,将会给装载机的增长带来新动力。但是,由于我国装载机的基数和保有量较大,且我国经济已进入新常态,因此装载机行业在未来将会缓慢而平稳地向前发展。

4.3 重型机械行业

装备制造业是为国民经济和国防建设提供各类技术装备的制造业,具有产业关联度高、带动能力强和技术含量高等特点,是一个国家和地区工业化水平与经济科技总体实力的标志。重型机械行业是国民经济发展的基础,是一个国家综合国力的重要体现,在国民经济发展中占有特殊地位。重型机械行业的发展是我国矿山开采、能源开发、原材料生产等基础工业发展的重要保障。进入21世纪以来,我国重型机械制造业在经济和技术两方面取得了长足的进步,获得了稳定、高速的发展。

一、重型机械行业的定义和分类

(一) 定义

重型机械行业是装备制造业的重要子行业之一,是冶金机械制造业、重型锻压机械制造业、矿山机械制造业、物料搬运机械制造业以及大型铸锻件制造业的合称。

(二) 分类

按照《国民经济行业分类》(GB/T 4754—2017)的规定,重型机械行业归口的行业小类包括轻小型起重设备,生产专用起重机,生产专用车辆,连续搬运设备,电梯、自动扶梯及升降机,其他物料搬运设备,矿山机械,冶金专用设备八个行业小类,见表4-4。

表4-4　　　　　　　　　　　重型机械行业的分类

中类代码	类别名称	小类代码	类别名称
343	物料搬运设备制造	3431	轻小型起重设备制造
		3432	生产专用起重机制造
		3433	生产专用车辆制造
		3434	连续搬运设备制造
		3435	电梯、自动扶梯及升降机制造
		3439	其他物料搬运设备制造
351	采矿、冶金、建筑专用设备制造	3511	矿山机械制造
		3516	冶金专用设备制造

资料来源:《国民经济行业分类》(GB/T 4754—2017)。

二 国际重型机械行业的发展概况

(一)发展现状

1. 市场现状

经过长期的发展和各种方式的竞争,国际重型装备制造市场的竞争格局已经形成,各发达国家的装备工业根据各自的国情形成了一定的产业分工和产品分工,并在2~3个主导领域形成了比较大的竞争优势。发达国家的这种装备制造领域的优势是通过组建大型的国际跨国公司、集团来实现的。韩国的斗山重工、日本的三菱重工、德国的西马克公司等都是本国装备制造优势的集中所在。这些国际跨国公司的资产规模巨大,技术水平领先,占有相当的国际市场份额,从而能够进行规模化生产,营利能力较强。

2. 技术现状

(1)智能化

随着信息技术与材料科学技术的发展,科学家和工程师们提出了从根本上解决工程结构在全生命周期内的安全问题,全面提高结构性能的新思路,从而引入了智能结构和系统的概念。例如,在矿山机械结构自检测及自诊断系统采用集成传感器、控制器及执行器为一体的智能结构,实现重大矿山机械产品在线监测。

(2)环保化

国际上,重型机械设备企业越来越注重对高效、节能、环保设备的研发和生产。例如,矿山机械采用减轻重量、低能耗及长寿命的设计原则;冶金专用设备在设计、生产中更加注重环保、节能等性能指标,可简化生产工序并使工序连续化,大大减少能源消耗。

（3）综合解决方案化

国外跨国公司已经改变了传统的以产品营销为主的经营模式，采用以工程总承包、技术总负责或设备总成套为主，结合技术转让、本地化生产等方式积极拓展全球市场。超强的系统集成能力和能够提供综合解决方案是重型机械行业综合技术水平的体现。

（二）发展趋势

1. 市场趋势

国际重型机械的消费市场将总体趋于平稳，并呈现温和增长态势。2018年经济危机过后，欧美国家经济逐渐复苏，重新确立了实体经济在国家经济中的地位。作为装备制造业的重要分支领域，重型机械产品的发展空间可能会进一步加大。亚洲市场仍然是重型机械的主要市场。大多数发展中国家的基础设施建设相对落后，工业发展的替代作用逐步显现，将产业转移为重型机械行业提供了较大的市场需求。

2. 技术趋势

（1）冶金设备

国外先进技术的发展趋势为高品质新工艺冶炼技术、环保余热利用的烧结焦化技术、高效连铸薄板坯连铸连轧技术、高精度薄带冷轧及精密管棒轧制矫直技术、高效涂镀层技术等新技术装备，实现多品种、多规格、高强度、高品质建筑桥梁、能源、船舶及海洋工程、汽车与轨道交通、特殊钢等冶金产品。

（2）矿山机械

从世界矿山机械行业的发展趋势来看，装备使用的高效、节能、安全、可靠已经成为企业的主要考核指标。帮助企业建立完善的生产、营销、管理等体系，包括矿山方案设计、矿山设备及安全设计、制造生产成套化、设备运营服务化、工程管理等"一揽子服务"的能力，是当今世界的潮流。煤炭工业的发展趋势是安全、高效、绿色开采，煤炭重大装备技术的发展趋势是自动化及智能化采掘成套装备、复杂难采煤层自动化综采成套装备、深部开采装备，逐步向少人无人工作面方向发展。

（3）物料搬运设备

起重机械的国际发展趋势是向更大吨位单个提升器承载力不断加大、整机结构轻量化、整机控制智能化方向发展。

三 我国重型机械行业的技术水平分析

（一）主要产品的技术水平

1. 冶金装备及成套产品

研制成功拥有自主知识产权和具有当代国际先进水平的鞍钢2 130毫米冷连轧机、

330毫米×2 500毫米宽厚板坯连铸机成套技术装备、2 150毫米热连轧机以及中宽带钢轧机、宽厚板轧机、冷轧带钢酸连轧机组成套设备、高精度单机架六辊可逆冷轧机组、1050四辊平整机、铝合金十二辊型材矫整机、2 250毫米（四辊）铝带四连轧精轧机组、810毫米扁钢可逆热连轧机组、450吨电渣重熔炉，初步具备冶金工程总承包能力。

2. 压力成型产品

研制成功拥有自主知识产权和具有当代国际先进水平的165兆牛自由锻造液压机、800兆牛模锻压力机和168兆牛热模锻压力机。研制快速自由锻造液压机系列与全液压轨道式锻造操作机系列成套装备、500兆牛黑色金属立式挤压机组、360兆牛黑色金属立式挤压机组、多功能液压翻边机、SCH-350A卧式挤压铸造机、120兆牛航空级铝合金板材张力拉伸矫平机装备以及新型双动短行程铝挤压机等。

3. 矿山设备及成套产品

研制成功拥有自主知识产权和具有当代国际先进水平的矿井提升智能恒减速电液制动系统、年产10万吨综采工作面运输系统及成套设备、年产1 200万吨综采工作面超重型成套输送设备、大采高电牵引采煤机、永磁高梯度预选磁选机、永磁旋转磁场干式预选机、MFH3610风扇磨煤机、HS系列反击式破碎机、JC系统颚式破碎机、GLL-300高效盘式过滤机、SJ1000圆锥式制砂机、WK系列（斗容为20～75立方米）大型矿用机械正铲式挖掘机以及200吨、300吨、363吨电动轮自卸车产品等。

4. 起重机械

研制成功拥有自主知识产权和具有当代国际先进水平的核电站用数控遥控吊车、全自动控制垃圾搬运起重机；480/(80～100)吨铸造起重机和550/125/150/50吨×33米A6锻造起重机取得新突破；ND型低净空单轨运行式电动葫芦、集装箱空箱堆高机、无齿轮起重机卷筒、QD型(50+70+50)吨新型桥式起重机、全自动冶金上料桥式起重机以及国内首台360吨核电环形起重机、亚洲最大的520吨冶金起重机研制成功。

5. 输送机械

研制成功拥有自主知识产权和具有当代国际先进水平的14 400吨每小时取料机、14 500吨每小时堆料机、环形堆取料机、302 SKGD管状带式输送机、大倾角高落差下运行势能发电曲线带式输送机、长距离大型空间曲线U形带式输送机、DQLK2000/7500.55型斗轮堆取料机、高速大运量客运索道磷石膏输送管状带式输送机、新型三车翻车机卸车系统、带式输送机栈桥实现一体化。

6. 重型容器

煤直接液化反应器、锻焊结构加氢反应器、核反应堆压力容器的制造技术以及筒节直接轧制工艺的技术与装备已达到国际先进水平。

7. 大型铸锻件

具备大型新材料锻钢支承辊和铸钢支承辊的制造能力，具备大型半组合式船用柴油机曲轴的制造能力,研制了百万千瓦核电转子大型开合式热处理成套设备。研制成功 300~600 兆瓦亚临界、超临界机组,百万千瓦级超超临界机组铸锻件,700 兆瓦水轮机不锈钢铸造叶片、上冠,实现了"二代半""三代"百万千瓦级核电设备铸锻件的制造等。

(二)重大技术突破

1. 矿用挖掘机填补国内空白

太原重工矿山设备分公司(以下简称太重)生产了国内首台 45 立方米挖掘机,填补了国内空白。这台挖掘机高 17.4 米,质量为 1 380 吨,拆卸后需要 28 节火车皮才能运走。它不仅汇集了太重多年来设计、工艺、制造的成功经验,还采用了大量国内外先进技术,适用于大型露天煤矿、铁矿及有色金属矿山的剥离和采装作业。

2. 硬岩掘进机技术取得重大突破

我国自主研制的国内最大直径硬岩掘进机在昆明下线,将用于中国铁路第一长隧、亚洲最长铁路山岭隧道——大(理)瑞(丽)铁路高黎贡山隧道的建设。该设备填补了国内 9 米以上大直径硬岩掘进机的空白,改写了我国铁路长大隧道项目的机械化施工长期受制于人的历史。这也是国产硬岩掘进机首次应用于铁路的建设隧道,标志着我国硬岩掘进机技术已经达到了世界领先水平。

3. 锻造操作机技术打破国外垄断

中国重型机械研究院股份公司研制成功并出售 3 000 千牛/7 500 千牛米超大型锻造操作机,标志着该项国际领先技术已经由研发阶段走向成熟产品,打破了该领域国外技术的垄断。

四 我国重型机械行业存在的主要问题

(一)市场需求不足

下游产业去产能持续推进,重型机械的市场需求仍然不足。自 2008 年我国出台了一系列刺激政策后,煤炭、钢铁等下游产业掀起了投资热潮,对重型机械的需求快速增长,进而带动了重型机械行业产能的扩张。但是自国内经济进入新常态后,钢铁、煤炭、有色金属产业持续低迷。上游产业的持续去产能对重型机械的需求影响很大。

(二)产品同质化现象未明显改变

行业产品同质化现象未得到明显改变,中低端市场的竞争仍然激烈。以大型铸锻件为例,从装备情况来看,整个大型铸锻件行业的综合生产装备能力比较强,但是装备不均衡、不配套、不成系列,装备重复情况严重,而且低水平、低档次的设备较多,高水平的设备所占比例较小,特别是具有高精度的计算机控制的设备和一些关键设备很少。

(三)企业债务负担沉重

由于大型企业资产扩张较快,资产负债率普遍较高,债务负担沉重。重型机械行业是典型的资本密集型产业,行业特点决定了企业的资产负债率普遍较高。

(四)企业自主创新能力不强

企业创新能力与国外跨国公司相比明显不足。首先,技术创新投入少,绝对数量与跨国公司相差甚大,技术投入占销售收入的比例低于3%,而跨国公司该比例大多在5%左右。其次,企业的技术投入大部分用于人员工资和设备更新改造方面,真正用于产品研发、技术提升方面的较少。再次,与国外相比,高素质创新人才缺乏,发展后劲不足。高素质的科技人员数量与先进国家差距大,科研力量分布不均匀,企业普遍缺乏高学历人才和技术骨干,缺乏学术和创新带头人。另外,企业尚未成为技术创新的主体。创新意识、内在动力不足,研发创新机制弱化。最后,体制性障碍仍然存在。

(五)同国际企业存在技术差距

我国的重型机械企业在发展过程中一直处于跟随学习阶段,与国际跨国公司存在较大的技术差距,具体表现在:一是对于高、尖端产品的研发和制造技术没能完全掌握,缺乏核心技术,整体技术能力弱,企业的信息化水平低,工艺和设计落后,尚未形成相对竞争优势;二是制造能力较强,而对引进技术的后续研发能力较弱;三是单机制造技术强,而技术总包以及工程总包能力弱;四是具有较强研发能力的高级科技人员比重较低。

五 我国重型机械行业的发展前景分析

(一)发展前景预测

1. 行业分化继续加剧

工程总承包能力是重型机械企业产业链的核心。相较于其他重型机械行业,未来具备技术总负责、成套设备供给能力优势和采购优势的公司将具有较高的行业景气度和营利空间。

2. 工业4.0战略促使重型机械行业信息化、自动化、智能化

工业4.0是当今发展的潮流和趋势。信息化和数字化贯穿各个环节,打破产品设计和制造之间的鸿沟,实现产品生命周期中设计、制造、组装等各个方面的功能,降低从设计到制造环节之间的不确定性,从而缩短产品从设计到市场的转化时间,提高产品的可靠性

与成功率。重型机械产品的制造属于定制化生产,作为非标准设备的代表,在工业4.0战略的实施下,将不断向信息化、自动化、智能化方向发展。

3. 重型机械行业步入整合时代

从近几年的运行数据可以看出,传统产品市场逐渐萎缩,订货合同有所减少,资金压力不断加大,行业企业的业绩逐步下滑。整个行业景气度不高,收购成本较低将促使重型机械行业步入整合时代。对重型机械行业内的企业进行整合,不仅可以提升企业的综合竞争实力,加快"走出去"的步伐,响应国家"中国制造2025"战略及"一带一路"倡议,还可以提升整个重型机械行业的实力,使整个行业逐渐步入良性发展。

(二)投资机会

1. 多用途、微型化矿山机械产品将会有较大的市场空间

矿山机械产品的大型化、高端化曾经是发展的主流,但是当大规模基础设施建设期过去之后,多用途、微型化矿山机械产品就将会有较大的市场空间。一方面,多用途机械会获得更多的市场青睐;另一方面,各种小型、微型机械将具有广阔的市场空间。人工成本的不断增加,促使企业尽可能地利用机械代替人力,从而提高专业化生产率,因此,适应各种工作场所(例如在矿山、码头、仓库、建筑物层内和地下矿山)作业环境的微小型机械的市场空间可期。

2. 下游产业发展将为行业带来新的发展机遇

近几年,新能源发展势头强劲,核电设备、风电设备、风机吊装和检修设备及水电设备的市场前景可期。发电设备中将重点发展核电设备,完全消化三代核电关键技术,关注四代核电技术的发展,向设备成套化、国际供货方向发展。海上风电的发展给风电安装和运维平台以及多功能辅助作业平台等产品带来了新机遇。

石化领域迎来新的发展契机。随着我国大型炼化基地和炼化一体化项目的陆续开建,相应的建设投资正逐步落实为采购订单,意味着炼化设备行业近十年内将首度迎来大规模集中采购。

4.4 能源装备行业

能源是我国重要的资源,也是我国发展的重要助推力。近年来,我国的能源装备制造业发展迅速,特别是新的水电、核电等能源的发展,势头更为迅猛,为我国能源行业的发展带来了新的动力。

一 能源装备行业的定义和分类

(一) 定义

能源装备行业是技术密集、关联度高的战略性产业,它依托着能源产业的发展,是大幅度提升能源供应水平和利用效率,不断优化能源结构,提高能源普遍服务水平的重要基础,是现代工业体系的重要组成部分,是装备制造业的核心部分,为国民经济各部门、基础设施建设和国防建设提供装备。

(二) 分类

依据能源的生产、运输及储存过程,将能源装备行业分为能源探测、钻采设备,能源转换设备,能源运输、储存设备三大类,具体包括煤炭采掘设备、油气勘探开发装备、火力发电装备、核电装备、水电装备、风电装备、光伏发电装备、燃气轮机、储能装备、电网装备及煤炭深加工装备等,见表 4-5。

表 4-5　能源装备行业的分类

中类代码	类别名称	小类代码	类别名称
341	锅炉及原动设备制造	3411	锅炉及辅助设备制造
		3413	汽轮机及辅机制造
		3414	水轮机及辅机制造
		3415	风能原动设备制造
344	泵、阀门、压缩机及类似机械制造	3441	泵及真空设备制造
351	采矿、冶金、建筑专用设备制造	3511	矿山机械制造
		3512	石油钻采专用设备制造
		3513	深海石油钻探设备制造
352	化工、木材、非金属加工专用设备制造	3521	炼油、化工生产专用设备制造
382	输配电及控制设备制造	3821	变压器、整流器和电感器制造
		3825	光伏设备及元器件制造
384	电池制造	3849	其他电池制造

资料来源:《国民经济行业分类》(GB/T 4754—2017)。

二 国际能源装备行业的发展概况

(一) 发展现状

1. 市场现状

随着全球经济逐渐进入稳步复苏的发展态势,能源利用方式进入转型升级阶段,能源装备产业呈区域分布式特点。在《能源企业全球竞争力评估报告 2017》发布的能源装备制造与服务企业全球竞争力 20 强(表 4-6)中,中国企业有 8 家,超过总数的三分之一;美国、德国、日本分别有 2 家企业;法国、卢森堡、西班牙、丹麦、韩国、印度则各有 1 家企业。

表 4-6　　能源装备制造与服务企业全球竞争力 20 强

排名	企业名称	国家或地区	得分
1	西门子股份公司	德国	681.17
2	通用电气公司	美国	654.90
3	协鑫(集团)控股有限公司	中国	471.87
4	京瓷集团	日本	469.10
5	维斯塔斯风力技术集团	丹麦	460.58
6	住友电工	日本	450.70
7	国电南瑞科技股份有限公司	中国	423.32
8	金风科技股份有限公司	中国	422.07
9	恩德能源有限公司	德国	412.09
10	歌美飒风电公司	西班牙	405.90
11	上海电气集团股份有限公司	中国	400.94
12	湘潭电机股份有限公司	中国	363.38
13	中国西电电气股份有限公司	中国	355.74
14	斗山集团	韩国	334.71
15	哈尔滨电气集团有限公司	中国	333.36
16	中国东方电气集团有限公司	中国	295.51
17	阿海珐集团	法国	294.66
18	苏司兰能源有限公司	印度	243.66
19	SENVION 公司	卢森堡	228.54
20	B&W 公司	美国	213.78

资料来源:《能源企业全球竞争力评估报告 2017》。

随着油价的回升以及勘探开发投资的增加,钻井设备的产量持续增加。全球石油勘探开发资本总体恢复上涨,而全球海上勘探开发的支出规模下跌。全球石油钻采设备仅产自 20 多个国家,在这些国家中,美国、中国、俄罗斯和罗马尼亚等少数国家具有较强的竞争力,并拥有高水平的生产技术与优质的石油(天然气)勘探和生产所需的成套石油钻采设备。美国和中国在国际陆地钻机市场占主导地位,美国石油钻机的年生产能力为 400~500 台,产品远销世界 50 多个国家和地区。国外主要钻采设备企业见表 4-7。

表 4-7　　　　　　　　　　国外主要钻采设备企业

序号	主要企业
1	美国国民油井公司(NATIONAL OILWELL)
2	美国瓦尔柯(VARCO)公司
3	美国钻井系统公司(MSP/DRILEXINC)
4	ABB美国维高格雷石油设备有限公司

资料来源:中国产业信息网。

近年来,随着全球输电工程的建设,输配电设备的市场需求总体呈上升趋势。2017 年,全球输配电及控制设备的市场规模突破 1.4 万亿美元,达到 14 390 亿美元。从地域来看,2017 年亚太地区输电、控制和配电的市场规模达到 6 000 亿美元,占全球市场总额的41.7%,北美洲占 24.3%,欧洲占 22.8%。其中,中国是亚太地区最大的市场,规模达到 2 863 亿美元,占比为 19.9%。

2. 技术现状

(1)通用化

能源装备行业是全球新兴战略性产业,基于各国自主研发能力的逐步提升,该行业呈现出通用化的特点。油气开采装备技术开始逐渐取代传统钻采技术,包括液压驱动、智能化技术、人工自动化技术和交流变频技术等,基本可以满足不同地质环境与钻采条件的要求。新能源发电设备已经进入或接近产业化发展阶段,适用的环境条件越来越广泛。

(2)标准化

在全球化发展的背景下,能源装备产业的技术体系标准化特点突出。国外钻井、采油技术装备已呈现出标准化、系列化、配套齐全的特点。API 标准体系基本上覆盖了石油钻采装备产品的所有方面,在标准项目之间有较好的配套套箱和综合标准,而我国海洋石油水下钻采设备的标准还没有进入实质性研究阶段。同时,国外液化天然气运输装备已经形成完整的技术标准体系。ASME 规范是针对 LNG 罐箱的标准要求,是被世界上公认的技术最完整、应用最广泛的罐箱标准,而我国国内 LNG 罐箱适用的法规和技术标准与 ASME 规范差距较大。

(3)多样化

随着世界高技术产业的发展以及新材料、新工艺、新技术的不断融合,能源装备产业的产品呈现出多样化、功能性强的特点。LNG 储罐的储存容量通常按照液化装置的液化能力、长距离运输所要求的总容量或冬季燃气调峰储备,在 3.4~30 千帕的工作压力范围内进行选择。其中,储罐形式可以依据容量大小、投资费、安全因素及当地建造条件等进行选择。同时,国际天然气管道设备的技术水平不断提高,可融入各种新工艺、新材料、新技术,使功能不断增强,输气成本降低。

(4)高效化

随着世界能源需求日趋紧张和环保要求的提高,发达国家积极开发高效、低耗能、少污染、低造价的能源装备和技术,呈现出高效化的特点。全球火电设备主要以大容量超临界火电机组为主,单机容量超过600兆瓦的被大多数发达国家选定为高效机型。同时,全球水电设备以混流式水轮机为主,使用水头已到734米,最大单机容量为700兆瓦,最大直径为7.7米,效率最高达96.27%。此外,国外煤机装备在自动化、智能化控制等方面具有先进性、高效性。

(二) 发展趋势

1. 市场趋势

石油装备将会实现快速发展。油价的走势与全球经济增长率、石油装备上游(勘探开发油田服务)、勘探开发投资额、钻井口数、钻机动用量等成正相关关系。虽然油价进入相对稳定期,但是对石油装备来说有非常大的潜在市场空间。可以预计,未来两年可能是一个持续的正向发展阶段,带动石油装备产业链进入一个新的向上周期。

清洁能源装备产业的市场潜力较大。随着能源消费向清洁方向发展,浮式储存及再汽化装置的市场将持续呈现活跃发展的态势,浮式LNG发电站和浮式LNG加注站等装备的订单可能会进一步得到释放。

输电设备市场未来的增长将会很可观。随着发展中国家配电网建设的加速推进以及各国在智能电网领域的试点和计划,输电设备市场预计在未来五年将实现增长。

储能装备市场将会实现增长。相关统计数据显示,截至2020年9月底,我国储能装备行业累计装机规模达到33.1吉瓦,同比增长5.1%。2017年10月,国家发改委、国家能源局等五部门联合印发的《关于促进储能技术与产业发展的指导意见》,为国内储能行业由商业化初期过渡并向规模化发展转变定下基调。在这个政策的影响下,国内储能行业将迎来快速发展。2020年,中国已投运储能项目累计装机规模占全球市场总规模的18.6%,同比增长9.8%。2021年7月23日,在国家发改委、国家能源局发布的《关于加快推动新型储能发展的指导意见》中提出,到2025年,实现新型储能从商业化初期向规模化发展的转变。

2. 技术趋势

(1)高技术、高附加值将成为未来发展的重点

随着能源装备行业产能过剩的加剧,未来全球市场竞争将更趋激烈,低端产品将逐渐被淘汰,高技术、高附加值产品将迎来市场契机。其中,世界各国对深海资源的开发逐步重视,运用于水下作业的工程船舶和深远海开发复杂工程所需的海洋工程船舶日渐活跃。

(2)成套化、尖端化将成为未来发展的趋势

目前,全球产业结构调整的趋势是废物减量化、无害化和资源化,与此相适应,节能环保技术将在能源装备行业广泛应用,能源装备将向成套化、尖端化方向发展。其中,燃煤发电是电能的主要来源,但是传统的燃煤发电设备的煤炭利用率低,环境污染严重。各国将逐步重视火力发电设备技术水平的提升,着重提升能源利用率和降低空气污染排放量。

(3) 新能源装备将成为未来发展的方向

随着世界各国认识到不可再生资源的重要性，各国已开始注重新能源的发展，新能源装备将是未来能源装备产业发展的主要方向。目前，太阳能发电装备、风力发电装备以及生物质能发电装备是最有前景的新能源装备，也是新能源发电装备的主要发展方向。此外，生物质能发电装备中的生物质整体汽化联合循环（BIGCC）发电装备将是未来发电装备的发展重点，包括生物质汽化、气体净化、燃气轮机发电机、蒸汽轮机发电装备等。

三 我国能源装备行业的技术水平分析

（一）主要产品的技术水平

1. 石油天然气钻井设备的技术水平逐步向国际水平看齐

我国一些主要石油天然气钻井设备已经基本实现国产化，如修井机、井口装置、固井压裂设备、成套钻机等，其技术水平基本接近国外先进水平。钻机装备的研发、制造和服务一体化能力不断提升，自动化水平逐渐提高，与国外的差距不断缩小，已经具备生产1 000～9 000米系列成套装备的能力，形成机械、直流、交流变频、复合驱四大钻机系列。

2. 特高压输电技术满足国际高端要求

我国特高压输电技术基本可以达到国际先进水平，一些关键设备的制造技术居于国际领先地位。在特高压交流输变电技术领域，我国成功制造出一系列具有国际领先水平的产品，如多种规格特高压电力变压器、可控电抗器、并联电抗器等，包括全球首台单柱容量达500兆伏安的特高压电力变压器、全球首台特高压可控电抗器、全球首台320兆乏特高压并联电抗器等。在特高压直流输电技术领域，通过平波电抗器和对换流变压器的关键技术、关键工艺和工艺过程开展研究以及设备升级，掌握±800千伏高端平波电抗器和换流变压器的设计、制造技术等。

此外，我国在特高压直流输电技术领域的一些关键设备（换流阀和换流变压器）的制造技术具有国际领先水平。我国成功研制出世界首个特高压柔性直流换流阀，实现了开关器件、电容部件集成的功率模块单元，并以"搭积木"的方式构造大型800千伏阀塔。我国自主研发的±800千伏特高压直流换流变压器，创造了世界单体容量最大（493.1兆伏安）、技术难度最高、产出时间最短的世界纪录，突破了变压器的绝缘、散热、噪声等技术难题。

3. 核电装备的技术水平与国际先进技术水平的差距变小

CAP1400示范工程的筹备和开工以及具有我国自主知识产权的三代核电技术"华龙一号"的研制成功，表明我国核电装备完成了由"制造国产化"向"设计自主化"的转变，并最终走向国际市场，占据全球核电市场竞争中的重要地位。"华龙一号"是我国核电集成创新和自主创新的代表，装备国产化率超过85%，核心装备堆内构件、反应堆压力容器等均实现国产化，代表着我国装备制造业的先进水平。

(二)重大技术突破

1. 容量最大、电压最高、经济输电距离最远的输电技术

目前,我国完全掌握了特高压±800千伏直流输电技术,这是世界上最大输送容量、最高电压等级、最远送电距离、最先进的输电技术,是解决我国电力负荷与能源逆向分布问题、实施国家"西电东送"战略的核心技术。

2. 8.8米超大采高综采智能装备

8.8米超大采高综采智能装备的成功研发,是我国高端采煤装备国产化进程中的重要突破之一,填补了国内乃至世界特厚煤层综采工作面一次性采全高的技术空白。这套8.8米超大采高综采智能装备的液压支架总质量为100吨,宽为2.4米,采高达8.8米,其工作阻力、支护高度、支撑中心距均为世界之最。

3. 大地电磁探测仪

我国自主研发出大地电磁探测仪,并通过不断试验,缩短了与国际先进大地电磁探测系统的技术差距,成功打破了国外的技术垄断。该探测仪可广泛应用于地质勘探、能源勘探、深海探测等领域,为国产大地电磁探测系统的产业化发展创造了新契机。

4. 最大吨位、最高等级的极地油船"白鲸"AT110

"白鲸"AT110的成功研发,标志着我国极地油船的自主研发取得了重要突破,为我国极地船型的研发打下了坚实基础。"白鲸"AT110是目前世界上吨位最大、拥有PC4冰级的极地油船,货舱容量为13万立方米,载重达11万吨,配备30兆瓦双吊舱电力推进系统,具备1.5米连续破冰能力,设计满足零下40摄氏度的环境温度要求。同时,该船采用系列减排技术和系统,满足国际最新的环保要求。

5. 核能发电机"华龙一号"

我国首台核能发电机"华龙一号"通过型式试验,所有指标达到和超过设计要求,象征着我国首台核能发电机自主研发成功,为打造中国核电品牌、铸就国之重器迈出了坚实的一步。

6. 波浪发电装置

我国波浪发电装置成功突破波浪能液压转换与千伏级动力逆变器及控制装置模块关键技术,实现波浪稳定发电,而且还可以频繁地存储在小于0.5米浪高的波浪下,奠定了波浪发电工程化在我国应用的基础。

7. 太阳能热发电储能技术

青海省的太阳能热发电储能技术已达到国内领先水平,标志着我国向塔式光热储能系统的自主研制又迈进了一步。经过近4年的研发,我国成功攻克了太阳能热发电中高温蓄热设备的技术,并在德令哈10兆瓦塔式光热发电站的基础上,研发出有效储热时间超过2小时的塔式光热熔盐储热系统,并且达到24小时内熔盐罐降温不超过10摄氏度,实现了单套总容量5兆瓦时中高温熔盐储热系统的正常运行,成为我国首座具备熔盐储

热的太阳能热发电站。

8. LNG 用大型开架式汽化器

我国 LNG 用大型开架式汽化器的成功自主研制,打破了国外技术的垄断,实现了国家重大装备的自主研发,成为继日本之后第二个可以生产 LNG 用大型开架式汽化器的国家。其总体性能达到国际先进水平,其中腐蚀与防护技术、汽化器换热效率和抗振动技术处于国际领先地位。

9. 7 兆瓦级风电机组整机和部件关键技术

我国实现了 7 兆瓦级风电机组整机和部件关键技术的全面突破,有利于促进低成本、规模化的风电开发,使得大功率风电机组及其关键部件的设计开发技术进入国际先进水平行列。

四 我国能源装备行业存在的主要问题

(一) 能源装备制造技术落后

目前,我国大多数能源装备的制造技术落后于国际先进水平,整体技术水平有待提高,基础零部件及基础材料领域偏弱。其中,钻采设备中的特种钻机的设计和生产能力落后,配套的关键件仍依赖进口,如液压、顶驱、电气控制装置,另测井设备、石油勘探的总体技术水准与国外有较大差距。在电力设备中的零部件(阀门、轴承等)以及材料(优质钢、铜等)领域,配套能力相对较弱,与国际先进水平有一定差距。

(二) 电力装备产业发展结构失衡

目前,我国电力装备产业发展结构失衡,城乡配电网建设滞后于主网建设,输配电建设严重滞后于电源建设,负荷中心受端电网建设滞后于送端电网建设,由此造成的弃风、弃水、弃光现象严重,在新疆、内蒙古、甘肃等地区,这些问题更加突出。

(三) 能源装备制造业国产化能力不足

目前,我国能源装备制造业的国产化已取得重要进展,但是部分能源装备制造业的国产化能力依然不足。例如在火电领域,我国三大主机锅炉、发电机和汽轮机的国产化已取得重大进展,然而在电站辅机方面,国产化一直是薄弱环节,特别是炉水循环泵、四大管道(主蒸汽管道、再热蒸汽热段、再热蒸汽冷段、主给水管道以及相应旁路管道)等还依赖进口,增加了电力建设的成本。

(四) 石油装备产业市场不成熟

目前,我国石油装备产业市场不成熟,产品附加值率低。一方面,石油装备产业市场不规范。虽然有效的知识产权保护已在市场中运作,但仍存在着不按市场规律办事、恶意竞争、操作不规范、行政干预较多等现象,阻碍石油装备制造企业的快速发展。另一方面,我国石油装备制造业处于低端市场,产品增加值率与国际先进水平有近一半的差距。主要以吨计价的石化装备产品,并没有体现出知识及服务的价值。

(五) 储能产业经济回报低

目前,我国储能产业成本偏高,经济效益无法量化,限制了产业的进一步发展,尤其是化学储能产业。一方面,化学储能产业的技术投资过高。例如中国电力科学研究院的张北风光储输示范项目,设计20兆瓦储能电池的投资额就高达4亿元。如果我国现有风电装机都配备储能设备,则需要一次性投入2 000亿元,远超我国每年因弃风造成的近百亿元的经济损失。另一方面,化学储能产业的运行时间短,技术不成熟,储能价值短期内难以完全体现或由于各种原因而没有体现。例如,化学储能技术在解决弃风和可再生能源并网方面仅为设想,在可再生能源并网方面发挥的作用有限,全部价值还没有充分体现。

五 我国能源装备行业的发展前景分析

(一) 发展前景预测

1. "一带一路"建设中,能源装备制造企业海外市场广阔

在"一带一路"建设的带动下,我国能源装备制造企业充分发挥其技术优势,为"一带一路"沿线国家建设高压电网,输送清洁能源,实现全球互联互通。不断地"走出去",为能源装备制造企业开拓了广阔的海外市场,不仅加快了我国过剩产能的消耗,还为我国能源装备制造企业海外市场占有率的提高提供了机遇。在"一带一路"建设背景下,能源装备制造业的出口贸易额将会有显著的提高。

2. 能源装备制造企业的整体业绩将得到提升

近年来,受国际贸易和国际油价下跌的不利影响,能源装备制造企业的业绩总体处于低位。随着国际油价的回升以及我国清洁能源的投入使用,市场对能源装备的需求量将会不断增加,能源装备制造企业的业绩将会有明显的提升。

3. 能源装备制造企业建立工业互联网平台成必然趋势

随着大数据、人工智能、云计算等技术的推广普及,传统工业云平台也逐渐融合这些技术,发展成为工业互联网平台。工业互联网平台通过构造数据采集体系,以工业 APP 形式为制造企业提供各种创新应用。能源装备制造企业通过打造工业互联网平台,设计出适合自身运作的工业 APP,以实现生产优化和产业链的全面升级。目前,国外有多家先进的能源装备制造企业已引入工业互联网平台,随着工业 4.0 时代的到来,以智能制造和智慧工厂为主题的第四次工业革命已拉开序幕,国内能源装备制造企业建立工业互联网平台已成必然趋势。

(二)投资机会

1. 天然气产业链设备迎来发展机会

天然气行业将迎来重要的战略发展机遇期。中国经济长期向好,天然气需求的内生增长空间广阔。50万亿"新基建"、投资与消费两大引擎将有效拉动"十四五"时期中国经济的发展,从而有效拉动包括天然气在内的清洁低碳能源的需求刚性增长。国家实施清洁低碳发展战略和严格的生态环境保护政策,计划用不到10年的时间实现碳达峰,再用30年的时间实现碳中和,这对我国应对气候变化工作提出了更高的要求。国家"十四五"能源和生态环境规划等提出了碳达峰和碳中和的具体路径,从而推动了天然气消费需求的持续增长。

2. 风电设备企业的业绩将明显提升

国内整装风机的龙头企业金风科技的年报显示,2020 年企业实现营收 562.65 亿元,同比增长 47.12%;实现净利润 29.64 亿元,同比增长 34.10%。其中,风机制造与销售、风电场开发贡献了主要利润。从清洁能源的组成结构来看,通过近年来行业内的共同努力,我国风电行业得到了高速发展,度电成本快速下降,目前已经实现平价上网,预计未来清洁能源的装机主力将来自风电。2020 年,全国可再生能源发电量达 22 148 亿千瓦时,同比增长约 8.4%。其中风电发电量达 4 665 亿千瓦时,同比增长约 15%。

3. 油气设备与服务行业步入上行周期

伴随着全球石油和天然气需求的稳步增长,对油气设备的需求也在日益增长,油气设备行业的长期发展趋向良好。2017 年起油气设备和服务市场的规模恢复增长,2019 年全球油气设备和服务市场增长 9.2%,达到 2 468.9 亿美元,预测未来几年复合增长率将保持在 14% 左右,高于 2009—2014 年期间 9% 的年复合增长率。未来油气设备与服务行业的企业业绩有望大幅度提高。

4. 输变电设备的出口贸易额将显著增长

在"一带一路"建设中,国内高端装备进入国际市场,电力基础设施建设率先受益。与国内市场相比,海外市场电力基础设施的投资需求巨大,具有广阔的市场增长空间。我国电力设备行业具备全球竞争力,电源-电网设备完整,全产业链装备制造技术领先。在"一带一路"倡议的推动下,未来我国输变电设备企业的出口贸易额将会明显上升,海外市场占有率将不断提高。

练习与思考

简答题

1. 举例说明我国电工电器行业的重大技术突破。
2. 简述我国电工电器行业存在的主要问题。
3. 简述我国电工电器行业的未来发展前景。
4. 举例说明我国工程机械行业的重大技术突破。
5. 简述我国工程机械行业存在的主要问题。
6. 简述我国工程机械行业的未来发展前景。
7. 举例说明我国重型机械行业的重大技术突破。
8. 简述我国重型机械行业存在的主要问题。
9. 简述我国重型机械行业的未来发展前景。
10. 举例说明我国能源装备行业的重大技术突破。
11. 简述我国能源装备行业存在的主要问题。
12. 简述我国能源装备行业的未来发展前景。

第 5 章

高端装备制造产业

高端装备制造业又称先进装备制造业，是制造高技术、高附加值的先进工业装备的行业。高端装备主要包括传统产业转型升级和战略性新兴产业发展所需的高技术、高附加值装备。高端装备制造业是以高新技术为引领，处于价值链高端和产业链核心环节，决定着整个产业链综合竞争力的战略性新兴产业，是现代产业体系的脊梁，是推动工业转型升级的引擎。大力培育和发展高端装备制造业，是提升我国产业核心竞争力的必然要求，是抢占未来经济和科技发展制高点的战略选择，对于加快转变经济发展方式、实现由制造大国向制造强国转变具有重要战略意义。

经过多年来的发展，我国的装备制造业已经形成规模宏大、门类齐全、具有一定技术水平的产业体系。但不可否认的是，虽然我国已跻身于制造大国行列，但大而不强的矛盾始终困扰着我国装备制造业的科学发展。在高端装备领域，我国80%的集成电路芯片制造装备、40%的大型石化装备、70%的汽车制造关键设备及先进的集约化农业装备仍依靠进口。也就是说，我国作为装备制造业大国，产业大而不强、基础制造水平落后、自主创新能力弱等问题依然存在。在这种背景下，只有大力发展高端装备制造业，加快产业转型升级，增强自主创新能力，才能使我国从制造大国变为制造强国。

能力目标

能主动查阅资料，自主了解国内外高端装备制造产业中的典型产品和技术创新点，逐步提升学习新知识、新技术的能力。

知识目标

- 理解智能制造装备、航空装备、海洋工程装备、卫星及轨道交通装备的内涵。
- 了解我国智能制造、航空、海洋工程、卫星以及轨道交通五类高端装备制造产业的发展现状、未来前景及发展趋势。

素质目标

具有热爱祖国的情感和民族自豪感；具有严谨的科学态度和良好的思想品德与职业道德修养；具有自我学习、勇于开拓、不断创新的精神；具备解读国家高端装备制造业相关政策的基本能力。

5.1 智能制造装备产业

智能制造装备产业是高端装备制造产业的重点方向，是信息化与工业化深度融合的重要体现，目的是实现生产过程的自动化、智能化、精密化、绿色化，带动工业整体技术水平的提升。大力培育和发展智能制造装备产业，对于加快制造业转型升级，提高生产率、技术水平和产品质量，降低能源和资源消耗，实现制造过程的智能化和绿色化发展，具有重要意义。

一 什么是智能制造装备

纵观世界工业的发展历史，科技创新始终是推动人类社会生产生活方式发生深刻变革的重要力量。18世纪60年代，近代力学、热力学在理论上取得了重大突破，促进了蒸汽机技术的发展和蒸汽机的广泛应用，拉开了第一次产业革命的序幕，人类步入了蒸汽时代。19世纪70年代，由于电现象、磁现象、电磁感应现象的发现，电力技术成为科技研究的重点，促使了第二次产业革命的发生，人类迈进了电气时代。第二次世界大战以后，半导体物理、相对论、量子力学、计算机科学、通信科学、控制论、生物科学、智能科学、现代数学等基础理论的突破，促进了原子技术、电子技术、信息技术、能源技术、空间技术、制造技术以及一系列高新技术的发展。技术的进步推动了制造领域新一轮的产业变革，以互联网、大数据、云计算为代表的新一代信息技术与传统工业融合发展，制造业呈现出新的方向，以智能化、网络化、数字化、服务化、绿色化为核心特征的智能制造成为制造业发展的趋势。

智能制造是研究制造活动中的信息感知与分析、知识表达与学习、自主决策与优化、自律执行与控制的一门综合交叉技术。智能制造的提出是技术创新积累到一定程度的必然结果，是制造业依据其内在发展逻辑并经过长时间的演变和整合而逐步形成的制造模式。智能制造是集成制造、精益生产、敏捷制造、虚拟制造、数字化制造、网络化制造等多种先进制造系统和模式的综合，它通过信息物理系统实现人、设备、产品、服务等制造要素与资源的相互识别、实时交互和信息集成，改变了制造业设计、制造、管理、服务的方式。智能制造的应用能够降低生产加工过程对劳动者智力的依赖，完成复杂的任务，提高生产质量，节约加工成本，其灵活化、方便化、个性化的生产组织方式，使得中小型企业在竞争中更具有优势，承担的风险更低。

（一）智能制造装备的定义

智能制造装备是智能制造技术的重要载体。智能制造装备是融合了先进制造技术、数字控制技术、现代传感技术以及人工智能技术，具有感知、分析、推理、决策、控制等功能,实现高效、高品质、节能环保和安全可靠生产的下一代制造装备。

智能制造装备的基础作用不仅体现在对海洋工程、高铁、大飞机等高端装备的支撑,还能促使它们实现产业升级。因此,智能制造装备是传统产业升级改造以及实现生产过程自动化、智能化、精密化、绿色化的基本工具,是培育和发展战略性新兴产业的支撑,是实现生产过程和产品使用过程节能减排的重要手段。智能制造装备产业的水平,已经成为衡量一个国家工业化水平的重要标志。

(二) 智能制造装备的特征

和传统的制造装备相比,智能制造装备具有对装备运行状态和环境的自我感知能力,根据装备运行状态的变化自主规划和决策能力,对故障的自学习和自维护能力,对自身性能劣化的自优化能力,对异常环境或错误操作的容错能力,参与网络集成和网络协同的网络集成能力。

1. 自我感知能力

智能制造装备具有收集和理解工作环境信息、实时获取自身状态信息的能力。智能制造装备能够准确获取表征装备运行状态的各种信息,并对信息进行初步的理解和加工,提取主要特征成分,反映装备的工作性能。自我感知能力是整个制造系统获取信息的源头。

2. 自主规划和决策能力

智能制造装备能够依据不同来源的信息进行分析、判断和规划自身行为。智能制造装备能根据环境和自身作业状况的信息进行实时规划和决策,并根据处理结果自行调整控制策略至最优运行方案。这种自律能力使整个制造系统具备抗干扰、自适应和容错等能力。

3. 自学习和自维护能力

智能制造装备能够自主建立强有力的知识库和基于知识的模型,并以专家知识为基础,通过运用知识库中的知识进行有效的推理判断,并进一步获取新的知识,更新并删除低质量知识,在系统运行过程中不断地丰富和完善知识库,通过学习不断地进化知识库,使其更加丰富、合理。智能制造装备能够对系统进行故障诊断、排除及修复,并依据专家知识库提供相应的解决维护方案,保持系统在正常状态下运行。

4. 自优化能力

相比于传统的制造装备,智能制造装备具有自优化能力。制造装备在使用过程中不可避免地会产生损耗,传统的机器或系统的性能因此会不断退化,而智能制造装备能够依据设备实时的性能调整本身的运行状态,保证装备系统的正常运行。

5. 容错能力

智能制造装备能够在环境异常或操作错误的情况下正常运行。在允许的范围内,智能制造装备能够在一定程度上忽略并修正错误,依据产生的问题进行系统的调整和更新。智能制造装备的容错能力使得制造系统的可靠性得到了提高。

6. 网络集成能力

智能制造装备是智能制造系统的重要组成部分,具备与整个制造系统实现网络集成和网络协同的能力。智能制造系统包括了大量功能各异的子系统,而智能制造装备是智能制造系统信息获取和任务执行的基本载体,它与其他子系统集成为一个整体,实现了整体的智能化。

(三) 典型智能制造装备

智能制造装备目前涉及的领域众多,在各个领域中的应用和需求逐渐增多,其重要性也随着制造产业的发展逐渐凸显。现阶段典型的智能制造装备主要包括智能机床、智能机器人、增材制造装备、智能成型制造装备、特种智能制造装备等。

1. 智能机床

智能机床是能够自主决策制造过程的机床。智能机床了解整个制造过程,能够监控、诊断和修复在生产过程中出现的各类偏差,为生产提供最优化的解决方案;能够计算并预报切削刀具、主轴、轴承和导轨的剩余寿命,提供剩余使用时间和更换时间以及当前状态。

2. 智能机器人

智能机器人能根据环境与任务的变化实现主动感知、自主规划、自律运动和智能操作,可用于搬运材料、零件、工具的操作机,或是为了执行不同的任务而具有可改变和可编程动作的专门系统,是一个在感知—思维—效应方面全面模拟人的机器系统。与传统的工业机器人相比,智能机器人具备感知环境、执行某种任务而对环境施加影响以及把感知与行动联系起来的能力。

3. 增材制造装备

增材制造不采用一般意义上的模具或刀具加工零件,而是采用分层叠加法,即用 CAD 造型生成 STL 文件,通过分层切片等步骤进行分层处理,借助计算机控制的成型机,将一层一层的材料堆积成实体原型。不同于传统制造将多余的材料去除掉,增材制造技术可以精确地控制物料成型,提高材料利用率,能够生产用传统工艺无法加工的复杂零件。

4. 智能成型制造装备

智能成型制造装备是在铸造、焊接、塑性成型、增材制造等成型加工装备上,应用人工智能技术、数值模拟技术和信息处理技术,以一体化设计与智能化过程控制方法,取代传统材料制备与加工过程中的试错法设计与工艺控制方法,以实现材料组织性能的精确设计与制备加工过程的精确控制,获得最佳的材料组织性能与成型加工质量。

5. 特种智能制造装备

特种智能制造装备是基于科学发现的新原理、新方法和专门的工艺知识,为适应超常加工尺度、精度、性能、环境等特殊条件而生产的装备,常用于超精密加工、难加工材料加工、巨型零件加工、多工序复合加工、高能束加工、化学抛光加工等特殊加工工业。

二 智能制造装备产业的发展方向与支撑技术

(一) 智能机床

世界上第一台数控机床问世于1952年,美国麻省理工学院将一套能够控制三轴运动的试验数控系统安装在一台立式铣床上,实现了历史的突破,如图5-1所示。此后的60余年里,数控机床不断向精密化、高速化、多功能复合化、数字化、网络化、智能化方向发展,以满足不同的应用需求。随着技术日趋成熟,数控机床在最近30年里得到了大规模的应用。机床技术的发展目标是为整个制造业提供高性能的制造装备,提高加工精度和效率,降低制造成本,为人类提供更多便利。由于人类的分析、推理时间远大于机床对变化工况的反应、控制时间,因此机床的智能化,即通过传感器监测工况并自主决策成为机床技术研究的重点。

图 5-1 世界上第一台数控机床

智能机床具有感知、学习、决策、执行等功能,其主要技术特征有:对装备运行状态和环境的实时感知、处理和分析能力;根据装备运行状态变化的自主规划、控制和决策能力;对故障的自诊断和自修复能力;对自身性能劣化的主动分析和维护能力;参与网络集成和网络协同的能力。智能机床是先进制造技术、数字控制技术、现代传感技术以及智能技术深度融合的结果,是实现高效、高品质、节能环保和安全可靠生产的下一代制造装备。

机床的智能化发展大致经历了三个阶段:第一阶段是自动化阶段,从手动机床向机、电、液自动化机床发展,实现了无人干预的自动加工;第二阶段是数字化阶段,传统机床向数控机床、数控加工中心发展,解决了复杂曲面的加工问题,同时增强了机床的工艺能力;第三阶段是智能化阶段,机床拥有更多的传感器,能够感知工况并自主决策,实现高品质、高效率加工。

日本的 OKUMA(大隈)公司认为当前经典的数控系统的结构设计、执行和使用三个方面已经过时,对它进行根本性变革的时机已经到来。OKUMA 公司开发出 THINC 数控系统,可在没有人工干预的情况下对变化的情况做出"聪明的决策"(smart decision),还可以在到达用户工厂后,在应用中不断学习,变得更加自适应变化了的情况和需求,更加容错,更容易编程和使用。与此同时,日本 MAZAK、德国西门子、GE FANUC 等公司也纷纷推出各自的智能机床和智能数控系统。

目前,制造装备正从面向过程的人工优化向面向任务的自动寻优转变。未来的制造装备不再是简单机械地执行预先编制的加工程序,而是能根据加工状态实时优化工艺参数,甚至具备任务的自主规划和过程的自动寻优功能。

1. 智能机床的关键技术

(1)装备运行状态和作业环境的实时感知与识别技术

装备运行状态和作业环境的实时感知与识别是智能制造装备的必备功能。新型传感技术和 RFID 识别技术(射频识别技术)、高速数据传输与处理技术、视觉导航与定位技术等都是智能技术研发的热点。RFID 和传感器的结合与集成,不仅具有感知与识别功能,还具有传输和联网功能。数控机床和机器人的各种感知功能越来越丰富,并组成无线传感网络和嵌入式互联网。

就智能机床而言,其感知与识别技术要达到的主要目标是:

①新型传感技术。突破高灵敏度、高精度、高可靠性和高环境适应性的传感技术,采用新原理、新材料、新工艺的传感技术,完善微弱传感信号的提取与处理技术,以及光学精密测量与分析仪器仪表技术。

②识别技术。低功耗小型化 RFID 制造技术,超高频和微波 RFID 核心模块制造技术,完善基于深度的三维图像识别技术,以及物体缺陷识别技术。

③高速实时视觉环境建模、图像理解和多源信息融合导航技术,力/负载实时感知和辨识技术,应力应变在线测量技术,多传感器优化布置和感知系统组网配置技术。

(2)性能预测和智能维护技术

在复杂的制造环境下,性能预测和智能维护是装备可靠运行的关键,为此需要提高监控的实时性、预测的精确性、控制的稳定性和维护的主动性。面向复杂工况的状态监控技术和装备性能预测技术等是当今制造装备研发的热点,已开发了初级的智能化产品和功能模块,如振动监测模块、刀具磨损/破损监控模块等,其功能和智能水平尚需进一步提高。

性能预测和智能维护技术要达到的目标是:

①突破在线和远程状态监测及故障诊断的关键技术,建立制造过程状况(如振动、负载、热变形、温度、压力等)的参数表征体系及其与装备性能表征指标的映射关系。

②研究损伤智能识别、自愈合调控与智能维护技术,完善损伤特征提取方法和实时处理技术,建立表征装备性能、加工状态的最优特征集,最终实现对故障的自诊断和自修复。

③实现重大装备的寿命测试和寿命预测,对可靠性与寿命精确评估。

(3) 智能工艺规划和智能编程技术

数控机床的加工工艺规划与数控编程应综合考虑机器结构、工件几何形状、工艺系统的物理特性和作业环境,优化加工参数和运动轨迹,保证加工质量和提高加工效率。而现有编程系统主要是面向零件几何形状的编程,没有综合考虑机床、工装和零件材料的特性等,不能适应加工条件、应力分布、温度变化的不确定性。实现智能工艺规划和智能编程还需要逐步积累专家经验与知识,建立相应的数据库和知识库。

智能工艺规划和智能编程技术的预期目标是:

①深入研究工艺系统各子系统之间的复杂界面行为和耦合关系,建立工艺系统和作业环境的集成数学模型及其标定方法,实现加工和作业过程的仿真、分析、预测及控制。

②建立面向典型行业的工艺数据库和工艺知识库,完善机床的模型库,逐步积累专家经验与知识,实现工艺参数和作业任务的多目标优化。

③完善专家经验与计算智能的融合技术,提升智能规划和工艺决策能力,建立规划与编程的智能推理和决策的方法,实现基于几何与物理多约束的轨迹规划和数控编程。

(4) 智能数控系统与智能伺服驱动技术

数控机床的智能化也反映在数控功能的不断丰富和提升,如视觉伺服功能、力反馈和力/位混合控制功能、振动控制功能、负荷控制功能、质量调控功能、伺服参数和插补参数自调整功能、各种误差补偿功能等。伺服系统 PID 参数的快速优化设置问题、各轴伺服参数的匹配和耦合控制问题尚待进一步解决。

智能数控系统与智能伺服驱动技术的预期目标是:

①完善智能伺服控制技术、运动轴负载特性的自动识别技术;实现控制参数自动优化配置;实现多轴插补参数自动优化控制;实现各种误差在线精密补偿;实现面向控形和控性的智能加工;基于智能材料和伺服智能控制的振动主动控制技术。

②完善视觉感知和视觉伺服功能、力反馈和力/位混合控制功能;突破基于伺服驱动信号的实时防碰撞技术、非结构环境中的视觉引导技术,实现自律加工。

③运用人工智能与虚拟现实等智能化技术,实现基于虚拟现实环境的智能操作,发展智能化人机交互技术。

2. 智能机床的主要功能

(1) 智能执行功能

智能机床在加工过程中具有集自主检测、智能诊断、自我优化加工行为、远程智能监控于一体的执行能力,智能机床的各种智能执行功能如下:

①负载自动检测与 NC 代码自动调节功能。

②主动振动检测与控制功能。

③刀具智能检测与智能使用功能。

④工件加工状态与进度提取功能。

⑤辅助装置低碳智能控制功能。

⑥误差智能补偿功能(含热误差和几何误差补偿)。

⑦防碰撞控制功能。

⑧在线质量检测与控制功能。
⑨自动上下料功能。
⑩加工过程能效监测与节能运行功能。

(2) 智能准备功能

智能机床在加工任务准备时,应具有在不确定变化环境中自主规划工艺参数、编制加工代码、确定控制逻辑等最佳行为决策能力。

①数控程序智能编制与优化功能。
②刀具、夹具及工件智能动态监管功能。
③工艺参数智能决策与优化功能。
④基于数控程序的虚拟加工功能。
⑤节能调度功能。

(3) 智能维护功能

智能机床在维护时,具有自主故障检测、智能维修以及远程智能维护等功能,同时具有自学习和共享学习功能,具体如下:

①智能故障诊断功能。
②故障知识自学习与共享学习功能。
③基于3D的故障维修、拆卸与组装功能。
④故障远程维修与自修复功能。
⑤机床可靠性评估与故障智能预测功能。

(4) 网络集成与网络协同功能

从生产过程的全局出发,通过网络化和集成化的方式,具有制造过程相关信息的采集、资源的配置、车间生产的组织、过程的管理和功能的协同能力,实现制造过程的网络化和可视化管理。具体功能如下:

①网络通信功能。
②制造信息采集、传输功能。
③加工过程追踪管理功能。
④产品质量管理、数据追溯功能。
⑤车间制造过程和制造资源的优化运行功能。
⑥生产调度和过程管理功能。
⑦远程实时监控与诊断功能。
⑧制造信息共享和语义集成功能。

(二) 工业机器人

1. 什么是机器人

在所有的智能制造装备中,机器人和智能机器人可以说是核心装备。机器人是形象的称呼,它是能够自动执行工作任务的机器。它既可以接受人类的指挥来执行任务,又可以按照预先编排的程序来动作,还可以根据事先制定的原则、纲领来行动。它的任务是协助人工作，或者取代人的一部分工作。可以说，机器人是靠自身动力和控制能力来实现各种功能的一种机器。通俗一点讲，机器人就是一种自动化的生产工具。国际标准化组织给机器人下的定义为"一种可编程和多功能的操作机器，或是为了执行不同的任务而具有可用电脑改变和可编程动作的专门系统"。

机器人虽然不是人，但和人有某些相似的地方，也有一定的智能。比如它们的能力有强弱之分，有的"智力"差一点，只能干些又粗又笨的简单工作；有的"聪明"一点，能干些复杂的工作；有的还会"动脑筋"，能承担更复杂的任务。因此，按其拥有智能的水平，可以将其分为三个层次：第一个层次是工业机器人；第二个层次是初级智能机器人；第三个层次是高级智能机器人。

工业机器人是自动执行工作的机器装置，是靠自身动力和控制能力来实现各种功能的一种机器。它几乎无智能可言，只能死板地按照人给它设定的程序工作，不管外界条件如何变化，它只会依样画葫芦，自己没有主动性，不会根据条件的变化对所做的工作做出相应的调整，也就是说它不会改变事先编制好的程序。如果要改变机器人所做的工作，必须由人对程序做相应的改变。所以，确切地说，工业机器人是面向工业领域的多关节机械手。

初级智能机器人是有一定智能的机器人，如图5-2所示。它和工业机器人不同，它具备像人那样的感受、识别、推理和判断能力，可以根据外界条件的变化，在一定范围内自行修改程序，也就是说它能根据外界条件的变化做出相应的调整。不过修改程序的原则是由人预先规定好了的。这种机器人已拥有一定的智能，虽然还没有自主规划能力，但毕竟是有了智能，所以叫作初级智能机器人。

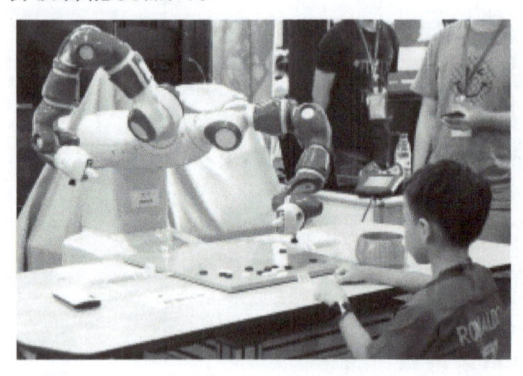

图5-2 会下棋的机器人

高级智能机器人和初级智能机器人一样，具有感觉、识别、推理和判断能力，同样可以根据外界条件的变化，在一定范围内自行修改程序。所不同的是，高级智能机器人修改程序的原则不是由人事先规定的，而是机器人自己通过学习和总结经验来获得修改程序的原则。也就是说它会动脑筋，它的智能高于初级智能机器人。这种机器人在许多方面更接近于人，它拥有一定的自动规划能力，能够自己安排自己的工作。这种机器人不需要人的照料，能够完全独立地工作，所以称其为高级智能机器人。

2. 为什么要研制机器人

机器人和普通的机器大不相同。普通机器需要完全由人来操作,而机器人是集机械、电子、控制、计算机、传感器、人工智能等多学科先进技术于一体的现代制造业重要的自动化装备。它有许多机械手,机械手可以按照预先编好的程序进行运作,可以离开人的辅助而独立运行。

1962年美国研制出世界上第一台工业机器人,引来各方的关注。这种工业机器人的外形虽然是由类似人的手和臂组成的机械臂,但它的控制方式仍与数控机床大致相同。工业机器人能在工业生产中代替人做某些单调、频繁和重复的长时间作业,或是危险、恶劣环境下的作业,例如用于冲压、压力铸造、热处理、焊接、涂装、塑料制品成型、机械加工和简单装配等工序,也可以在原子能工业等部门中完成对人体有害物料的搬运或工艺操作。

1969年美国通用汽车公司用21台工业机器人组成了焊接轿车车身的自动生产线,大大提高了生产率。

由于这种工业机器人能提高产品的产量、质量及生产率,能减轻操作人员的劳动强度和保障人身安全,改善劳动环境,能节约原材料消耗并降低生产成本,因此深受工人们的欢迎,许多国家纷纷进行效仿和研究,机器人的能力迅速提升,机器人产业也迅速崛起。现在,工业机器人得到了广泛的应用,并且正在改变着人类的生产和生活。

经过五十多年的发展,工业机器人已在越来越多的领域得到了应用。在制造业中,尤其是在汽车产业中,工业机器人得到了广泛的应用。在冲压、压铸、锻造、机械加工、焊接、热处理、表面涂覆、上下料、装配、检测及仓库堆垛等作业中,工业机器人已逐步取代了人工作业。

为了让机器人能做更多的事,能主动做事,必须使机器人向更深、更广的方向发展,提高其智能化水平。现在,机器人的应用范围还在不断扩大,已从汽车制造业推广到其他制造业,进而推广到诸如采矿机器人、建筑机器人以及水电系统维修机器人等各种非制造行业。此外,在国防军事、医疗卫生、生活服务等领域,机器人的应用也越来越多,如无人侦察机、警备机器人、医疗机器人、家政服务机器人等。机器人正在为提高人类的生活质量发挥着重要的作用。

3. 工业机器人的发展历程

20世纪中期,随着计算机技术、自动化技术、机械工程技术的发展,美国率先开始了工业机器人的研发工作,并将工业机器人成功运用于工业生产,奠定了工业机器人的发展基础。工业机器人的出现是传统机构学与近代电子技术相结合的产物,如今,工业机器人融入了多学科的前沿技术,是综合了计算机科学技术、机械工程技术、电子工程技术、传感技术、控制理论、人工智能、仿生学等多学科而形成的高新技术,是当代备受关注的研究开发领域,对国民经济发展有着举足轻重的作用。

工业机器人主要包含面向工业领域的多自由度串联机器人、多自由度并联机器人、多自由度串-并联机器人、多指机械手、无人自动小车(AGV)等,是自动执行工作的机器装置,靠自身动力和控制能力来实现各种功能。工业机器人能够接受和理解人类的指令,并按照设定的程序执行运动和作业功能。工业机器人的典型应用包括喷涂、焊接、磨削、搬运、装配、产品检测等,不同种类的工业机器人现已在各行各业得到了不同程度的应用。

随着科学技术的不断发展,工业机器人经历了三个主要发展阶段:

第一代机器人为示教再现机器人,它主要由机器人本体、运动控制器和示教盒组成。操作者通过示教盒控制机器人运动,完成特定作业任务,同时记录、保存机器人的运动信息。示教结束后,机器人根据保存的信息自动重复刚才的示教运动。这种机器人操作比较简单,通常完成点到点的运动以及简单的直线和圆弧运动。

第二代机器人为离线编程机器人。首先建立机器人的运动学模型,求解机器人运动学模型的正反解,在离线情况下进行路径规划,生成机器人控制代码;其次建立机器人及其工作环境的三维实体模型,由生成的机器人控制代码控制机器人三维实体模型进行仿真运动,检验程序的正确性;最后将正确的控制代码传递给机器人控制器,控制机器人运动。

第三代机器人为智能机器人,它除了具有第一代和第二代机器人的特点外,还带有各种传感器。这种机器人对外界环境不但具有感觉能力,而且具有独立判断、记忆、推理和决策能力,能适应外部对象、环境协调地工作,能完成更加复杂的动作。在工作时通过传感器获得外部信息,并进行信息反馈,然后灵活调整工作状态,保证在适应环境的情况下完成工作。

当前,工业机器人已经成为一种标准设备而在工业自动化行业广泛应用,由此形成了一批具有国际影响力的工业机器人品牌,如安川、OTC、松下、FANUC、不二越、川崎、KUKA、CLOOS、ABB、COMAU及IGM等。

4.工业机器人如何工作

工业机器人由主体、驱动系统和控制系统三个基本部分组成。这三个基本部分各司其职,分工协作,机器人即能工作。主体就是机座和执行机构,包括臂部、腕部和手部,有的机器人还有行走机构。它们可以在一定范围内做平移、升降、回转、伸缩等运动,就像人的手臂、手指和关节所具有的功能一样,因此它们可以干活。驱动系统由动力装置和传动机构组成,用来使执行机构产生相应的动作。控制系统按照输入的程序,对执行机构和驱动系统发出指令信号,并进行控制。有了这三大基本组成,只要将事先编好的作业程序传送到机器人的控制柜,机器人即可自动工作。

也可以由操作者用手动控制器将指令信号传给驱动系统,使执行机构按照要求的动作顺序和运动轨迹操演一遍,起到示范的作用,作为示教;或者由操作者直接启动执行机构,按照要求的动作轨迹操演一遍。这些工作程序的顺序会自动存入程序存储器中,在机器人自动工作时,控制系统从程序存储器中检出相应信息,将指令信号传给驱动机构,使执行机构再现示教的各种动作。

5. 工业机器人的功能

既然工业机器人应用如此广泛,又能在提高人类生活质量上发挥作用,那么,工业机器人究竟能做哪些工作呢?

(1) 搬运和传输

能进行搬运和传输的机器人叫作移动机器人。它由计算机控制,具有移动、自动导航、多传感器控制、网络交互等功能,可广泛应用于机械、电子、纺织、卷烟、医疗、食品、造纸等行业的柔性搬运、传输等,也可用于自动化立体仓库、柔性加工系统、柔性装配系统,还可在车站、机场、邮局的物品分拣中作为运输工具。移动机器人是国际物流业中的核心技术和设备,用现代物流技术实现点对点自动存取、作业和搬运相结合,实现精细化、柔性化、信息化,缩短物流流程,降低物料损耗,减小占地面积,降低建设投资等。

(2) 焊接

能进行焊接的机器人叫作焊接机器人,如图 5-3 所示。在汽车生产中有大量的焊接工作,如果用人工进行点焊,则效率比较低,质量也难以保证,而采用焊接机器人,则焊接的性能稳定,工作空间大,运动速度快,负荷能力强,且焊接质量明显优于人工焊接,大大提高了焊接作业的生产率。随着汽车工业的发展,焊接生产线要求焊钳一体化,所以机器人的质量越来越大,165 千克的点焊机器人是目前汽车焊接中最常用的一种机器人。

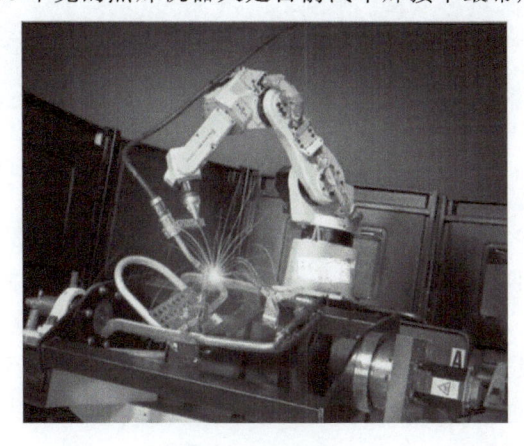

图 5-3 焊接机器人

(3) 激光加工

能进行激光加工的机器人叫作激光加工机器人。它将机器人技术应用于激光加工中,通过高精度工业机器人实现更加柔性的激光加工作业。所谓激光加工,就是用激光束对材料进行各种加工,如打孔、切割、划片、焊接、热处理等。

(4) 在真空环境中工作

能在真空环境中工作的机器人叫作真空机器人。它主要应用于半导体工业。其他国家禁止出口真空机器人,这使得我国对真空机器人的引进受到限制。真空机器人的通用性强,用量大,是制约半导体装备整机的研发进度和整机产品竞争力的关键部件。国外对我国买家审查严格,将真空机器人归属于禁运产品目录中。真空机械手已成为严重制约我国半导体设备整机装备制造的"瓶颈"。

（5）在洁净环境中工作

能在洁净环境中工作的机器人叫作洁净机器人。随着生产技术水平的不断提高，很多现代工业产品的生产都要求在洁净的环境中进行，洁净机器人是洁净环境下生产所需要的关键设备。

6. 工业机器人的特点

工业机器人是靠自身动力和控制能力来实现各种功能的（图 5-4），它的主要特点如下：

图 5-4　工业机器人在工作

（1）可编程

工业机器人依据事先编制的程序完成特定的动作，当工作环境或工作任务改变后，可以重新编制程序，从而使机器人在新的环境中执行新的动作，完成新的作业任务。

（2）通用性

由于工业机器人具有多关节（或自由度）特性和可编程特性，因此它可以执行不同的作业任务，具有较好的通用性。

（3）自主性

工业机器人身上布置有多种传感器，它能根据这些传感器检测到的环境与工作状态信息自主控制执行机构，完成相应的作业任务。

7. 工业机器人的关键技术

（1）环境感知与传感技术

传感器是机器人必不可少的重要组成部分，机器人传感器可以分为内部传感器和外部传感器。内部传感器监测机器人的自身运行状态，如驱动电动机的电流、电压、力矩，关节运动位移、速度等。外部传感器监测机器人的运行环境，如机器人的工作空间是否有其他物体，这些物体的形状、大小、位置、姿态、运动信息等。机器人传感器也可根据检测的物理量进行分类，如力传感器、力矩传感器、触觉传感器、距离传感器、接近传感器和视觉传感器等。

机器人智能功能的重要体现是能根据传感器检测的信息自主决策、自动运行。例如，当机器人按预定编程轨迹运行时，如果运动轨迹中有其他物体，则机器人可以自动避开该物体，到达指定位置。

目前，工业机器人的环境感知与传感技术需要攻克的关键技术包括高速视觉感知和视觉伺服技术、力反馈和力/位混合控制技术、实时防碰撞技术、非结构环境中的视觉导航技术等。

(2) 轨迹规划与自动编程技术

机器人轨迹规划属于机器人底层规划，所有控制的目的都在于精确实现所规划的运动。所谓轨迹，是指机械手在运动过程中的位移、速度和加速度。轨迹规划是在机器人运动学的基础上，讨论在关节空间和笛卡儿空间中机器人运动的轨迹规划和轨迹生成方法，确定轨迹参数并实时计算和生成运动轨迹。其关键技术包括关节轨迹插值技术、笛卡儿空间规划技术、在线轨迹规划技术等。

机器人自动编程技术是利用计算机图形学，建立机器人作业环境以及模型，对机器人所要完成的任务进行自动规划与编程，从而脱离机器人工作现场进行编程的系统。其关键技术包括快速编程与智能示教技术、离线编程与仿真技术等。

(3) 控制系统技术

机器人控制系统是机器人的大脑，是决定机器人功能和性能的主要因素。工业机器人控制技术的主要任务是控制工业机器人在工作空间中的运动位置、姿态和轨迹、操作顺序及动作的时间等。其关键技术涉及具备实时操作系统和高速总线的工业机器人开放式控制系统技术、基于模块化的机器人分布式控制系统技术、机器人本体柔顺性控制技术、网络化机器人控制器技术、多机器人网络化/集群协调控制技术等。

(4) 人机交互技术

技术的发展无法更改人类作为生产实践的主体，因此，未来的工业机器人更加强调人机合作，更为人性化的人机交互技术将成为智能机器人研究的重要内容。全浸入式图形化显示技术、三维全息环境建模技术、增强现实和虚拟现实技术以及具有力、温度、振动等多物理作用效应的人机交互技术是未来重要的发展方向。为了达到工业机器人与人类生活、工作环境以及人类自身和谐共处的目标，还需要解决的关键问题包括人体运动意图控制技术、人机协调控制技术、人机安全保障技术、人机自然交互技术、机器人自主学习人类技能技术、机器人认识与学习等智能控制技术。

(5) 自主导航技术

机器人系统能够通过传感器感知外界环境和自身状态，实现在有障碍物环境中面向目标的自主运动，从而完成一定的作业功能。其本身能够认识工作环境和工作对象，能够根据人给予的指令和自身认识外界来独立地工作，能够利用操作机构和移动机构完成复杂的操作任务。机器人在作业环境中自主行动，首先需具有多种感知功能，进而进行复杂的逻辑推理、规划和决策，解决其在导航系统中的定位、跟踪以及路径规划问题。主要关键技术包括非结构环境下的移动作业机器人导航/定位技术、动态不确定环境下的机器人操作定位误差补偿技术、视觉识别/定位及应用技术等。

(三) 增材制造

1. 什么是 3D 打印

普通打印是把电脑中的文字或设计出来的平面图纸通过一台打印机印在一张纸上。它所用的材料是墨水和纸张,所用的技术是平面打印技术。

3D 打印与普通打印不同,它打印出来的产品不是平面的,而是立体的,是一件可用的实物,比如机器人、玩具车或者各种模型;它所用的材料不是墨水和纸张,而是金属、陶瓷、塑料和砂等各种不同类型的、实实在在的原材料。虽然 3D 打印和普通打印所用的材料不同,但 3D 打印机与普通打印机的工作原理大体上是相同的,它是将打印机与电脑连接后,通过电脑控制把打印材料一层层地叠加起来,最终把计算机上的蓝图变成实物。也就是说,3D 打印机是可以打印出真实物体的一种设备,可以把它叫作"制造机"。之所以称其为打印机,是因为它参照了普通打印机的技术原理,其分层加工的过程与喷墨打印十分相似。人们可以用 3D 打印机(图 5-5)打印自己设计的物品,3D 打印机的出现使创造变得越来越容易,人们可以自由地开展创造活动。

图 5-5　3D 打印机

2. 3D 打印的原理

表面看来,3D 打印是一项新技术,其实不然。早在 19 世纪末,美国就有了 3D 打印的理念;到了 20 世纪 80 年代,3D 打印技术产生并得以发展和推广;到了 21 世纪,3D 打印开始形成产业和市场。中国物联网校企联盟把 3D 打印称作"上上个世纪的思想,上个世纪的技术,这个世纪的市场"。现在,3D 打印机的产量和销量都在逐年增长。

用普通打印机打印一封信,只要单击一下电脑屏幕上的"打印"按钮,一份数字文件便被传送到一台喷墨打印机上,它将一层墨水喷到纸的表面以形成二维图像。而 3D 打印则通常采用数字技术材料打印机来实现。打印时,软件通过电脑辅助设计技术完成一系列数字切片,并将这些切片的信息传送到 3D 打印机上,3D 打印机将连续的薄型层面堆叠起来,直到一个固态物体成型。

当然,3D 打印机的材料也并不都是实体材料,也有一些系统使用粉末微粒作为打印介质。粉末微粒被喷洒在铸模托盘上而形成一层极薄的粉末层,然后由喷出的液态黏合剂进行固化。它也可以使用激光烧结的技术将材料熔铸成指定形状。

3. 什么是增材制造

增材制造之前被称作快速原型设计,可以说是 3D 打印的工业版。增材制造有点类似于盖房子,它将特定的粉末或液体按照预先的设计逐层浇灌固化,最终形成所需要的三维零件。20 世纪 80 年代后期以来,增材制造逐渐成为一种引人注目的新型制造加工手段,该技术不使用一般意义上的模具或刀具加工零件,而是根据一种新型工具能源加工原理,即利用光、热、电等手段,通过固化、烧结、黏结、熔结、聚合作用或化学作用等方式,有选择地固化(或黏结)液体(或固体)材料,从而实现材料的转移与堆积,形成需要的原型零件。

增材制造的思想来源于将三维实体截成一系列连续薄切片的逆过程,即首先对零件的三维 CAD 实体模型进行分层处理,获得零件的二维截面数据信息,然后根据每一层的截面数据,采用上述方法生成与该层截面形状一致的薄片,反复进行这一过程,薄片逐层累加,直至"生长"出所需的实体零件。

在国际上,经过 20 多年的发展,增材制造技术不断融入人们的生活,在食品、服装、家具、医疗、建筑、教育等领域大量应用,并催生出许多新的产业。增材制造设备已经从制造业设备发展为生活中的创造工具。值得注意的是,目前增材制造技术是现有制造技术的补充,传统技术仍具有强劲的生命力。任何技术都不是万能的,增材制造技术应该与传统技术一起参与优选、集成,以形成新的发展增长点。增材制造技术需要加强研发,培育产业,扩大应用,通过形成协同创新的运行机制,积极研发、科学推进,使之从产品研发工具走向批量生产模式,以技术引领应用市场的发展,改变人们的生活。

4. 增材制造的工艺方法

增材制造技术的原理是采用分层叠加法,即用 CAD 造型生成 STL 文件,通过分层切片等步骤进行分层处理,借助计算机控制的成型机完成材料的形体制造。通俗地说,增材制造技术就是利用三维 CAD 数据,通过增材制造机将一层一层的材料堆积成实体原型。目前国内传媒界习惯把快速成型技术叫作 3D 打印或三维打印,但实际上 3D 打印或三维打印只是增材制造的一个分支,只能代表部分增材制造工艺。目前增材制造已经有十多种成型工艺,主要工艺方法有:

(1)激光光固化(SLA):用激光束对液态光敏树脂选择性地逐层扫描固化,叠加形成三维实体。

（2）薄板层压成型（LOM）：用激光束和加热辊对薄形材料（如底面涂胶的纸、塑料带、金属箔等）进行选择性切割和逐层黏结，叠加形成三维实体。

（3）选择性激光烧结（SLS）：用激光束对粉末材料（蜡粉、塑料粉、覆膜陶瓷和金属粉等）进行逐层选择性烧结，叠加形成三维实体。

（4）熔融沉积造型（FDM）：用逐步送入热熔丝状材料（如塑料丝）的方法选择性逐层熔覆，叠加形成三维实体。

（5）三维立体印刷（3D-P）：用逐层铺粉末材料，选择性喷射黏结剂的方法，叠加形成三维实体。

（6）固基光敏液相法（SGC）：用光掩膜法逐层固化液态光敏树脂，叠加形成三维实体。

（7）热塑性材料选择性喷洒（Ink-jet）：用逐层选择性喷洒热塑性材料的方法，叠加形成三维实体。

（8）多层激光熔覆（DED）：利用激光或其他能源在材料从喷嘴输出时同步熔化材料，凝固后形成实体层，逐层叠加，最终形成三维实体零件。

5. 增材制造技术的特点

相比于传统制造，增材制造技术具有以下特点：

（1）成型的复制性、互换性高。

（2）效率高，具有高度的柔性，制造工艺与制造成型的几何形状无关，可迅速制造出自由曲面和任意复杂形状的零件。

（3）可以实现自由制造，与传统制造方法结合，实现快速模具制造和快速铸造，为传统制造方法注入新的活力，特别适合新产品的开发和单件小批量生产。

（4）加工周期短，成本低，一般费用可降低50%以上，周期缩短70%以上。

（5）无切割废料、噪声和振动等，有利于环保。

（6）夜间也可以实现完全自动化生产。

6. 增材制造装备的关键技术

（1）成型新材料

成型材料的性能直接影响增材制造产品的质量。概念型、测试型、模具型、功能型等不同阶段的产品制造对材料提出了不同的要求。

概念型产品对材料成型精度和物理化学特性要求不高，主要要求成型速度快，以便快速获得产品原型，验证产品设计原理。常用的材料有光固化树脂，其具有较低的临界曝光功率、较大的穿透深度和较低的黏度。

测试型产品对材料成型后的强度、刚度、耐温性、耐蚀性等有一定要求，以满足测试要求。如果用于装配测试，还对材料成型的精度有一定要求。

模具型产品要求材料适应具体模具制造要求，如对于消失模铸造用原型，要求材料易于去除。

功能型产品要求材料具有较好的力学和化学性能。

(2) 金属粉末制造技术

金属粉末制造技术是金属零件 3D 打印产业的重要技术。在 2013 年世界 3D 打印技术产业大会上，世界 3D 打印行业的权威专家对 3D 打印金属粉末给予了明确定义，即指尺寸小于 1 mm 的金属颗粒群。它包括单一金属粉末、合金粉末以及具有金属性质的某些难熔化合物粉末。目前，3D 打印金属粉末材料包括钴铬合金、不锈钢、工业钢、青铜、钛合金和镍铝合金等。3D 打印金属粉末除需具备良好的可塑性外，还必须满足粉末粒径细小、粒度大小一致、球形度高、流动性好和松装密度高等要求。目前，金属粉末制造方法按照制备工艺主要可分为还原法、电解法、羰基分解法、研磨法及雾化法等。其中，以还原法、电解法和雾化法应用较为普遍。

(3) 精度控制技术

成型精度是评价成型质量的重要指标之一。目前，增材制造成型件的精度一般处于 0.01 mm 的水平。影响成型件精度的主要因素有三方面：一是模型误差，包括由三维 CAD 模型转换成 STL 格式文件而形成的误差，以及随后的切片处理所产生的误差；二是成型误差，主要指成型过程中材料的收缩、翘曲变形等引起的误差；三是成型后零件的变形误差，增材制造中零件成型后会吸入水分而引起零件变形，此外，温度和内应力变化等也会导致零件变形。为解决第一类误差，正在研制更优秀的直接切片软件和自适应切片软件。直接切片是不将三维 CAD 模型转换成 STL 格式文件，而直接对模型进行切片处理，得到模型的各截面轮廓，从而可以减小三角面近似化带来的误差。自适应切片是快速成型机能根据成型零件表面的曲率和斜率来自动调整切片的厚度，从而得到高品质的光滑表面。为解决第二、第三类误差，必须研究、开发新型的成型材料、成型工艺以及成型件表面处理方法，使成型过程中制件的翘曲变形小，成型后能长期稳定不变形。

(4) 快速成型工艺后处理技术

由于选择性激光烧结快速成型的粉末材料的固有特性，烧结成型时常伴随着熔体的收缩以及制件的翘曲、变形等，粉末颗粒间因结合不牢而空隙多，制约着烧结件性能的提高。由于各种因素的制约，直接烧结所得制件的强度通常不能满足制作功能件的需要，因此需要运用后处理的方法来增强制件的性能，以满足用户对功能件的需要。

后处理工艺是指把烧结的原型件从 SLS 成型系统中取出，先进行清理，以去除敷粉，露出制件表面，再对原型件渗树脂或渗蜡，然后进行固化、修补、打磨、抛光等工序。目前，高分子烧结制件在后处理阶段根据用途的不同可分为两大类：当其用于精密铸造金属零件时，后处理材料主要为铸造蜡，以提高制件的表面粗糙度；当其用于功能零件测试和安装时，后处理材料主要为树脂类，以提高制件的强度。

(5) 快速成型软件

软件的一个关键功能是从三维 CAD 模型到快速成型接口的数据转换和处理。在快速成型发展的初期,人们的注意力主要集中在工艺本身,而随着应用的不断深入,软件处理的精度和速度、软件对复杂模型的处理能力就成为应用中的一个主要瓶颈。目前快速成型技术中软件系统主要存在以下问题:数据转换模型对三维 CAD 模型的描述不够精确,所产生的 STL 格式文件难免有少量的缺陷,从而影响成型的精度和质量;已商品化的通用软件价格较贵,功能单一,只能进行模型显示、添加支撑、错误检验与修正等一种或几种功能,而且也存在数据接口问题,不易集成;商品化软件还不完善,不能满足当前快速成型技术对成型速度、成型精度和质量的要求;各公司的软件开发分散,无统一的数据接口;随机携带的增材制造软件只能完成一种工艺的数据处理和控制成型。由于 STL 存在一系列弊端,因此需要开发出更合理、更精确的增材制造高性能软件。具体措施有:采用自适应切片,提高制作速度并减小阶梯效应;将大的 STL 文件分割成若干小文件;直接通过 CAD 原始模型获取切片层信息,减小由三角形分割引起的拟合误差,并可避免由 STL 文件产生的弊端,提高快速成型精度;等等。

(6)激光技术

激光技术主要用于金属或陶瓷材料的 3D 打印。尽管其他的 3D 打印也可以利用激光技术,但因成本问题而只在特定的情况下才会使用激光源。在金属和陶瓷类的高端 3D 打印中,激光器是最合适的能源。由于其非接触式的特点以及功率稳定、可控,因此已经被认为是 3D 打印中不可或缺的手段。新一代的激光技术包括光纤激光和半导体激光,该类激光器件的最大优势是电光转换效率高,可达到 40%~50%,通过光纤传输,不需要后期维护等。激光技术在 3D 打印产业中正处于发展的上升阶段,但由于激光器的价格昂贵,从某种角度上限制了高端 3D 打印的广泛发展。另一方面,如何获得高精度的生产质量,避免二次加工,是激光 3D 打印亟待突破的技术限制。要突破这个限制,需进一步提高光学质量,尤其是高功率激光的光学质量。

(7)直写技术

直写技术可实现对材料的精确控制,是增材制造技术的核心。在直写技术方面,应该加强以下研究:开发新的直写技术,扩大适用于增材制造的材料范围;研究材料在直写过程中的状态变化,以控制更小的材料单元,提高控制的精度,解决精度和速度的矛盾;研究材料在直写过程中的物理、化学变化,充分利用材料自身的物理、化学性能。

(四)智慧工厂

随着通信与网络技术的发展,智能化不再局限于单台设备,而向制造系统、生产车间和工厂企业延伸。当代的生产实践也表明,制造不仅涉及产品或零件的加工环节,还包括产品设计、生产、管理及服务在内的产品全生命周期。这种变革迫切需要研究新的技术手段和生产模式,以支撑对产品设计、生产、管理及服务各阶段的动态管理,在这种形势下,智能车间与智慧工厂应运而生。随着智能制造在全球范围内的快速兴起,作为未来制造企业重要模式的智慧工厂（Smart Factory 或 Intelligent Factory）成为制造业关注的焦点。

智慧工厂是自动化生产线、数字化车间与工厂不断发展和进步的自然结果。在智慧工厂中，智能化理论与技术得到更广泛和更深入的应用，一些过去必须由专业技术与管理人员完成的工作，逐步交由智能系统自主完成，使产品设计、生产、管理和服务过程变得更"聪明"，而专业技术与管理人员则有更多时间从事更为智能化的工作。

1. 智慧工厂的宗旨

智慧工厂旨在借助现代科学技术对产品全生命周期进行有效管理。

在产品设计阶段，智慧工厂强调产品设计过程的智能化和产品自身的智能化。产品设计过程的智能化包括设计工具或软件的智能化、产品设计数据和信息管理的智能化、仿真及分析工具或软件的智能化、产品原型验证和检验的智能化等。产品自身的智能化包括产品能存储自身的设计信息、生产管理信息和销售服务信息。

在生产阶段，智慧工厂强调对生产全流程的监控、调度与优化，其核心是制造执行系统（MES）的智能化，更多地采用智能化方法实现产品数据管理、物料库存管理、供应链管理、生产数据管理、工具工装管理、设备与生产线管理、人力资源管理、计划排程管理、生产调度管理、生产过程控制、质量管理、成本管理、底层数据集成分析及上层数据分解等。

在管理阶段，智慧工厂强调全方位收集企业的经营、战略、管理、生产和服务等信息，收集国内外行业动态及国家行业政策等，并采用智能化方法对上述信息进行加工、处理、传递、储存及检索，通过先进的智能化分析与决策支持技术，协助企业高层管理者制定企业战略发展规划，提高决策的科学性、可行性和时效性。

在服务阶段，智慧工厂强调借助信息网络打造产品、客户和上下游企业生态圈，提供智能化的产品服务、客户服务和上下游企业服务。在产品服务方面，通过智能产品的联网功能，实时监控产品运行，根据产品运行状态、运行环境和用户使用特征，不断优化产品功能和运行参数。在客户服务方面，智能产品将成为客户与企业的"情感纽带"，不仅为客户提供所需的功能服务，同时还是客户与企业之间的互动平台。在上下游企业服务方面，重点是供应链管理的智能化，依托供应链构建虚拟企业联盟，优化企业内外资源，缩短现金周转时间，降低企业面临的风险。

2. 智慧工厂的核心技术

（1）工业互联网技术

智慧工厂运用了大量工业互联网技术来进行工业设备与物料、数据资源（如产品设计数据、生产数据、管理数据等）和生产者（如现场工人、技术人员、管理人员等）之间的信息交互与共享。

工业互联网是物理信息系统的重要组成部分，是一个以无线、移动、宽带等泛在网络作为通信的载体，协调和管理数字计算、物理过程和资源之间的相互关系，实现分散、灵活及自适应的生产制造系统。其核心在于通过应用信息通信技术和互联网空间，将虚拟系统信息与物理系统相结合，为使用者提供机器到机器的通信解决方案，满足使用者对生产过程监控、指挥调度、远程数据采集和测量、远程诊断等方面的信息化需求，将生产制造、生产工艺、生产控制和生产管理结合在一起。与更关注通信的互联网相比，工业互联网不仅支持通信，还支持控制，更加强调实时性、可靠性和安全性。其主要核心技术包括EPA实时以太网技术，分布式云计算的工业实现技术，基于Web 2.0的工业互联网技术，信息安全技术，RFID（射频识别）技术，无线数据通信技术，物联网通用架构、数据与语义、标识和安全技术等。

（2）大数据分析与云计算技术

智能工厂内工业自动化、智能化系统的建模，控制系统的运行、管理与优化，无不涉及大量的图像及数据信息。企业的综合生产指标、生产计划调度、生产线的质量控制等，同样涉及大量复杂的数据。这些数据呈现体量大、多源异构、连续采样、价值密度低、动态性强等特点。如此庞大而复杂的数据处理必然要寻求更为高效的计算手段，云计算通过将计算分布在大量分布式计算机，而非本地计算机或远程服务器中，根据需求访问计算机和存储系统，能达到每秒10万亿次的运算能力。通过大数据以及云计算的强大分析运算能力，对流程进行优化整合，以此实现工业系统的高效优化运行。其主要核心技术包括：大规模数据挖掘与分析及管理技术、分布式计算技术、分布式数据存储技术、分布式资源管理技术、面向（或集成）异构数据的计算技术、容错计算（解决互相矛盾的数据计算问题）技术、虚拟化技术、虚拟资源的管理与调度技术、信息安全技术、网络存储技术、云计算平台管理技术等。

（3）决策分析技术

在智慧工厂中，从设备到系统，从生产过程（工艺规划、计划排产、生产准备等）到运行管控（运行调度、质量控制等），从现场物流输送到物料管理等各阶段的制造活动，这些呈现多源分散的子系统共同完成了同一生产运营过程。同时，也构成了多种不同的数据模型、循环周期以及定义，产生了相互交融的资金流、物流、信息流、工作流和设备流。准确地对全生产周期内的制造现场事件或状态进行管理及协同工作，做出相应的决策分析和管理是智能工厂的关键所在。高效的决策分析平台应能提取数据的有用价值，具有快速响应性能，在复杂系统下仍能做出准确、快速的决策。该平台需对企业决策提供可视化支持，涵盖生产商所需的所有功能，并且统一价值链、生产周期以及价值周期，将单个或多个系统纳入商业流程中，优化生产线，实现公司目标。其主要核心技术包括多属性决策分析技术、层级分析技术、专家系统和智能化技术等。

（4）设备端智能化技术

在设备端智能化技术方面，研究小容量的嵌入式数据库系统，以及数据缓存、数据同步与交换技术。加快研究终端的环境语义建模技术，以及实时数据动态采集、变频传输、视觉理解、单机智能分析与控制、区域协同等终端智能化新技术。

三　中国智能制造装备产业的发展状况

制造业是我国的支柱产业，但与发达国家的技术差异使我国只能从事劳动密集型产业,效率低、利润少。虽然目前我国已经成为制造大国,但大而不强依然是困扰我国制造业发展的主要矛盾。智能制造装备系统的主要特征体现了制造业生产的智能化,意味着从本质上提高生产率,所以发展智能制造装备产业成为我国制造业转型升级的关键。

(一)政策环境

我国鼓励智能制造业的发展,政策支持力度不断加大,智能制造产业将迎来大好发展时机。国家无论是从顶层政策体系,还是细节政策引导方面,都出台了相应规定,见表 5-1。

表 5-1　　　　　　　　2015 年以来我国智能制造的相关政策

时间	发布单位	文件名称	主要内容
2015 年 5 月	国务院	《中国制造 2025》	到 2020 年,制造业重点领域智能化水平显著提升,试点示范项目运营成本降低 30%,产品生产周期缩短 30%,不良品率降低 30%;到 2025 年,制造业重点领域全面实现智能化,试点示范项目运营成本降低 50%,产品生产周期缩短 50%,不良品率降低 50%
2015 年 7 月	国务院	《国务院关于积极推进"互联网+"行动的指导意见》	以智能工厂为发展方向,开展智能制造试点示范,加快推动云计算、物联网、智能工业机器人、增材制造等技术在生产过程中的应用,推进生产装备智能化升级、工艺流程改造和基础数据共享
2016 年 3 月	工业和信息化部、国家发展和改革委员会、财政部	《机器人产业发展规划(2016—2020 年)》	到 2020 年,自主品牌工业机器人年产量达到 10 万台,六轴及以上工业机器人年产量达到 5 万台以上;服务机器人年销售收入超过 300 亿元;培育 3 家以上具有国际竞争力的龙头企业,打造 5 个以上机器人配套产业集群
2016 年 8 月	质检总局(现改为国家市场监督管理总局)、国家标准化管理委员会、工业和信息化部	《装备制造业标准化和质量提升规划》	到 2020 年,工业基础、智能制造、绿色制造等重点领域的标准体系基本完善,质量安全标准与国际标准加快接轨,重点领域国际标准转化率力争达到 90% 以上,装备制造业标准的整体水平大幅度提升
2016 年 12 月	工业和信息化部、财政部	《智能制造发展规划(2016—2020 年)》	到 2020 年,智能制造的发展基础和支撑能力明显增强,在传统制造业的重点领域基本实现数字化制造,有条件、有基础的重点产业智能转型取得明显进展;到 2025 年,智能制造支撑体系基本建立,重点产业初步实现智能转型
2017 年 7 月	国务院	《新一代人工智能发展规划》	到 2020 年,一系列人工智能标志性产品取得重要突破,在若干重点领域形成国际竞争优势,人工智能和实体经济的融合进一步深化,产业发展环境进一步优化
2017 年 10 月	工业和信息化部	《高端智能再制造行动计划(2018—2020 年)》	到 2020 年,推动建立 100 家高端智能再制造示范企业、技术研发中心、服务企业、信息服务平台、产业集聚区等,带动我国再制造产业规模达到 2 000 亿元
2018 年 5 月	工业和信息化部	《工业互联网发展行动计划(2018—2020 年)》	到 2020 年底,初步建成工业互联网基础设施和产业体系,初步构建工业互联网标识解析体系,建成 5 个左右标识解析国家顶级节点,标识注册量超过 20 亿;推动 3 万家以上工业企业上云,培育超过 30 万个工业 APP
2019 年 11 月	国家发展和改革委员会、工业和信息化部等 15 部门	《关于推动先进制造业和现代服务业深度融合发展的实施意见》	推进建设智能工厂;加快工业互联网创新应用;深化制造业、服务业和互联网融合发展;大力发展"互联网+",激发发展活力和潜力,营造融合发展新生态;突破工业机理建模、数字孪生、信息物理系统等关键技术;深入实施工业互联网创新发展战略,加快构建标识解析、安全保障体系,发展面向重点行业和区域的工业互联网平台

(二) 区域格局

从智能装备行业的区域竞争格局来看,目前我国的智能制造装备主要分布在工业基础较为发达的地区。在利好政策的推动下,我国正在形成环渤海、长三角、珠三角和中西部四大产业集聚区,产业集群将进一步提升各地智能制造的发展水平。

1. 环渤海地区

依托地区资源与人力资源优势,形成核心区域与"两翼"错位发展的产业格局。其中,北京在工业互联网及智能制造服务等软件领域优势突出。

2. 长三角地区

培育一批优势突出、特色鲜明的智能制造装备产业集群,智能制造的发展水平相对平衡。

3. 珠三角地区

加快机器换人,逐步发展成为中国制造的主阵地。其中,广州围绕机器人及智能装备产业核心区建设,深圳重点打造机器人、可穿戴设备产业制造基地、国际合作基地及创新服务基地。

4. 中西部地区

中西部地区的发展落后于东部地区,尚处于自动化阶段,依托高校及科研院所的优势,以先进激光产业为智能制造发展的新亮点,发展出了技术领先、特色突出的先进激光产业。

(三) 细分行业现状

1. 工业机器人

中国工业机器人市场发展较快,约占全球市场份额的三分之一,是全球第一大工业机器人应用市场。2018年,中国工业机器人产量达到14.8万台,占全球产量的38%以上。受制于下游行业的需求放缓(汽车行业迎来28年首次销量下滑,3C行业的增长也大幅度回落),2019年上半年,整个行业的订单增长疲软,产量持续下滑,仅为7.5万台,下降幅度为10.1%。但中国电子学会数据显示,2019年上半年全球机器人市场规模达144亿美元,其中中国机器人市场规模达42.5亿美元,占比达到29.5%,在全球仍扮演着重要角色。

2. 工业互联网

智能制造可实现整个制造业价值链的智能化,而工业互联网是实现智能制造的关键基础设施。2018年6月12日,工业和信息化部发布了《2018年工业互联网创新发展工程拟支持项目名单》,表明工业互联网进入了实质性发展阶段。2018年中国工业互联网市场的规模达到5 313亿元。

各类企业加紧布局,抢占发展制高点。作为推动制造业与互联网融合发展的重要抓手,工业互联网平台的理念和重要性逐渐被产业界所认识,全球各类产业主体积极布局工业互联网平台,以抢占发展制高点。在政策、技术等因素的推动下,中国已经出现一批工业互联网平台,产业体系已初步完善,其中主要有富士康科技集团的 BEACON 平台、海尔集团的 COSMOPlat 平台、三一集团有限公司的根云(RootCloud)平台、航天云网科技发展有限责任公司的 INDICS 平台、用友软件股份有限公司的精智平台以及北京东方国信科技股份有限公司的 Cloudiip 平台。

3. 人工智能

我国人工智能迈向了 2.0 阶段,以通过互联网联系在一起的一套巨大的智能系统为标志。从智能制造业角度出发,人工智能技术正在深入改造制造行业。新一代人工智能技术与制造业实体经济的深度融合,成为应用市场一大亮点,催生了智能装备、智能工厂、智能服务等应用场景,创造出自动化的一些新需求、新产业、新业态。

近年来,我国人工智能产业发展迅速,2015—2018 年我国人工智能产业规模复合平均增长率为 54.6%,高于全球平均水平(约 36%)。2018 年,我国人工智能产业市场规模已达到 415.5 亿元。其中,企业技术集成与方案提供、关键技术研发和应用平台两个应用领域发展火热。中国新一代人工智能发展战略研究院 2019 年 5 月发布的《中国新一代人工智能科技产业发展报告(2019)》数据显示,截至 2019 年 2 月,人工智能企业广泛分布在 18 个应用领域,上述两个领域的企业数占比最高,分别达到 15.7% 和 10.5%。

4. 3D 打印

3D 打印不仅是炫酷的前沿科技,还是有望革新制造业的"潜力股"。其集合了大规模生产的高效和手工生产的灵活等优点,制造业的全流程都可以将其引入,以实现制造过程的高效率和低成本。3D 打印代表了智能制造的未来发展方向。近年来,我国 3D 打印行业发展迅速,从 2013 年 3.2 亿美元的市场规模发展到 2018 年的 23.6 亿美元,5 年的复合增长率达到 49.1%。但国内 3D 打印起步较晚,企业数量少,企业规模偏小,打印专用新材料与核心零部件严重依赖进口,关键技术受制于人。2018 年国内 3D 打印行业收入排名第一的先临三维的营收为 3.63 亿元,仅为国际巨头 Stratasys 的 7%,进口替代还有较大提升空间。

5. 激光切削

在经历了 2011—2017 年的震荡波动后,受汽车、3C 等主要下游行业景气度下滑及固定资产投资增速持续疲软的影响,我国机床增量市场持续萎缩,2018 年我国金属切削机床的产、销量同比分别下降 24% 和 25%,2019 年上半年均同比下降了 10% 左右。激光加工作为一种高精度、高效率的材料加工方式,随着激光设备技术水平的提升,应用会越来越广泛,对传统刀具式金属切削机床的替代率有望不断提升。

(四)典型案例

1. i5M8 系列平台型智能机床

i5M8 系列平台型智能机床(以下简称 i5M8 机床)是沈阳机床股份有限公司(以下简称沈阳机床)自主研发、世界首创的平台型智能机床,如图 5-6 所示。它搭载了沈阳机床自主研发的 i5 智能系统,可实现智能编程、图形诊断、在线工艺、图形模拟等智能化功能。

M8系列平台型机床是一种集机械平台、功能平台、控制平台和应用平台于一体的智能机床产品,它机智多变,具有很强的适应性。

图 5-6　i5M8 系列平台型智能机床

i5M8 机床的最大特点是一机多用,仅用一台机床设备就能实现原来三轴、四轴、五轴联动等八款不同机种的功能。该系列机床的框架平台是相同的,可以根据用户需求将机床的模块进行任意组合,来满足用户不同领域的加工要求。对于工艺非常复杂的零部件来说,原来用户需要采购 8~10 台机床产品组成一条生产线来实现加工,有了 M8 系列产品之后,用户只需要采购 2~3 台机床,只用一次装夹即可完成全部加工需求,减少了用户的设备投入成本,降低了人工使用费用,减小了设备的占地面积。

i5M8 机床独创的转台直驱技术,使机床的稳定性和加工精度达到国内领先、国际先进水平,尤其是零部件的加工精度能够达到 0.003 mm,相当于人头发丝的二十五分之一。未来 i5M8 机床将主要面向航空、汽车、消费电子、高精度磨具等行业,可加工叶轮、复杂曲面零件、液压阀体及泵体等高精度复杂零件。

2. 新松机器人

沈阳新松机器人自动化股份有限公司(以下简称新松)隶属中国科学院,是一家以机器人技术为核心,致力于数字化、智能化制造装备的高科技上市企业,是全球机器人产品线较全的厂商之一,是国内最大的机器人产业化基地,在沈阳、上海、杭州、青岛建有机器人产业园,在北京、深圳等城市设立多家控股子公司,在上海建有新松国际总部。

作为国内唯一的机器人国家工程研究中心,新松从事机器人及自动化前沿技术的研制、开发与应用,主要产品包括工业机器人、物流与仓储自动化成套装备(AGV)、自动化装备与检测生产线等。其系列机器人应用主要涵盖点焊、弧焊、搬运、装配、涂胶、喷涂、浇铸、注塑、水切割等各种自动化作业,如图 5-7 所示,广泛应用于汽车及其零部件制造、摩托车、工程机械、冶金、电子装配、物流、烟草、五金交电、军事等行业。迄今已累计向市场推出了 800 多台机器人系统,是市场上极具竞争力的"机器人及自动化技术和服务"解决方案提供商,也是国内进行机器人研究开发与产业化应用的主导力量。

图 5-7　新松工业机器人

四　智能制造装备产业的未来发展趋势

　　落后的技术迫使我国制造业转型升级,同时也只有掌握技术,才可以改变劳动密集型产业现状。制造业转型的主要方向为智能制造,其主要有五点特征:智能机器在一定程度上表现出独立性、自主性和个性,甚至相互间还能协调运作与竞争;人机一体化一方面突出人在制造系统中的核心地位,同时在智能机器的配合下更好地发挥出人的潜能;结合虚拟现实技术;自组织与超柔性;学习能力与自我维护能力。智能制造不仅能提高生产率,还能在一定程度上真正解放生产力。我国将智能制造装备系统作为目前制造业发展的主要方向。

　　智能制造装备将体现在五大方向,每一发展方向都涉及两个相应的具体领域,真正的智能化是从生产到服务过程的装备智能化。首先是生产方式的智能化,在生产方式上,智能工厂及智能设备的普及和配备才能真正实现智能生产。其次是产品的智能化,它体现在芯片、传感器、机器视觉等新型人工智能产业。

　　另外,定制化生产和产品追溯将成为智能制造的新业态和新模式;管理实现智能化需要在生产管理及物流管理等领域结合人工智能等实现机器赋能,使管理效率有更大程度的提升。最后,服务将同步实现智能化,具体体现在在线监测、远程诊断及云服务方面。总体来看,实现彻底智能化制造装备要经历三个阶段:从智能工厂到数字化工厂,最后实现自动化工厂。

　　未来,我国智能制造装备将呈现出自动化、集成化、信息化、绿色化的发展趋势。自动化体现在装备能根据用户要求完成制造过程的自动化,并对制造对象和制造环境具有高度的适应性,实现制造过程的优化。集成化体现在生产工艺技术、硬件、软件与应用技术的集成、设备的成套及纳米、新能源等跨学科高技术的集成,从而使设备不断升级。信息化体现在将传感技术、计算机技术、软件技术嵌入装备中,实现装备的性能提升和智能化。绿色化主要体现在从设计、制造、包装、运输、使用到报废处理的全生命周期中,对环境的负面影响极小,使企业经济效益和社会效益协调优化。

5.2 航空装备产业

航空装备是以现代科技为基础的、具有高技术含量和高经济附加值的精密机械装备,是国民经济和国防建设的重要组成部分。随着我国国产大飞机的成功首飞,货运船顺利完成空间推进剂在轨补加任务,我国航空装备产业的技术越来越成熟。提高我国航空装备产业的核心竞争力,对保障国防安全、发展国民经济具有重要的战略意义。

微课

航空装备产业

一 什么是航空装备产业

航空装备产业是一个国家的战略性产业,是大国崛起的标志,也是博弈世界舞台和参与国际竞争的制高点。它的高技术发展引擎不仅推动了世界科技的进步,还带动了全球经济的飞速发展,被称为"工业之花"。

航空是指飞行器在地球大气层内的航行活动。气球、飞艇利用空气的浮力在大气层飞行,而飞机则利用其与空气相互作用而产生的空气动力在大气层飞行。飞机上的发动机依靠飞机携带的燃料和大气中的氧气工作。

航空装备是指在大气层内飞行的用于军事、运货或载客的各种飞机,主要包括航空器整机、航空发动机、机载设备与系统以及航空零部件四大部分。航空器整机主要包括固定翼及旋翼航空器;航空发动机主要包括发动机部件、关键零部件以及整机,并根据当前航空发动机生产过程中的特点将大部件与整机环节合并;机载设备与系统主要包括航电系统和机电系统;航空零部件主要包括结构件、起落架以及蒙皮、紧固件、挡风玻璃等。根据用途不同,航空装备可分为民用航空装备、通用航空装备和军用航空装备三大类。

民用航空是指一切非军事航空活动。目前,空中客车公司、波音公司、庞巴迪公司、巴西航空工业公司和图波列夫设计局是世界上最负盛名的五家民用大客机生产商,中国商飞公司(中国商用飞机有限责任公司)也已跻身大型客机生产商的行列。

通用航空是指所有非定期航班,包括私人和商业用飞机的航空活动。通用航空的飞机大多数为中小型飞机,许多厂家都能生产。近年来,由于小型飞机的普及,许多国家都允许私人飞行,我国也开放了低空领域,并开始生产中小型飞机。这些飞机主要是支线飞机和直升机。

军用航空是为军事目的服务的航空活动。军用航空使用的飞机是名目繁多的各种军用飞机,主要用于战斗和军事运输,此外还承担预警、教练和加油等任务。

航空装备产业是研制、生产和修理航空器的产业,是军民结合型产业,通常涉及航空飞行器、动力装置、机械设备、机械武器等。

二 航空装备产业的战略意义

(一)综合国力的体现

航空装备产业是国家综合国力的集中体现和重要标志,是高端装备制造业的代表,其战略意义突出。它关系国家的安全,具有重要的政治和军事意义。为了维护国家安全和政治需要,世界上许多国家把航空工业定义为战略性产业。因此,在我国"十三五"期间重点发展的八大高端装备制造行业中,航空航天装备居于首位,同时它也是《中国制造2025》行动纲领的十大重点突破领域之一。

航空装备产业具有高技术、高投入、高风险、高收益、产业要素高度集约等特点,其技术辐射面广、产业带动力强,关联产业多,产品附加值高,集群效应大,能够带动新一代信息技术、高端制造、新能源、新材料、节能环保等高技术产业的发展,是未来国民经济的主导产业。低空领域放开又必须完善地面监管和服务设施,从而首先带动地面监管、气象、通信、导航、消防和其他相关设备需求的提升。所以,航空装备产业对提升一个国家的经济、军事和科技水平有着重要的意义。随着航空技术的发展,航空装备产业将进入大规模开发的新阶段。

航空装备产业与国防的关系十分紧密,对于空军的发展至关重要。

(二)打赢高科技战争的重要手段

现代战争是高科技战争,电子战、信息战等作战方式已成为各国军队竞相发展的作战模式。高科技战争的特点是节奏快、强度大,为了使航空装备适应这种作战模式,必须对航空装备保障的时效性提出更高的要求。

现代战争拼的是综合国力。在空战中,战斗的双方都想速战速决,作战抢夺的制胜权决定了战争的时效性。在高科技战争中,形势瞬息万变,攻防结果将以分秒来计,甚至慢一秒都会惨败。战争的时效性必然要求装备保障的时效性,即要求装备保障准确、快捷。既要快速做好准备,提高快速反应能力,又要在快节奏的作战行动中尽量缩短时间,加快速度。在这种情况下,对航空装备就提出了更高的要求。

高科技战争是当代尖端科技发展的客观结果。随着微电子技术、纳米技术等高科技的广泛应用,军事领域的知识含量与技术成分不断提高,军事装备领域出现了革命性变化。高科技战争首先是武器装备的高技术化。一百多年来,人们衡量军队装备水平的高低都以建造坦克、大炮、飞机和舰艇的多少为标准,而现在,装备发展的重点集中到了电子信息技术、隐身技术、精确制导技术以及一体化战争指挥系统等技术含量高的领域。

1. 高新电子信息技术在航空装备上的应用

电子信息技术是高技术中的核心技术,它不仅是研制新武器装备的基础,还是改进现役武器装备,提高其作战效能的关键技术。

电子信息技术主要包括微电子、光电子和计算机技术。这些技术的发展和取得的巨大成就使得飞机的整个航空电子设备和武器的制导系统发生了革命性的变化。

(1) 机载火控系统

机载火控系统是保存自己、打击敌人、提高作战效能的关键系统。机载火控系统一般由火控雷达、惯性导航系统、平视显示器、下视显示器、头盔瞄准具、激光测距器、大气数据计算机、各种光电子传感器、火控计算机和数据总线组成，其中最关键的传感器是火控雷达。现代战场的形势瞬息万变，十分复杂，整个战场的信息化程度很高，作战飞机的机动性很强。空战中，有利战机十分难得，并且十分短暂，所以对火控系统和火控技术提出了更高的要求，比如要求飞机的火控系统能够先敌发现，一次命中成功。

目前，以各种先进传感器、显示器、计算机和多种武器为主的火控系统正在实现与飞行控制系统的交联，发展成为综合火/飞控制系统。这种系统将飞机作为武器系统理想的运载平台，当火控计算机计算出飞行偏差和瞄准误差时，即把它们作为控制指令，控制飞机沿最佳航线接近目标，达到武器投放或射击的准确位置。主动控制技术能使飞机迅速占据有利位置，扩大攻击范围，提高命中精度，延长本机生存能力。未来机载火控系统发展的基本趋势是信息化、智能化、综合化，此外，还要求它具有自动探测能力、高抗干扰能力和高可靠性。

(2) 飞行控制系统

飞行控制系统是飞机的重要设备，现代作战飞机普遍采用电传操纵系统，它是随控布局技术和主动控制技术的基础。现代战斗机为了获得高机动性，采取了放宽静稳定度设计技术，即将飞机的重心后移，但这给飞机的操纵带来了问题，必须采取增加稳定度的措施。由计算机控制的电传操纵系统便能完成这一使命。电传操纵系统采取程序控制，如有一个或若干个传感器失灵，它可以合理利用其余传感器和操纵面，实现重新布局。该系统使飞机具有抗湍流能力，并对推力、阻力、迎角、载荷因素、滚转角速度实现自动控制。美国的 F-18 战斗机采用的就是三轴四余度数字式电传飞控系统。

(3) 综合电子战系统

电子战被认为是现代战争无形的第四战场，它对战争的整个进程有着深刻的影响。海湾战争中，以美国为首的多国部队取得了战争的胜利，其中强大的电子战起到了重要的作用。

电子战分为电子侦察、电子压制和电子防护。电子侦察又分为无线电侦察和雷达侦察。电子压制包括干扰敌方飞机的脉冲多普勒雷达，它能对地面雷达施放各种干扰，使用反雷达导弹对其实施攻击，投放各种假目标对敌防控系统进行欺骗。电子防护可使敌人不能侦察到被防护的电子设备所辐射的电磁波，保证电子设备在预先掌握的干扰条件下能够可靠地工作。目前，除了专用的电子干扰飞机外，一架先进的作战飞机均装备了电子侦察设备或告警接收机、电子干扰吊舱、红外诱饵和箔条投放器，以及用于摧毁敌方电子设备的反辐射导弹等。

2. 隐身技术在航空装备上的应用

飞机的隐身能力是通过降低飞机的雷达、红外、激光、电视、目视及声学特征，使敌方的各种探测设备难以探测和跟踪飞机的能力。飞机的隐身技术一般包括雷达隐身技术、红外隐身技术、可见光隐身技术和声波隐身技术等。

采用雷达隐形的飞机从外形上很容易识别,这类飞机主要通过优化外形设计来减小雷达反射界面,如美国的 F-117A,整架飞机几乎由直线和平面组成,从而使雷达发射波集中于水平面内的几个窄波束,让敌方雷达不能得到足够的连续回波信号而无法确定其是否是一个实在目标,再加上发动机进口、尾喷口、座舱盖接缝、起落架等部位的特别隐形设计,使其在雷达屏幕上显示的信号比一只鸟在雷达屏幕上显示的信号还弱。

3. 精确制导技术在航空装备上的应用

精确制导技术是指按照一定规律控制武器的飞行方向、姿态、高度和速度,用于引导其战斗部队准确攻击目标的军用技术。任何一种精确制导式武器都需要通过某种制导技术手段随时测定它与目标之间的相对位置和相对运动,根据偏差的大小和运动的状态形成控制信号,控制制导武器的运动轨迹,使之最终命中目标。按照不同控制引导方式,精确制导技术可分为自主式、寻的式、遥控式和复合式四种。

(1) 自主制导

自主制导是引导指令由弹上制导系统按照预先拟订的飞行方案控制导弹飞向目标,制导系统与目标、指挥站不发生任何联系的制导技术。自主制导由于和目标及指挥站不发生联系,因而隐蔽性好,抗干扰能力强,导弹的射程远,制导精度高。但由于飞行弹道不能改变,因此它只能用于攻击固定目标或预定区域的弹道导弹、巡航导弹。

(2) 寻的制导

寻的制导又称自寻的制导、自动导引制导、自动瞄准制导。它利用弹上设备接收来自目标辐射或反射的能量,靠弹上探测设备测量目标与导弹相对运动的技术参数,并将这些技术参数变换成引导指令信号,使导弹飞向目标。

(3) 遥控制导

遥控制导是由设在导弹以外的地面、水面或空中制导站控制导弹飞向目标的制导技术。遥控制导不但能将导弹导向固定目标,而且能将导弹导向活动目标。遥控制导主要用于地对空、舰对空、空对空和空对地导弹攻击活动目标的武器系统。根据不同的引导指令生成方式,遥控制导可分为指令制导和波速制导。

(4) 复合制导

复合制导是在一种武器中采用两种或两种以上制导方式组合而成的制导技术。先进的精确制导武器系统往往采用复合制导技术。在同一武器系统的不同飞行段以及不同的地理和气候条件下,采用不同的制导方式,扬其所长,避其所短,组成复合式精确制导系统,以实现更准确的制导。

三 航空装备产业的典型产品

(一) 航空发动机

航空装备产业涉及的门类众多。要发展航空装备产业,首先需要突破的是航空器的"心脏"——发动机,只有具备性能优异的发动机,整个航空装备产业才能健康地发展。

1. 发动机是航空产业的基础

人们把发动机比作飞机的"心脏",这一点儿不为过。人的心脏一旦停止跳动,人的生命便立即完结;飞机的"心脏"不要说停止跳动,就是有任何一个小的缺陷或损伤,也会导致飞机在空中停车,带来机毁人亡的悲惨结局。所以,发展航空装备产业,首先要制造出可靠性高、性能优异的航空发动机。发动机的质量直接关系到航空装备产业的发展,关系到整个航空事业的发展。

航空发动机是一个组件构造复杂、零部件数量庞大、加工制造精度高、技术十分密集的产品。它的设计和制造是一个复杂的系统工程,必须由多团队、多领域、多部门共同参与完成。

2. 航空发动机的发展历程

(1)活塞式发动机

对航空发动机而言,最先使用的是活塞式发动机,其工作原理是由活塞承载燃气压力,在气缸中进行反复运动,并依据连杆将这种运动转变为曲轴的旋转活动。在20世纪初期,莱特兄弟将一台四缸、水平直列式水冷发动机改装后,成功用到了"飞行者一号"飞机上,完成了飞行试验。这也是人类历史上第一次具有动力、可以载人、平稳运行、可操作的飞行器成功飞行。而后,在第二次世界大战中,活塞式发动机得到了技术革新,优化了性能和运行效率,功率从以往不到10千瓦提升到了2 500千瓦左右,耗油量从0.5千克每千瓦时减少到0.25千克每千瓦时左右。与此同时,整改之后的运行时间从之前的十几个小时增加到了2 000~3 000小时。第二次世界大战结束后,活塞式发动机的技术已经非常成熟。

虽然活塞式发动机在第二次世界大战期间得到了改进,但飞机的最大速度仍然只能达到750千米每小时,这主要是因为飞机的飞行靠活塞式发动机驱动螺旋桨来产生前进的拉力,但这种拉力的速度很慢,无法做高速飞行,因此在第二次世界大战后期,这种方法逐渐被淘汰,新的动力方式将其取代。

(2)喷气式发动机

20世纪30年代后期到20世纪40年代初期,喷气式发动机在英国和德国诞生,开创了喷气推进新时代和航空事业的新纪元。

现代涡轮喷气式发动机的结构由进气口、压气室、燃烧室、涡轮和尾喷管等组成,如图5-8所示。涡轮喷气式发动机属于热机的一种,故必须遵循热机的做功原则:在高压下输入能量,在低压下释放能量。因此,从产生输出能量的原理上讲,喷气式发动机和活塞式发动机是相同的,都需要有进气、加压、燃烧和排气这四个阶段。不同的是,在活塞式发动机中这四个阶段是分时依次进行的,但在喷气式发动机中则是连续进行的,气体依次流经喷气式发动机的各个部分,就对应着活塞式发动机的四个工作位置。

喷气式飞机的诞生打破了活塞式飞机创造的飞行速度和高度的记录。1944年,德国和英国的首批喷气式战斗机投入使用。1949年,第一架喷气式民航客机——英国"彗星"号首次飞行。从此,人类航空史进入了喷气机时代。到今天,世界上绝大部分作战飞机和干线民航客机都已实现了喷气化。由喷气式发动机推动的喷气式飞机的航速提高到了

900~950千米每小时,已成功地接近音速。

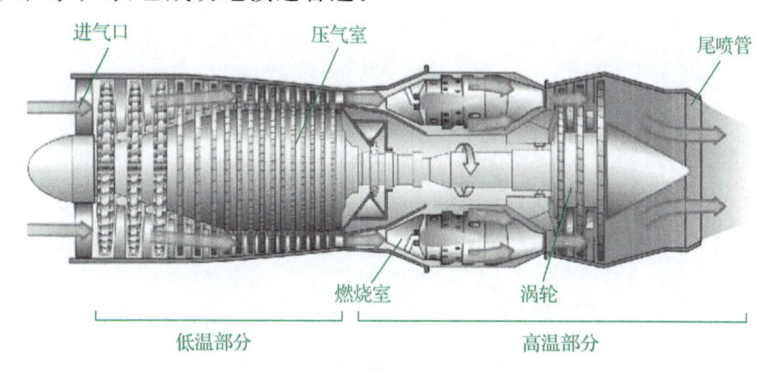

图 5-8 涡轮喷气式发动机的构造

(3)非传统新型航空发动机

非传统新型航空发动机是指除传统的涡喷、涡扇、涡轴、涡桨、活塞、冲压、火箭发动机以外的新型先进航空发动机。非传统新型航空发动机大致包括以下三类:一是新概念发动机,这类发动机在结构、原理或循环特性上与传统发动机有很大的区别与创新,如脉冲爆震发动机、超燃冲压发动机、波转子发动机、等离子体发动机、分布式矢量推进发动机等;二是重大革新型发动机,这类发动机在传统发动机原理、结构的基础上进行了重大革新,如多电发动机、自适应循环发动机、智能发动机、间冷回热发动机、桨扇发动机、超微型涡轮发动机、冲压转子发动机、骨架结构发动机和各种组合发动机等;三是新能源发动机,考虑石油资源的枯竭和绿色环保的要求,这类发动机使用航空煤油以外的新燃料和新能源,如氢燃料、合成燃料、生物燃料、天然气燃料发动机、太阳能、核能、燃料电池、激光和微波能发动机等。

(二)螺旋桨

光有航空发动机,飞机是不能跃上蓝天的,因为它们还缺少翅膀,只有发动机与翅膀巧妙结合,飞机才能自由地翱翔。由此可见,航空装备产业不仅要着重研制发动机,还要大力发展"翅膀产业"和其他许多相关产业,这样才能使航空装备产业做大做强。螺旋桨便是引擎与翅膀结合的最佳体现。

螺旋桨飞机是靠安装在机头或机身上高速旋转的螺旋桨和向机身两旁伸展开来的机翼在空中飞行的,如图 5-9 所示。而螺旋桨的高速旋转,是由发动机带动的。

螺旋桨飞机用空气螺旋桨将发动机的功率转化为推进力。从第一架飞机诞生到第二次世界大战结束,几乎所有的飞机都是螺旋桨飞机。现在虽然有超音速飞机和高亚音速干线客机,但螺旋桨飞机仍占有重要地位。

机翼最主要的作用是产生升力,使飞机升起来,同时也可以在机翼内布置弹药仓和油箱,在飞行中可以收藏起落架。另外,在机翼上还安装有改善起飞和着陆性能的襟翼和用于飞机横向操纵的副翼,有的飞机还在机翼前缘装有缝翼等增加升力的装置。

机翼的剖面上下不同,上面弯曲得大,下面弯曲得小。当空气流经机翼时,根据伯努利定理,弯曲度大的上表面的气流速度比弯曲度小的下表面要大,这样一来,气流作用在

图 5-9　螺旋桨飞机

上、下表面产生的压力不同，就会有一个压力差，这个压力差使机翼受到的合力指向上方，从而产生一个使飞机向上的力量，这就是升力。在这个升力的作用下，飞机得以升空。

螺旋桨的作用主要是产生一个拉力，牵引飞机向前。这个牵引力是怎样产生的呢？有人认为这主要是螺旋桨旋转时，桨叶把前面的空气吸入并向后排，用气流的反作用力推动飞机向前飞行。其实并非完全如此。这个拉力主要是由螺旋桨叶片的前后弯曲程度不同，以及叶片存在一个扭角造成的。

螺旋桨的前桨面与后桨面的曲率不同，与机翼的剖面很相似，前桨面的曲率大，后桨面的曲率小。在桨叶旋转时，气流对曲率大的前桨面压力小，而对曲线近于平直的后桨面压力大，因此形成了前、后桨面的压力差，从而产生一个向前拉桨叶的空气动力，这个力就是牵拉飞机向前飞行的主要动力。

还有一个牵拉飞机的力是由桨叶扭角向后推空气时产生的反作用力得来的。桨叶与发动机轴呈直角安装，并有扭角，在桨叶旋转时靠桨叶扭角把前方的空气吸入，并给吸入的空气加一个向后的推力。与此同时，气流也给桨叶一个反作用力，这个反作用力也是牵拉飞机向前飞行的动力。

由桨叶异型曲面产生的空气动力与桨叶扭角向后推空气产生的反作用力是同时发生的，这两个力的合力就是牵拉飞机向前飞行的总空气动力。

四　中国航空装备产业的发展状况

(一) 产业现状

航空装备是航空航天经济发展的前提和基础。航空装备具有技术复杂度高、价值量高的特点，发展航空装备是推动我国航空航天产业转型升级的重要方向，是促进我国航空航天工业结构调整和转型升级、加快我国建设世界航空航天强国步伐的必然要求，对保障战略运输安全、空间信息安全，促进国民经济持续增长、增加劳动力就业具有重要意义。

第5章 高端装备制造产业

我国航空产业园区可以覆盖通用航空产业全产业链，为通用航空产业的发展提供了大力的支持。在政策的推动下，我国航空产业园区已经进入快速发展阶段，截至2019年底，我国航空产业园区共有90家（包括已经运营、正在建设和批复未建设的），以制造型园区为主流，主要集中在山东、江苏等地。2012—2019年我国航空产业园区的数量如图5-10所示。

图5-10　2012—2019年我国航空产业园区的数量

（数据来源：前瞻产业研究院《中国航空装备行业发展前景预测与投资战略规划分析报告》）

经过几十年的努力，随着大型客机研发和运营的逐步成熟以及运载火箭和商用卫星业务的成功开展，我国航空装备产业已步入发展的快车道，建立起较为完善的技术体系、产品谱系和产业体系。2019年，中国航空装备产业规模持续扩大，国内产品研发速度进一步提升，转包生产订单维持稳定，天津A320总装线的生产率小幅增长。2019年我国航空装备产业规模达934.1亿元，保持13.5%的快速增长。2017—2019年我国航空装备产业规模与增长情况如图5-11所示。

图5-11　2017—2019年我国航空装备产业规模与增长情况

（数据来源：前瞻产业研究院《中国航空装备行业发展前景预测与投资战略规划分析报告》）

航空装备市场从细分领域来看,航空器整机环节的占比最高,达到56.10%,产业规模达到524.02亿元。其次是航空零部件,占比为28.70%,产业规模为268.09亿元,2019年我国航空装备细分产业规模与结构如图5-12所示。

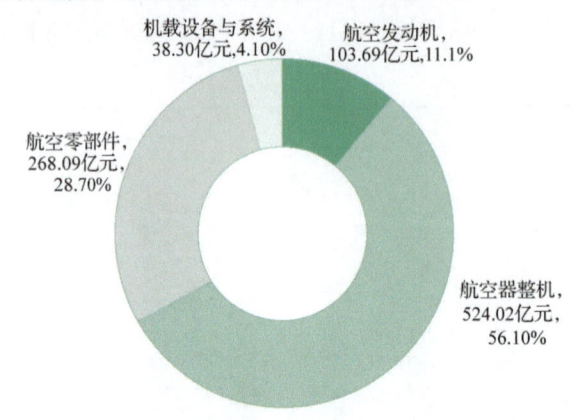

图 5-12 2019年我国航空装备细分产业规模与结构
(数据来源:前瞻产业研究院《中国航空装备行业发展前景预测与投资战略规划分析报告》)

航空装备是国家综合实力的体现,关系我国整体工业实力与国防安全。近年来,国家为推动航空装备的发展,出台了《民用航空工业中长期发展规划(2013—2020年)》《"十三五"国家战略性新兴产业发展规划》等多项政策,在民用飞机产业化、航空发动机自主发展、航空材料和基础元器件自主制造、航空科研试验基础设施建设、通用航空制造与运营服务协同发展等领域取得了多项成果,通过促进产品发展和产品运营服务的方式,为我国航空装备的发展夯实基础,完善和巩固航空装备产业体系。

当前,中国航空装备已升级为战略发展方向,国家已将航空装备列入战略新兴产业重点方向,《中国制造2025》的发布,为我国航空装备产业的发展带来了新的市场机遇,具体发展规划见表5-2。

表5-2 《中国制造2025》对航空装备产业的发展规划

领域	发展方向
航空器整机	加快大型飞机的研制,适时启动宽体客机的研制,鼓励国际合作研制重型直升机;推进干支线飞机、直升机、无人机和通用飞机产业化
航空发动机	突破高推重比、先进涡桨(轴)发动机及大涵道比涡扇发动机技术,建立发动机自主发展工业体系
机载设备	开发先进机载设备及系统,形成自主且完整的航空产业链

(二)典型案例

1. 国产8万吨模锻压机

建造大中型飞机需要许多先进技术,尤其需要大型模锻压机。在现代飞机制造中,轻金属钛合金的使用比例越来越高,只有更多地使用轻金属,飞机的性能才能不断地得到提高。但是,像钛合金这样的轻金属,其锻造时需要很高的压力,要生产轻金属模锻件,就必须大幅度增加压机的工作压力。

飞机的脊梁骨就是机身大梁。机身大梁是飞机机身中从机头延伸到机尾的主要受力构件,它的重要性不言而喻。机身大梁的加工质量和结构强度决定着大飞机的承载重量、使用寿命与飞行安全,这是大型飞机研制中的一个难点。以前我国没有能加工大型机身大梁所必需的5万吨级的大型模锻压机,由于无法用大型模锻压机对大梁整体锻压成型,因此无法确保质量,只能用小型设备分段锻造,组合拼装,这种因陋就简的办法虽能勉强造出机身大梁,却无法满足设计所要求的质量标准。当时我国的运-10飞机之所以试飞了170小时后就停留于地面,其直接原因就是机身大梁因质量不过关而出现弯曲变形,而弯曲变形到一定程度就会因大梁折断而导致飞机在空中解体。所以,制造像空客A380这样的空中"巨无霸",主要的受力构架都必须在5万吨以上的大型模锻压机上整体锻压成形,才能确保质量的绝对可靠。之前我国并没有生产大型模锻压机的能力,只有美国、俄罗斯、法国这三个国家能够生产,而且它们还对我国进行了技术封锁。当时世界上最重的模锻压机是俄罗斯生产的7.5万吨模锻压机,空客A380客机最重要的受力部件——起落架的成形,必须在俄罗斯的这台模锻压机上轧制。

如今,我国8万吨大型模锻压机(图5-13)的成功研制,一举打破了俄罗斯7.5万吨模锻压机保持了51年的世界纪录,标志着我国关键大型锻件受制于外国的时代彻底结束。我国这台8万吨级模锻压机,地上高27米,地下深15米,总高42米,相当于13层楼高,设备总质量为2.2万吨,单件质量在75吨以上的零件有68件,压机尺寸、整体质量和最大单件质量均为世界第一。它可在800兆牛压力以内的任意吨位无级实施锻造,最大模锻压制力可达1 000兆牛,同步精度高,抗偏载能力强,可实现无级调压、调速。

图5-13 我国8万吨大型模锻压机

目前我国已经开工的8万吨以上级模锻压机至少有3台,分别位于江苏昆山、西安阎良和四川德阳,可分别配合上海、西安、成都等地的航空航天产业,这标志着中国航空装备产业整体水平的进一步提升,解决了我国航空装备产业中最大的难题。

2. 国产大型客机 C919

在 2010 年 11 月的珠海航展上,国产大型客机 C919(图 5-14)闪亮登场,吸引了全世界的目光。

图 5-14　国产大型客机 C919

C919 大型客机是我国自主研发生产的新一代中短程商用干线客机,它不仅是中国跻身国际民用航空制造业的希望之星,还代表着中国向国际民用航空制造领域进军的决心。

C919 大型客机的定位为具有世界先进水平的 150 座级双发中短程窄体客机,它采用超临界下单翼、翼吊发动机和前三点可收放起落架的常规布局,可适应枢纽机场和大中城市机场航线运营的要求。

为什么取名为 C919 呢?"C"是 China 的首字母,也是中国商飞公司英文缩写的首字母,代表这是中国自主研制的大型商用飞机。"919"中第一个"9"的寓意是"天长地久",表示我们的大型客机质量很牢靠,使用时间很长久;后面的"19"代表的是最大载客量为 190 座。

C919 大型客机本身的技术水平具有很强的竞争力,与同类型的窄体客机相比,它的气动设计使飞机的阻力变小,升阻比高 5%;它所采用的包括复合材料在内的新型航空材料,使其质量低 3%;而阻力小、质量轻使得其运营成本低 10%。此外,C919 的先进发动机也比上一代发动机减排 12%~15%,而耗油量比现役发动机低 15% 左右。

五　中国航空装备产业的发展前景

航空装备产业是技术密集型先进制造业,是战略性新兴产业的重要组成部分。航空装备产业的产业链长,涉及范围广,在发展的同时能够带动多个行业的技术进步和产业升级。建立强大的航空工业是确立大国地位的必然选择,航空装备产业长期以来受到国家的重点支持,在此背景下,我国航空装备产业的发展前景广阔。

我国于 1971 年开始大飞机的研发工作,经过长期的曲折发展,直到 2002 年 ARJ21 机型才正式立项,我国进入大飞机自主研发阶段。2017 年,我国拥有自主知识产权的大飞机 C919 成功试飞,之后订单量不断增多,我国国产大飞机进入商业化阶段。大飞机产业的商业化发展,将会使航空装备的需求快速增多,我国航空装备产业迎来了发展机遇。

新思界产业研究中心发布的《2019—2023 年航空装备行业深度市场调研及投资策略建议报告》显示,我国是全球第二大航空运输市场,机队规模仍将保持 5.5% 的平均增速。预计到 2024 年,我国将超越美国成为全球最大的民用航空市场。根据《中国制造 2025》

的规划来看，2025年我国民用飞机的营业收入将超过2 000亿元。在此背景下，我国航空业对客机与货机的需求量将持续增长。在市场需求的带动下，预计到2023年，我国航空装备行业的规模有望达到万亿元。

航空装备产业链涉及的行业主要有飞机制造、其他航空航天器制造、航空相关设备制造、电动机制造、通信系统设备制造、通信终端设备制造、航空航天器修理和信息系统集成服务等。航空装备产业的发展在提高行业自身科技水平的同时，也将带动新材料、电子、通信、精密制造等相关高新技术产业的发展，在推动多个产业转型升级方面具有重要意义。

航空装备产业是技术密集型先进制造业，其产品技术含量高，前期需投入大量资本进行研发，且研发周期长，行业进入的技术及资金壁垒高。巨额投资和长期研发对企业的实力要求极高，一旦产品研发成功，需获得较多的国际需求份额，以保证企业持续运转。

我国国产大飞机已经进入商业化阶段，航空运输市场不断扩大，对飞机数量的需求不断上升，将会带动市场对航空装备的需求，我国航空装备产业的发展前景可期。目前全球航空装备市场呈现垄断格局，我国航空装备产业在研发技术领域与国际大公司还存在一定差距，面临着技术升级的挑战。同时，国内航空装备产业的崛起，将会瓜分国际市场，国内航空装备产业将面临国际大公司的打压。总的来看，我国航空装备产业未来的市场前景广阔，同时发展也面临着巨大挑战。

5.3 海洋工程装备产业

海洋工程装备产业是海洋产业的重要组成部分，是为发展海洋工程业、开发利用海洋资源、发展海洋经济提供技术装备的基础产业，其资金、技术、劳动密集度高，涉及领域广，关联度大，对开发海洋资源和带动沿海经济发展有重要意义。党的十九大报告明确提出了加快建设海洋强国，《中国制造2025》也指出，将在海洋工程装备领域大力发展深海探测、资源开发利用、海上作业保障装备及其关键系统和专用设备。

一、什么是海洋工程装备

在人类开发、利用和保护海洋资源及海上运输的活动中，海洋工程装备是必不可少的载体和手段，是海洋经济发展的前提和基础。海洋工程装备处于海洋装备产业链的核心环节，推动海洋工程装备的发展，是促进我国船舶工业的结构调整、转型升级和加快我国世界造船强国建设步伐的必然要求，对维护国家海洋权益、加快海洋开发、保障战略运输安全、促进国民经济持续增长、增加劳动力就业具有重要意义。

海洋工程装备主要是指海洋资源，特别是海洋油气资源的开发装备，包括三种类型：一是海洋油气资源开发装备；二是海洋油气资源以外的其他海洋资源开发装备；三是超大型浮式结构物。

海洋油气资源开发装备是目前海洋工程装备的主体，包括海洋油气资源的勘探、开采、加工、储运、管理、后勤服务等方面的大型工程装备和辅助装备。它们的具体类型是各类物探船、钻井船、钻井平台、生产平台、浮式生产储油船、卸油船、起重船、铺管船、海底挖沟埋管船、潜水作业船等。

海洋油气资源以外的其他海洋资源开发装备,主要指的是锰结核、多金属软泥、可燃冰和海底砂矿、磷灰石等的调查、勘探、开采的装备以及深潜器等。

超大型浮式结构物(VLFS)是指尺度以千米计的超大型海洋装备。它以沿海岛屿或岛群为依托,具有永久性或半永久性、综合性和用途广的特点。它的设置将对某一区域的社会、经济活动乃至政治、军事格局产生决定性的影响。

二、海洋工程装备的关键技术及重点产品

(一)深海探测技术及其重点产品

深海探测技术是针对深海资源、构成物、现象与特征等资料和数据的采集、分析和显示技术,是深海开发前期工作的重要技术手段,包括深海浮标技术、海洋遥感技术、水声探测技术以及深海观测仪器技术等。

1. 深海浮标技术

深海浮标是一种载有各类探测传感器的海上观测平台,是现代深海立体监测系统中的重要技术。它就好比一个海上自动水文气象台,可以在海洋上进行定点(漂流)长期连续观测,为海上战场军事情报准备、海洋环境预报、航海运输、海洋科学研究以及海洋开发提供实时海洋信息,费用比使用船舶低。

深海浮标技术具有军民两用的特性,和平时期主要用于海洋观测,收集各类相关海洋数据;战争时期可提供环境资料,为战场情报准备提供保障。

(1)关键技术

深海浮标的关键技术主要包括浮体技术、传感器技术、数据采集与处理技术、通信技术、电源技术以及锚泊技术。

①浮体技术

浮体是深海浮标海上仪器设备的载体。经过多年的研究和发展,浮体技术已经相当成熟。目前现有的锚泊浮标大多采用圆盘状,其次是柱状和船状,而漂流浮标多采用圆锥柱状体。图5-15所示为圆盘状锚泊浮标。

圆盘状浮体重心低,稳定性好,摇摆幅度小,是技术性能较好的一种浮体形状。浮体一般由表面涂有防腐涂料的合金钢、玻璃钢以及其他合成材料制成,有较强的耐腐蚀性。通常情况下,圆盘状浮体的使用寿命可达10年。

②传感器技术

传感器技术是浮标上收集各种相关海洋数据资料的关键技术,用于各种海洋水文、气象测量,其主要测量参数包括风速、风向、气压、气温、水温、湿度、盐度、海流、海浪和浮标方位等。浮标上的传感器有观天察海的本领,对其性能的要求是牢固可靠,具有很强的抗

图 5-15　圆盘状锚泊浮标

海水腐蚀性能。

③数据采集与处理技术

传感器获取的数据资料须经过数据采集与处理系统进行处理、转换和传递,使之成为有用的信息。数据采集与处理系统是深海浮标技术的重要组成部分之一。由于先进的电子技术以及微处理器技术的飞速发展,使得目前数据采集与处理技术的可靠性和技术性得到了很大提高,成为一项新的、发展十分迅速的关键技术。

④通信技术

通信技术是浮标系统最为核心的技术。传感器获取的资料必须通过通信系统进行传递,而岸站(或船上)对浮标的指令也必须通过通信系统下达。目前,浮标与岸站(或船上)的通信大多采用高频、甚高频和特高频等不同的传递方式。对于潜标还应包括声学应答释放器,用于对水下潜标进行遥测遥控。

⑤电源技术

电源是深海浮标的动力源,目前常用的电源有蓄电池、燃料电池。此外,随着技术的不断发展,人们还在研究利用风能、太阳能、波浪能作为浮标的动力源,以改进浮标的性能,延长其工作时间。

⑥锚泊技术

锚泊浮标上使用的锚泊系统由缆索和锚组成,是保证浮标在海上能够立足的关键技术。目前主要有单点锚泊和多点锚泊两种方式。单点锚泊技术主要用于深海,浅海多采用多点锚泊技术。由于海中存在鱼咬和腐蚀问题,因此对锚泊系统的可靠性要求很高,既要牢固可靠,又要防腐防污,才能确保经久耐用。目前,国内外浮标上的锚缆一般采用金属链,也有将金属链与加铅芯的强力尼龙绳混合使用的。

（2）重点产品

当前世界各国发展的深海浮标，按观测项目来分主要有水文气象遥测浮标、海洋污染监测浮标、地震测量浮标和多用途浮标等；根据浮标在海面上所处的位置来分，主要有锚泊浮标、漂流浮标和潜标。

锚泊浮标又称为海洋资料浮标或海洋遥测浮标，是用锚把海上平台系留在海上预定的地点，具有定点、定时、长期、连续、较准确地收集海洋水文气象资料的能力，被称为"海上不倒翁"。

漂流浮标与锚泊浮标不同，其特点是体积小、质量轻，没有庞大复杂的锚泊系统，可以在海上随波逐流地收集大面积范围内的海洋资料，具有简便、经济的特点。

潜标可潜于海中，能避开表层恶劣海况的影响，主要用于深海测流以及深层水文要素测量。

2. 海洋遥感技术

海洋遥感技术指的是把传感器装载在人造卫星、宇宙飞船、飞机、地面等工作平台上，对海洋进行远距离非接触观测，取得海洋景观和要素的图像或数据资料。海洋遥感技术是将空间技术应用于海洋科学研究，进行海洋资源调查与环境监测的技术。

（1）关键技术

海洋遥感技术的关键技术主要包括遥感工作平台技术、传感器系统技术和信息处理系统技术。

遥感工作平台是遥感传感器的运载平台，主要分为地面工作平台、航空工作平台和航天工作平台。根据需要，它们既可以单独使用，又可以联合使用。

遥感传感器是记录目标辐射、反射、散射的电磁波能量，以便识别目标特征的专用装备。海洋遥感技术的发展首先归功于各种传感器技术的进步。

遥感信息处理的技术方法主要有两种：一是电子光学影像增强技术，即利用电子光学技术处理遥感照片，使照片中的信息更加突出；是计算机信息处理技术。遥感信息处理技术出现的原因是遥感传感器获取的信息一般记录在照片或计算机磁盘上，这些信息往往很不明显，需要经过处理才能供用户使用。

（2）重点产品

①地面工作平台

地面工作平台是地面上装载传感器的固定或可移动的装置，包括遥感观测塔、地面遥感站等。如在岸边和海岛上建设遥感站，观测波浪和海风，帮助各种舰船选择最佳航线；对海水污染状况进行监测；等等。地面工作平台具有建造容易、寿命长、对传感器的质量和体积等要求不高、使用控制方便、测量精度高、可连续观测等优点。

②红外传感器

按照使用的红外波长，可将红外传感器大体分为反射红外和热红外两种。反射红外的特点与可见光差不多；热红外根据物体辐射出来的红外线进行感知，其强度取决于物体的温度。对于海洋表面来说，热红外传感器是最有前途的一种传感器。其特点是空间分辨率高，大体上接近可见光传感器的水平；照片比较直观，解译不难；具有全天时的工作能力。

③微波传感器

微波传感器主要适用于海洋。海水是一种导体,微波对海水的导电性能很敏感,所以可以用微波测量海水的盐度。微波能穿透海冰,所以可以用微波测量海冰的厚度。微波对海洋表面粗糙度十分敏感,因此可以用微波来测量海面的风速、风向以及波浪的有关参数,也可以测定海面油膜的厚度。微波传感器有无源和有源之分,其特点是具有全天时(昼夜都可以工作)、全天候(能穿透云雾、雨雪等)的工作能力,较易实现主动式遥感。

3. 水声探测技术

水声探测技术是利用声波在海洋中进行探测、通信、控制等的技术。20世纪末以来,随着微电子技术和信息技术的进步,水声探测技术得到了飞速发展,出现了可以用于海底地形、地质勘探、水下通信、导航和定位、海底矿物资源勘探以及海洋水文物理勘探等许多水声探测高技术产品,使海洋探测研究不断扩大和延伸,成为现代海洋水中探测、测量、通信以及水中兵器制导的主要手段,也是潜艇战和反潜战的重要工具。

(1) 关键技术

① 海洋声学层析和水声成像技术

海洋声学层析和水声成像技术的工作原理与计算机辅助的X射线层析技术(CT)类似,就好比用声波手术刀剖析海洋,用于测绘声速场和流场,探测海底底层结构和海洋表面粗糙度。

② 水声匹配场处理技术

水声匹配场处理技术是把海洋环境知识通过波导声传播建模,引入目标辐射声信号的时空处理,从而提高声呐探测、识别、定位和跟踪性能。这一技术可使小型作战平台具有突破几何尺寸限制的探测能力,用于侦察监视、远程高精度测向、高分辨率声成像、大面积深海地貌精细测量,具有巨大的应用价值和军事意义。

(2) 典型应用

目前,使用最新的水声扫描声呐可以一次成像,获得航迹经过海域几十千米宽的海底立体图像;探测海底一定深度的地质构造,已广泛应用于海底油气资源勘探;采用新的水声通信和定位技术,用于鱼群探测、水下目标搜索以及水下开发设备的自动遥控;采用潜艇上的新一代水声装备,不用发射声波就可以探测并识别对方潜艇的动态;制造出用于测量海流、波浪等环境数据的先进仪器设备。

4. 深海观测仪器技术(深潜器技术)

20世纪70年代以来,随着高新技术的发展,世界深潜器技术发展很快,技术功能不断更新,人们先后研制了一批先进的探测装置和各种类型的深潜器,可在复杂的海况下进行有效的水下探测及作业,实现了对深海和洋底的遥控探测及现场观察。深潜器的工作范围遍及全球大陆坡深水区2 000~5 000米的洋中脊、海台、海底山、火山口、裂谷以及6 000米深的洋盆、海渊和海沟,获得了大量的地质、沉积物、矿物、生物、地球化学与地球物理信息资料、样品,以及意想不到的重大发现。

(1) 载人深潜器技术

载人深潜器的历史可以追溯到1934年,20世纪70年代,随着技术的不断进步,载人深潜器已成为海洋考察的标准型工具,并得到了广泛的应用。不同用途的载人深潜器,其配置是有区别的,但其基本组件基本相同,主要包括具有生命维持系统的承压壳体、进行升降及姿态控制的平衡系统、推进系统、提供动力的蓄电池、水面和水下通信导航系统、操纵杆、照明装置、观察孔及流线型的框架。标准的仪器主要包括测向和深度指示器、CTD装置(缆式线型感温探测器)、数据采集系统及具有同步拍摄功能的录像机和具有水下拍摄特殊功能的照相机等。

深海载人深潜器涉及许多高新技术,其中关键技术有:

①模块化、集成化的总体技术,包括大深度潜航器整体结构优化技术、水动力性能和控制综合优化技术及仿真技术、系统工程优化技术和作业系统与潜航器本体的集成技术等。

②质量/排水体积比低的高强度合金耐压壳结构建造工艺以及比强度高的复合新材料应用的可靠性技术。

③无动力上浮下潜系统(运动特性和运动仿真)技术。

④海水泵流、特殊作业工具等潜航器特种装置(推进、液压)技术。

⑤潜航器舱内小环境(温度监测、控制、空气浓度监测、供应、控制)下的生命保障系统和行为科学技术。

⑥水下动力源(比能量高、比容量低的闭式循环热气机)技术。

⑦满足低阻水动力特性且耐腐蚀、比重低、易加工的深海浮力材料,包括制造工艺、无机物的高温发泡、材料的结构性能与测试等技术。

除上述关键技术外,还有起吊回收、导航定位和通信传输等支撑技术也需要深入研究和开发。

(2)无人潜航器技术

世界上第一台无人潜航器诞生于1953年。20世纪70年代以来,随着海上石油开采的兴起,无人潜航器的发展掀起了高潮。它可用于石油开采、海底矿藏调查、打捞作业、管道铺设及检查、电缆铺设及检查、海上养殖以及江河水库大坝的检查等方面。目前,有越来越多的国家将无人潜航器技术转向军事用途。

不同用途的无人潜航器所具有的关键技术是不一样的,对于深海作业型无人潜航器,其关键技术主要有如下几项:

①大深度技术,包括密封、电缆阻力、远距离能源传输和通信、水下动力机械及作业机械等技术。

②水下定位技术,主要解决潜航器的平面位置和水下深度的位置,需要建立一个以母船为基准的坐标系,为潜航器准确定位。

③动力定位技术,主要解决潜航器在走航和作业时的自动定深、自动定高和动力定位问题。

④智能技术,包括作业目标的自动搜索与识别、自动避障、自动规划技术等。

⑤导航与视觉技术,主要包括深海水介质中的近景摄影测量装置与技术,复杂地形和景物环境的高分辨率声呐成像技术,适用于深海无人潜航器的计算机视觉理论与方法,用计算机视觉信息控制无人潜航器的技术,有效利用深海地形信息的导航技术等。这项技

术对深海无人探测作业至关重要。

⑥水下作业机械手,它除了要具有耐高压高温、耐海水腐蚀、能量消耗少、易于操作、在恶劣海况下安全作业的性能以及质量轻、体积小的特点外,还要具有耐热性能,水下取样器要求满足恒温、恒压,以使所取样品保持其原有的温度、压力等条件。

(二)深海油气资源开发技术及其重点产品

1. 深海油气资源开发技术

海洋蕴藏着丰富的石油和天然气资源。近年来,随着人类对陆地和近海资源的大肆掠夺和破坏,陆地和近海油气资源逐渐减少甚至枯竭,全球范围能源紧张的矛盾更加突显。为满足不断增长的能源需求,世界许多国家特别是一些发达国家都将油气资源的开发重点投向深海。深海油气资源深藏在海底深达3 000米左右的地层中,又被海水所覆盖,因此探寻和开采比陆地资源难度大、成本高,必须依靠高新技术。

一般来说,探寻深海油气资源的方法主要分地质调查、地球物理勘探及钻探等几个阶段。因此,深海油气资源开发技术涉及深海油气勘探、深海油气钻井、深海油气开采、深海油气储运等诸多技术领域,汇集了许多尖端科学技术,具有如下几个特点:

(1)技术密集。表现为技术新、精度高、难度大、更新快,需要多学科的综合技术,在水下环境中要求高效、安全、可靠、经济,所以广泛采用了当今世界最先进的技术和装备。

(2)资金密集。由于海上的一切工作都需要借助适当的载体和手段才能进行,因此与陆地同类工作相比,其开支要高得多。

(3)风险大。海洋自然条件所构成的风险大,表现为判断失误的比率高,从发现到正式投入生产的过程长。

2. 重点产品

(1)物探船

开发深海油气资源首先要寻找何处有油,为此必须要有先进的装备,海洋物探船就是当前最常用的装备。它的使用方法即地球物理勘探,简称物探。因为石油聚集在储油构造里,而储油构造深埋在地层深处,看不见,摸不着,必须通过物探方法才能找到,其原理是利用岩石的各种物理特性的差异,达到了解地下岩层地质构造情况的目的。其中地震勘探是根据岩石弹性差异来寻找储油构造的勘探方法。

物探船是海洋地球物理勘探最主要的装备,如图5-16所示,它是深海油气资源开发的先锋,是海洋工程装备的一支重要力量。

海洋地震勘探主要用物探船来进行。现在多用空气枪作为震源,在水中激发地震波,用托在船后的等浮电缆作为地震波的探测系统,检测地震波的检波器就直接放在电缆里,所以物探船后面总要拖上好几条长长的电缆,有4缆、6缆,现在又发展到8缆、12缆。

(2)自升式钻井平台

为了克服钻井船和坐底式平台的缺陷,可采用自升式钻井平台,它属于移动平台,如图5-17所示。它是目前国内外广泛使用的一种钻井平台,约占海上移动式钻井平台的60%,是海洋油气开发中的主力装备。

图 5-16　物探船

图 5-17　自升式钻井平台("海洋石油 941")

自升式钻井平台有 3 根或 4 根桩脚，所以也称为桩脚式钻井平台。它可分为船体、桩脚和升降机构三大部分。它使用平台自身的升降机构，将桩脚插入海底泥土中，然后将平台升离海平面一定高度进行钻井作业。它带有能够自由升降的桩脚，作业时桩脚下伸到海底，站立在海床上，利用桩脚托起船壳，并使船壳底部离海平面有一定距离。多数自升式钻井平台本身没有航行设施，不能自航，需要有拖船拖航。拖航时桩脚收回，船壳处于漂浮状态。由于自身不能航行，在海上拖航时缺乏抗击风浪的能力，所以风大浪高流急的海况下不能进行拖航。

这种平台的最大优点是钻井时不受海况影响，工作状态比较稳定，在海上的作业时间较长；最大的缺点是作业水深较浅，作业范围最大水深仅 180 米，而大多数自升式钻井平台的作业水深在 80～100 米，所以这种平台只适用于大陆架浅水海域。

自升式钻井平台设计建造的关键技术有自升式钻井平台总体优化设计、自升式钻井平台悬臂梁优化设计、自升式钻井平台桩脚高强度钢研究、自升式钻井平台升降系统研究、自升式钻井平台建造技术研究。

(3)半潜式钻井平台

半潜式钻井平台是平台的一部分沉没于海面以下的钻井平台,如图 5-18 所示。它由坐底式平台发展演变而来,主要由浮体、立柱和工作平台三大部分组成。浮体提供半潜式钻井平台的大部分浮力;立柱用于连接工作平台和浮体,并支撑工作平台;工作平台即上部结构,用于布置钻井设备,钻井器材,起吊设备,直升式平台,安全救生、人员生活设施以及动力、通信和导航等设备。半潜式钻井平台在深海水域能充分显示出它的优越性,特别是在采用动力定位系统后。现代深水半潜式钻井平台一般为四支柱型或六支柱型,工作平台一般呈矩形。

图 5-18 半潜式钻井平台

钻井作业时在浮体中注入压载水,使工作平台部分沉没于水面以下 20 米左右的深处,因为那里的海浪很小,可以保持平台的稳定。作业结束时,抽出浮体中的压载水,平台上升,浮至水面而进入自航或拖航状态。这种平台在钻井作业时还需要锚泊定位或动力定位,以增加其稳定性。它适宜在 150~3 000 米深的海域钻井作业,是发展前景很广阔的一种石油钻井平台。

半潜式钻井平台设计、建造的关键技术有半潜式钻井平台优化设计、钻井系统及设备配套技术研究、半潜式钻井平台控制系统集成技术研究、半潜式钻井平台定位技术研究、半潜式钻井平台建造技术研究。

(4)钻井船

钻井船是用于海上钻井的船型浮式装置,如图 5-19 所示。钻井船的船体结构与普通船类似,通常为单船体式结构,也有双船体式结构。钻井船的船井开设在船体中央,使之在纵横摇的摇摆中心处。钻井船分为自航钻井船和非自航钻井船两类。钻井船设有锚泊定位或动力定位系统,水深超过 500 米的大都采用动力定位。钻井船是所有钻井装置中机动性能最好的,移运灵活,停泊较简单,适应水深范围较广,一般为 20~5 000 米乃至更深,特别适用于深水钻井。与半潜式钻井平台相比,钻井船更偏重于超深水作业。钻井船的钻井深度可达 11 430 米,与半潜式钻井平台一样配置了先进、可靠、安全的钻井设备,如大功率绞车、3~4 台大功率泥浆泵、顶部驱动装置、电控制系统、钻台辅助设备等。钻井船更趋向采用大功率,使用双壳船体、双钻井系统、高精度的动力定位系统。

图 5-19 钻井船

钻井船是深水和超深水海洋油气勘探开发的主要钻井平台之一,其设计、建造的关键技术有钻井船总体优化设计、钻井系统及设备配套技术研究、钻井船控制系统集成技术研究、钻井船高海况耐波性能研究、钻井船建造技术研究。

(5)深水铺管起重船

海洋石油开发不仅需要各类物探船和各种类型的钻井平台,还要有深水铺管起重船,如图 5-20 所示。

图 5-20 深水铺管起重船

深水铺管起重船承担着深水油气田海上生产设施建设的重任,主要用于固定式、浮式和水下油气生产设施的安装,以及海底管道铺设等全方位海上施工作业。它是深海油气田开发过程中不可或缺的重要装备。它不仅适用于海上石油平台上部模块等大件的吊装与拆除、导管架的辅助下水与就位,还可进行深海海底油气管道的铺设、维修等作业。

深水铺管起重船由主船体系统、管道焊接系统、管道铺设系统、起重系统、动力系统、锚泊系统、定位系统、移位控制系统、通信导航系统和安全及救生环保系统等组成。

(三) 超大型浮式结构物

地球上人口急剧增长,不仅造成了粮食和能源不足问题,土地也变得十分紧缺。人们因此把目光转向海洋,向海洋要土地。但是围海造地不但花费大、工期长,而且容易破坏生态平衡,而人们需要的往往不是陆地,而是一个可以立足的基地。于是,近年来,以有效利用海洋空间和海洋资源开发为目的的各种超大型浮式结构物便引起了各国的广泛关注。

1. 什么是超大型浮式结构物

超大型浮式结构物简单来说就是浮在海上的一些人工构件,它的长、宽都在千米数量级,而高度则只有几米或几十米,具有扁平的钢结构,与常见的尺度以百米计的大型船舶和海洋平台有明显的区别。它一般建在离岸几十米的开阔海域,由相互连接的模块组成,并与系留装置和防波堤等一起构成了一个复合的结构系统。它可以作为资源开发和科学研发基地、海上中转基地和海上机场,还可以作为空港、核电站、废物处理厂,也可以建立军事基地。

2. 超大型浮式结构物的特点

与一般的海洋工程结构物相比,超大型浮式结构物具有以下几个特点:

(1) 长(宽)度与高度的比值非常大,是一个极为扁平的柔性结构物,它在海洋环境中的水弹性响应必须考虑。

(2) 从其一端至其另一端要跨越数千米,因此需要建立一种新的随位置缓变的海浪谱,用于作为与其水弹性响应的激励。

(3) 由于其体形巨大,因此注定是一个模块化的结构。

(4) 它除了有时需要移动外,一般来说必须相对地固定在某一位置,不能让它随风、浪、流任意漂移。因此,系泊装置在浮体结构设计中极为重要。

(5) 与一般的海洋工程结构物不同,它要求的寿命特别长,一般要在百年以上。

此外,超大型浮式结构物还具有一些独特的优点:与填海造陆相比,其结构简单,建造成本低,施工技术成熟、方便,对自然环境的破坏性影响很小;不受水深、海底地质条件的制约;能充分利用内部空间;拆离方便,对海域环境的破坏小;几乎不受地震的影响;结构稳定性好,在波浪中结构也能很好地保持平稳。

3. 超大型浮式结构物的应用

(1) 在特定海域建立资源开发和科学研究基地,以便于大量开发海洋资源。

(2) 将陆地设施,如游乐场移至近海海域,以弥补沿海城市缺乏合适的陆域的缺陷,同时降低城市噪声,减少环境污染。

(3) 为了对地区的政治、军事格局产生战略性影响,可在国际水域建立军事基地。

三 中国海洋工程装备产业的发展状况

(一) 产业现状

我国海洋油气储量丰富,仅南海海域的石油地质储量就在 230~300 亿吨范围内,约占中国总资源量的三分之一,属于世界四大海洋油气聚集中心之一,被誉为"第二个波斯湾"。不过,我国的油气探明率很低(尤其是海洋),整体上处于勘探的早中期阶段。因此,海洋油气业的增加值比重较低,2017 年仅为 3.6%。

但随着海洋油气开发逐步转向东海、南海等海域,海洋油气业将得以进一步发展,这为海洋油气工程装置的发展提供了很好的机遇,海洋工程装备产业同样受益,未来的发展前景可期。

不过与发达国家相比,我国海洋工程装备产业相对起步较晚,直到 20 世纪 70~80 年代才先后建成自升式钻井平台、半潜式钻井平台、浮式生产储油卸油装置(FPSO)等储运装备。受国际石油危机和国内外市场需求减少的影响,20 世纪 90 年代以后,我国海洋工程装备产业的发展步伐明显放缓,整体技术水平和国外的差距也逐渐拉大。

进入 21 世纪后,国内外对海洋工程装备的需求快速释放,我国海洋工程装备产业抓住市场高峰期的战略机遇,承接了一批具有较大影响力的订单,实现了快速发展,能力也明显提升。

在此背景下,我国先后自主设计并建造了国内水深最大的近海导管架固定式平台,国内最大、设计最先进的 30 吨浮式生产储油卸油装置(FPSO),当代先进自升式钻井平台,具有国际先进水平的 3 000 米深水半潜式平台等一批先进的海洋工程装备。

总体而言,我国海洋工程装备产业存在一定的不足,高端海洋工程装备的设计与建造基本空白,但行业发展势头向好,正在由打基础时期向快速成长期迈进。

(二) 典型案例

1. "海洋石油 981" 半潜式钻井平台

2011 年 5 月底,上海外高桥造船有限公司自主设计并建造的当今世界最先进的第六代 3 000 米深水半潜式钻井平台"海洋石油 981"(图 5-21)赴南海开始其深水探油之旅,从而开启了我国深水石油天然气的勘探开发之路。该平台质量超过 3.1 万吨,甲板面积相当于一个标准足球场的大小,从船底到钻井架顶高 137.8 米,相当于 43 层楼高,电缆总长超过 900 千米,最大作业水深为 3 050 米,最大钻井深度为 12 000 米。该平台配置了目前世界上最先进的 DPS-3 全动力定位设备,还有一个半钻井系统和先进的卫星导航及定位系统,确保平台能全天候作业。2012 年 5 月 9 日,"海洋石油 981"在南海首钻成功,这是我国石油公司首次独立进行深水油气的勘探开发。开钻水域在香港东南 320 千米处,开钻井深为 1 500 米。2015 年,"海洋石油 981"又进入东南亚海域完钻一口水深 1 721 米的探井。截至 2019 年 4 月中旬,它共完钻 32 口探井。

图 5-21 "海洋石油 981"半潜式钻井平台

由于目前像"海洋石油 981"这样的高端装备数量极少,所以市场垄断不可避免,因此,"海洋石油 981"的建造成功,不仅填补了我国在深水钻井特大型装备项目上的空白,对增强我国深水作业能力、实现国家能源战略规划及维护海洋权益具有重要意义,还标志着我国海洋工程装备产业逐渐从海上储油装置建造商向深水钻井装置设计、采购、建造和完工调试总承包商转变,为我国深海油气装备产业走向国际市场奠定了基础。

2. "蛟龙号"载人潜水器

2010 年 8 月 26 日,我国第一艘自行设计、自主研制的"蛟龙号"载人潜水器(图 5-22) 3 000 米级海上试验取得成功,并将一面国旗插在 3 759 米深的海底,这使我国成为第五个掌握 3 500 米以上大深度载人深潜技术的国家。

图 5-22 "蛟龙号"载人潜水器

2012 年 6 月 24 日,三名深潜员驾驶中国"蛟龙号"载人潜水器在太平洋马里亚纳海沟试验区再次刷新深度,到达 7 020 米海底,在世界载人深潜的史册榜首刻下了中国人的名字。

2013—2017 年,"蛟龙号"执行试验性应用阶段任务,奔赴南海、印度洋、太平洋等,足迹遍布七大海区,百分之百安全下潜,潜入海山区、冷泉区、热液区、洋中脊等,为深海资源勘探等国家计划提供技术和装备支撑,取得了一系列勘探成果。

"蛟龙号"的成功还带动了海洋深潜装备的飞速发展。"蛟龙号"新母船"深海一号"交付使用;"深海勇士""彩虹鱼"等深海载人潜水器相继研发成功;"海龙"无人有缆潜水器、"潜龙"无人无缆潜水器等大型装备体系相继升级改造、试验和应用,与"蛟龙号"优势互补。在"三龙"基础上,我国还将增加深海钻探的"深龙"、深海开发的"鲲龙"、海洋数据云计算的"云龙"以及在海面进行保障支撑的"龙宫"的研发与试验。

四 中国海洋工程装备产业的发展前景

我国海洋工程装备产业的发展前景可期。一方面海洋油气业地位提升,海洋油气开发的旺盛投资为行业未来发展提供了充沛的动力。另一方面我国经济快速增长,大型基础设施建设越来越完善,产业发展的经济实力越来越强;具有完善的产业配套体系,拥有完整的钢铁、能源、交通运输和机电设备基础制造体系;生产率越来越高。这些都为我国发展海洋工程装备产业提供了所需的技术和人才条件。

除此之外,海洋工程装备的制造水平决定了国家在海洋资源开发上能够获得的利益,我国政府因此而高度重视该领域的发展,先后出台了多项扶持政策。2017年11月,工业和信息化部、国家发展和改革委员会、科学技术部、财政部等八部门联合印发了《海洋工程装备产业持续健康发展行动计划(2017—2020年)》,提出到2020年,我国海洋工程装备产业的国际竞争力和持续发展能力明显提升,产业体系进一步完善,专用化、系列化、信息化、智能化程度不断加强,产品结构迈向中高端,力争步入海洋工程装备总装制造先进国家行列。具体发展目标见表5-3。

表5-3 《海洋工程装备制造业持续健康发展行动计划(2017—2020年)》发展目标

发展目标	具体内容
结构调整成效显著	海上油气生产平台等高端产品的国际竞争力明显提高; 海上风电装备、海洋渔业装备、海底矿产资源开发装备、海洋电子信息装备等新兴海洋工程装备的研制和应用取得重大进展; 在海洋工程装备领域建成一批竞争力强的新型工业化产业示范基地
研发设计水平大幅度提高	基本掌握深海油气资源开发装备的建造技术,装备经济性、安全可靠性、环保性、智能化水平全面提高,在部分优势领域形成若干世界知名品牌; 突破海洋矿产资源、天然气水合物等开采装备,万米载人/无人潜水器等谱系化系列探测装备,波浪能、潮汐能、温差能等海洋可再生资源开发装备,海水淡化和海水提锂等海洋化学资源开发装备的部分核心技术,极地海洋工程装备的研发能力和技术储备明显增强
关键系统和设备研制能力明显增强	在甲板机械、钻井包、平台升降系统、油气生产模块、液化天然气装卸系统等领域形成若干品牌; 在深海锚泊系统、动力定位系统、深海铺管系统、水下作业系统、脐带缆和挠性立管、液化天然气转运及再汽化系统、海洋观测/监测设备、水下运载器、海上通用组网装备等领域实现设计、建造和应用,实现500米以内水下生产系统的示范应用
优强企业实力显著提升	初步形成2~3家海洋工程整体解决方案供应商和总承包商,形成4~5家世界级海洋工程装备总装建造企业和若干专业分包商

海洋工程装备产业也是《中国制造 2025》确定的重点领域之一。《中国制造 2025》要求大力发展深海探测、资源开发利用、海上作业保障装备及其关键系统和专用设备；推动深海空间站、大型浮式结构物的开发和工程化；具备海洋工程装备综合试验、检测与鉴定能力，提高海洋开发利用水平；突破豪华邮轮设计与建造技术，全面提升液化天然气船等高技术船舶的国际竞争力，掌握重点配套设备集成化、智能化、模块化设计与制造核心技术。

因此，尽管当前海洋工程装备的市场需求增长放缓，我国海洋工程装备产业面临一定的挑战，但同时也迎来了加快赶超的战略机遇，未来的发展依旧可期。

5.4 卫星及应用产业

卫星及应用产业是我国高端装备制造业的重点发展方向，是《中国制造 2025》航空航天装备领域的重要支柱产业。加快推动卫星及应用产业的发展，完善国家民用空间基础设施建设，提升卫星遥感、通信、导航等空间信息服务能力，推进航天技术转化与空间技术应用，对引领科技创新与科学发展、促进军民融合发展及铸就航天强国梦具有重要意义。

一、什么是卫星

人造卫星指环绕地球飞行并在空间轨道运行一圈以上的无人航天器，简称为卫星。卫星一般由专用系统和保障系统组成。专用系统指与卫星所执行的任务直接有关的系统，也称为有效载荷。应用卫星的专用系统根据卫星的各种用途可包括通信转发器、遥感器、导航设备等，科学卫星的专用系统包括各种空间物理探测仪器、天文探测仪器等，技术试验卫星的专用系统则包括各种新原理、新技术、新方案、新仪器和新材料的试验设备。保障系统指保障卫星和专用系统在空间正常工作的系统，也称为服务系统。保障系统主要有结构系统、电源系统、热控制系统、姿态控制和轨道控制系统、无线电测控系统等。对于返回卫星，还有返回着陆系统。

二、卫星的作用

（一）国际信使

卫星的重要任务之一是通信，这主要是由通信卫星来完成的。通信卫星是作为无线电通信中继站的卫星，它像一个国际信使，把来自地面的各种"信件"带到天上，然后再"投递"到另一个地方的用户手里。因为它"站"在几万千米的高空，所以它的"投递"覆盖面特别大，一颗卫星就可以负责三分之一地球表面的通信。

通信卫星的服务项目有很多，包括国际通信卫星、国内通信卫星、军用通信卫星、海事卫星、广播卫星、跟踪和数据中继卫星以及搜索营救卫星等。这些卫星上装有转发器和天线，它们转发来自地面、海上、空中和低轨道卫星的无线电信号，用于传输电话、电报、电视广播节目以及通信数据。

（二）测地能手

卫星的另一个作用是测量。这类卫星有气象卫星、海洋卫星、地球资源卫星、侦察卫星，它们统称为对地观测卫星。在这类卫星上装有遥感仪器和其他探测仪器，它们利用从紫外光到远红外光各种波长的遥感仪器或其他探测仪器，收集来自陆地、海洋、大气的各种频段的电磁波，从中提取有用的信息，分析、判断、识别被测物体的性质和所处的状态。这类卫星可以直接服务于气象、农林、地质、水利、测绘、海洋、环境污染和军事侦察等方面。这类卫星大多采用太阳同步轨道，也有使用地球同步轨道和其他轨道的。

（三）导航尖兵

卫星还有一个重要的任务就是导航。这类卫星有导航卫星和测地卫星等。在这类卫星上装有光信标灯、激光反射器和无线电信标机、应答机等。这类卫星的空间位置、到地面的距离和运行速度都可以预先确定，因而可用作定位、导航和大地测量的基准。地面固定或移动的物体、空中飞机和海上舰艇等都可以利用这类卫星确定自己的坐标。这类卫星的轨道大多为极轨道。

三　卫星产业的主要内容

由于卫星显示出了不同凡响的本领，既可为国民经济建设服务，又可为提高人们的生活质量服务，在维护国家安全上更是大有作为，因此，卫星及应用逐渐成为一个新兴产业走上舞台，成为一个国家的高端装备产业——航天产业的重要组成部分，也成为从事航天活动的国家追逐经济新增长点的重要抓手。

卫星及应用产业包括卫星制造、卫星发射、地面设备制造和卫星服务四大部分。人类第一颗卫星上天后，科学家们非常及时地发展了卫星的服务业务，以便为人类造福，卫星应用大力向产业化方向发展。

卫星应用是信息传输、导航定位和获得地理信息的重要手段，它与国民经济各行业相互融合，与社会生活息息相关，在信息化社会中发挥着不可替代的作用。它已进入从通信导航到天气预报等生活的方方面面。卫星应用产业不仅靠卫星，还要靠地面上的服务，这就需要"天地对接"。

"天地对接"使用天上卫星的数据信息通道与地面接收站的数据信息通道，实现标准和规范的转换及接通，并投入运行。它传送的媒介是无线电波。

(一)卫星发射是产业的基础

1. 卫星发射的动力

把人造卫星发射上天,并按预定轨道绕地球旋转,这是卫星应用产业的首要任务。而要使卫星上天,需要先进技术和高端装备的支撑,需要一系列的保障条件,这是一个极其复杂的大系统工程。人造卫星要绕着地球不停地旋转而不掉下来,必须要达到一定的速度,这个速度就是第一宇宙速度,而要达到这么高的速度,必须要有强大的动力来推动它。目前,产生这种动力的装置就是火箭。把卫星装在火箭上,让火箭载着卫星一起升空,然后再释放卫星,让卫星单独绕地球运转。这样火箭就承担着双重任务,一是把卫星装载起来,二是把卫星运送出去,所以称这种火箭为运载火箭。

那么,火箭又是靠什么升空的呢?火箭升空跟我们节日里玩的烟花爆竹、小火箭升空的原理一样,是靠火药爆炸产生的反作用力飞出去的。不过,运载火箭的火药是能够燃烧较长时间的固体燃料或液体燃料,目前一般采用液体或固、液混合的火箭系统,而且是多级运载火箭。火箭不需要大气中的氧气进行助燃,在它的每一级内都有两个携带燃料的大储箱。储箱内分别装有氧化剂和燃烧剂,利用这两种物质的混合燃烧产生高温、高速气体。气流从发动机的喷管中高速喷出,产生与喷流方向相反的推力,使火箭载着卫星离开发射台,一边升高一边加速。可见,火箭并不是一开始就具有第一宇宙速度的,而是在不断加速中获得的。

发射卫星一般要由三级火箭完成。第一级火箭垂直起飞后,飞行10秒后开始按预定程序缓慢地转弯。发动机继续工作约100秒后,运载火箭已上升到70千米左右的高度,当基本达到所需的入轨速度和与地面接近平行的方向时,第一级火箭发动机关机、分离,同时第二级火箭发动机点火,继续加速飞行。此时已飞行2~3分钟,高度已达150~200千米,基本已飞出大气层,按预定程序抛掉箭头整流罩。接着在火箭达到预定速度和高度时,第二级火箭发动机关机、分离,加速飞行段结束。这时,运载火箭已获得很大的动能,在地球引力的作用下开始进入惯性飞行段,一直到与卫星预定轨道相切的位置,第三级火箭发动机开始点火,进入最后加速段飞行。当加速到预定速度时,第三级火箭发动机关机,卫星从火箭运载器弹出,进入预定的卫星运行轨道,以28 440千米每小时的速度绕地球运行。至此,运载火箭的任务就算完成了。

按照上面的描述,好像用火箭发射卫星很轻松、很简单,其实火箭的构造是很复杂的,除了燃料、发动机外,还有控制火箭飞行、使火箭按照程序转弯的控制系统以及监测火箭飞行的测控系统等,这些都是高端装备,需要利用高端装备产业的制造技术来完成。

通过多级运载火箭发射卫星是目前使用最多的方式,但不是唯一的方式,用航天飞机也能发射卫星。

2. 发射卫星的专用基地

发射卫星除了要有强大的火箭外,还要有一个卫星地面发射场,它是专供发射卫星用的专用场地。卫星地面发射场地内有复杂和完备的发射系统、发射台和发射塔架、测试厂房和各种测试仪器;有燃料储存库和加注系统、气象观测系统、各种光学和无线电跟踪测轨系统；还有发送指令等功能的各种雷达和发射指挥控制中心，该中心对全过程的工作进行指挥调度，做出各种决策。整个发射场地一般分为两部分，一部分称为技术区，另一部分称为发射区。从卫星、火箭制造厂出厂的产品首先被运到发射场地的技术区，在技术区内完成对火箭和卫星的装配、测试和其他性能的检查。检查合格的卫星、火箭再被运到发射区，把火箭竖立在发射台上，再把卫星吊装对接在火箭上，然后进行联合测试。测试合格后，才能对火箭加注燃料。

一切准备就绪后，将装载卫星的火箭竖立在巨大的发射台上，发射台的旁边有近百米高的发射塔架，围绕着它的周身上下有多层可以合拢的工作平台，当工作平台合拢时，火箭被层层环抱起来，形成多层工作平台，供工作人员进行检查操作。发射前，平台会自动转到背后。

在远离发射台的发射指挥控制中心，一排排仪器设备紧张地工作着，火箭和卫星的每一个数据都会传送到这里，显示在荧光屏上。操作者按照指挥员的命令进行一步步的检查测试。显示屏把整个火箭映射在上面，每一步的工作状态都历历在目，火箭起飞的飞行状况和飞行轨迹也清晰地显示出来。

3. 测控网

火箭携带卫星飞离发射台后，不能让它在空中到处乱闯，要密切注意它的一举一动，也就是说要使它一直处于受控制状态。这就需要有一个地面测控系统对它进行跟踪、监测，以掌握它的飞行状况，一旦出现问题，要及时进行调控。由于卫星在空中不停地围绕地球飞行，它每时每刻都处于不同地点的上空，因此地面的测控站不能只设在一个点，而要设在全国各地、海上甚至其他国家，以便尽量做到大范围和全天候的跟踪和测量。这样一来，就形成了一个星罗棋布的测控网。

测控站的作用如下：

(1) 轨道跟踪和测量

当火箭、卫星在天上运行时，要判断它们是不是按照事先设计的飞行轨道在飞行，以及目前实际轨道的样子，这就要进行轨道跟踪和测量。根据这些数据就可以推算它们在每个时刻会飞到什么地方，这就是轨道预报。

(2) 遥测

当卫星在天上飞行时，不但要跟踪它，了解它的位置，而且需要知道工作的情况是否正常，以便采取相应的措施。火箭和卫星上有许多描述它们工作情况的信息，称为遥测信号。这些信号通过无线电波传到地面，由地面雷达接收站接收后变成可进行分析的信息。它很像医生用仪器对病人进行检查，通过检查的数据来确定病情。不过，卫星是在遥远的位置通过无线电波进行星-地联系。对于载人的飞船，除了传输仪器设备的工作信息外，还要传送宇航员的工作情况和生理参数等。

(3) 遥控

地面人员不但要跟踪卫星，掌握它的工作状态，而且要对它进行干预和控制。当卫星出现故障时，要把故障仪器关掉，命令备份仪器马上投入工作。如果临时决定要卫星完成某项工作，就要对卫星发出指令。对于返回式卫星，因动力系统的管路破裂而导致燃料泄漏，是比较严重的故障。一旦燃料漏光，就无法返回了。所以地面人员若发现这个故障，要马上向卫星发出控制指令,命令它停止一切其他工作,立即执行返回命令,此时的卫星要紧急返回。由此可以看出,遥控功能对在太空飞行的卫星来说是非常重要的。

航天测控系统由两部分组成,一部分装在火箭和卫星上,另一部分在地面上,也就是地面测控系统。地面测控系统主要由测控指挥中心和分布在各地的地面测控站组成。地面测控站分为陆基站、海基站和空基站,在这些地面测控站中,配备有各种光学设备、无线电雷达设备、信息接收及发送和处理设备以及大型电子计算机等。各地面测控站接收到的卫星信息被送到测控指挥中心,以进行处理和决策。

(二)卫星产业中的通信装备

通信卫星是用来进行远距离无线电通信的卫星。在它出现之前,地球上远距离的两地之间进行通信有两种方法,一是利用电缆,二是利用地面无线电设备。用电缆进行通信保密性好,传输比较稳定,但是敷设和维护电缆的成本较高,尤其是海底电缆。

用无线电进行通信有许多优点,也有一些缺点。最早使用的是波长为 1 000~10 000 米的长波波段。长波通信工程巨大,信息容量很小,还会产生严重失真,因此现在已经很少采用。后来人们利用无线电短波进行通信,波长为 10~100 米,但传输很不稳定。

近几十年来,人们开始广泛采用无线电微波进行通信。微波的波长为 0.001~1 米,能传输的信息容量很大,又比较稳定。但是这种电波像光线一样,只能在几十千米范围内直线传播,所以传不远。为了克服这种缺点,人们想出了用中继的办法把信息传到很远的地方。但是设置太多的中继站要耗费巨大的资金,特别是在崇山峻岭和浩瀚的大洋上建立中继站,就更加困难了。

为解决上述问题,就出现了通信卫星。

1. 通信的高端装备——通信卫星

自从卫星上天以后,科研人员就想,能否利用卫星作为中继站,以实现远距离通信呢?于是,科研人员开始试验。结果发现卫星反射回来的无线电波很微弱,要进行远距离通信困难很大。为了增强从卫星上反射回地面的无线电波,科研人员把卫星做成像地面上的微波中继站一样,卫星接收到从地面发来的无线电波以后进行放大,然后再发向地面,取得了良好的成效。目前,地球同步轨道通信卫星因为具有优越的通信条件而成为近年来发展最迅速的一种卫星,并且变成了商用通信工具。

2. 各种用途的通信卫星

随着通信业务的增加和空间技术的发展,各国研制了许多不同用途的通信卫星。例如,适用于某一国家或某一地区的国内通信卫星,专门为军事服务的国防通信卫星,供船舰使用的海事通信卫星,提供卫星测轨和数据传输的跟踪和数据中继卫星,为家庭提供直接电视广播服务的电视广播卫星等。

(三)导航装备

长期以来,不论在海洋、空中还是陆地,导航定位都依赖罗盘。自从卫星发射成功后,人们就开始利用导航卫星进行导航定位。导航定位卫星就是从卫星上连续发射无线电信号,为地面、海洋、空中和空间用户进行导航定位的卫星。

卫星定位需要由好几颗卫星组成一个系统,才能完成导航定位的任务。现在,世界上有四大卫星导航系统,它们是美国的全球定位系统(GPS)、俄罗斯的格洛纳斯全球卫星导航系统(GLONASS)、欧盟的伽利略卫星导航系统(GALILEO)和我国的北斗卫星导航系统(BDS)。

四 中国卫星及应用产业的发展状况

(一)产业现状

自1968年2月20日中国空间技术研究院成立以来,中国的卫星技术取得了飞速发展,研制成功了实验卫星、返回式遥感卫星、地球静止轨道通信卫星和气象卫星、太阳同步轨道气象卫星、地球资源卫星等,并在卫星返回、一箭多星、卫星通信、卫星遥感、卫星姿控、卫星热控、微重力试验和空间环境地面模拟试验等方面达到了较高水平,其中有些项目已跨入世界先进行列。

《中国航天科技活动蓝皮书(2019年)》数据显示,2019年我国全年共完成34次航天发射任务,发射了81个航天器,发射次数连续两年位居世界第一。目前,我国的通信、导航、遥感等各类在轨应用卫星超过200颗,超过了俄罗斯的134颗,成为世界第二。

在卫星制造和发射领域,我国企业实力突出,竞争力较强,能够实现整星出口和发射任务。卫星制造由中国空间技术研究院、上海航天技术研究院、中国东方红卫星股份有限公司等几家机构完成;卫星发射机构有中国运载火箭技术研究院(卫星发射)、航天时代电子技术股份有限公司(提供卫星发射的控制系统、利用系统、逃逸系统和遥测系统等配套设备)、陕西航天动力高科技股份有限公司(提供液体火箭发动机等配套设备);卫星地面设备公司较多,包括中国航天科技集团有限公司、中国东方红卫星股份有限公司、北京北斗星通导航技术股份有限公司、成都振芯科技股份有限公司、北京华力创通科技股份有限公司、广州南方测绘科技股份有限公司等。

在卫星运营服务业领域,《2020中国卫星导航与位置服务产业发展白皮书》数据显示,2019年我国卫星导航与位置服务产业的总产值达3 450亿元,较2018年增长了14.4%。其中与卫星导航技术研发和应用直接相关的产业核心产值为1 166亿元,在总产值中占比为33.8%,由卫星导航衍生带动形成的关联产值继续保持较高速度的增长,达到2 284亿元,有力支撑了行业总体经济效益的进一步提升。

在卫星应用领域,随着"北斗+"和"+北斗"应用的深入推进,2019年我国卫星导航领域主要行业的应用市场保持平稳发展。尤其近几年来,北斗创新应用已经深入融合到许多产业的转型升级发展中,其他行业,如汽车、高铁、能源、矿产、邮政、移动通信、交通物流、互联网服务等领域的骨干企业推动了"+北斗"的发展,逐步开拓形成企业新增业务,成为产业新生力量,从而极大促进了我国卫星导航与位置服务产业的整体发展,对总产值的贡献正在显著提高。

(二) 典型案例

1. "墨子号"量子科学实验卫星

2016年8月16日1时40分,"墨子号"量子科学实验卫星(简称"墨子号",如图5-23所示)在酒泉卫星发射中心用长征二号丁运载火箭成功发射升空。此次发射任务的圆满完成,标志着我国空间科学研究又迈出了重要的一步。

图 5-23 "墨子号"量子科学实验卫星

量子卫星是中国科学院空间科学先导专项首批科学实验卫星之一,其主要科学目标为:一是借助卫星平台进行星地高速量子密钥分发实验,并在此基础上进行广域量子密钥网络实验,以期在空间量子通信实用化方面取得重大突破;二是在空间尺度进行量子纠缠分发和量子隐形传态实验,开展空间尺度量子力学完备性检验的实验研究。

"墨子号"的成功发射,使我国在世界上首次实现卫星和地面之间的量子通信,构建了天地一体化的量子保密通信与科学实验体系。

量子卫星的成功发射和在轨运行,有助于我国在量子通信技术实用化整体水平上保持和扩大国际领先地位,实现国家信息安全和信息技术水平的跨越式提升,有望推动我国科学家在量子科学前沿领域取得重大突破,对于推动我国空间科学卫星系列的可持续发展具有重大意义。

2. 北斗卫星导航系统

中国的北斗卫星导航系统(BDS)如图5-24所示,它是中国自行研制的全球卫星导航系统,是继美国全球定位系统(GPS)、俄罗斯格洛纳斯全球卫星导航系统(GLONASS)之后第三个成熟的卫星导航系统。中国的BDS和美国GPS、俄罗斯GLONASS、欧盟GALILEO是联合国全球卫星导航系统国际委员会认定的供应商。

北斗卫星导航系统由空间段、地面段和用户段三部分组成。空间段由若干地球静止轨道卫星、倾斜地球同步轨道卫星和中圆地球轨道卫星等组成;地面段包括基准站、主控站、时间同步/注入站和监测站等若干地面站,以及星间链路运行管理设施;用户段包括北

图 5-24 北斗卫星导航系统

斗兼容其他卫星导航系统的芯片、模块、天线等基础产品,以及终端产品、应用系统与应用服务等。北斗卫星导航系统通过这三部分实现精准定位。

北斗卫星导航系统具有以下特点:一是空间段采用由三种轨道卫星组成的混合星座,与其他卫星导航系统相比高轨卫星更多,抗遮挡能力强,低纬度地区的性能优势更为明显;二是提供多个频点的导航信号,能够通过多频信号组合使用等方式提高服务精度;三是创新融合了导航与通信能力,具备定位导航授时、星基增强、地基增强、精密单点定位、短报文通信和国际搜救等多种服务能力,定位精度为 10 米,测速精度为 0.2 米每秒,授时精度为 10 纳秒。

北斗卫星导航系统的建设实践走出了在区域快速形成服务能力、逐步扩展为全球服务的中国特色发展路径,丰富了世界卫星导航事业的发展模式。

五 中国卫星及应用产业的发展前景

航天发展事关国家战略利益与安全,卫星应用已经成为国家创新管理、保护资源环境、提供普遍信息服务以及培育新兴产业不可或缺的手段。2013 年我国卫星应用的产值超过 1 000 亿元,预计 2025 年将达到近 1 万亿元。全面建设小康社会、建设创新型国家对发展先进航天装备,保障进入空间、探索和利用空间资源的能力提出了更高、更广泛的要求。

(一)发展目标

2025 年,建成高效、安全、适应性强的航天运输体系以及布局合理、全球覆盖、高效运行的国家民用空间基础设施,形成长期稳定、高效的空间应用服务体系,具备行星际探测能力,空间信息应用的自主保障率达到 80%,产业化发展达到国际先进水平。

(二)重点产品

1. 运载火箭

重点开展新一代运载火箭和重型运载火箭的研制,具体完成新一代无毒、无污染长征系列运载火箭的研制,突破重型运载火箭的关键技术。2025年完成重型运载火箭地面试验验证,提升我国自主进入空间的能力。

2. 国家民用空间基础设施

重点发展国家民用空间基础设施,具体包括建设由卫星遥感系统、卫星通信广播系统、卫星导航定位系统等天地一体化系统构成的自主开放、安全可靠、长期连续稳定运行的国家民用空间基础设施。

通过跨系列、跨星座卫星和数据资源组合应用、多中心协同服务的方式,提供多类型、高质量、稳定可靠、规模化的空间信息综合服务能力,支撑各行业的综合应用。

3. 国家空间宽带互联网

重点建设国家空间宽带互联网,具体建设天基骨干传输网、天基移动宽带接入网和地面节点网以及开发商用应用终端,形成网络互联、全球覆盖、宽带服务和移动保障的卫星通信系统,与地面宽带网络、第五代移动通信系统等互联融合,形成我国自主的空天地一体化信息网络。

5.5 轨道交通装备产业

轨道交通装备产业是一种产业关联度高、经济拉动作用强、技术含量高的产业,是国家大力支持的高端装备产业。我国轨道交通装备产业是创新驱动、智能转型、强化基础、绿色发展的典型代表,是我国高端装备制造领域自主创新程度最高、国际创新竞争力最强的产业之一。在《中国制造2025》文件中,已将先进轨道交通装备产业作为优势和战略产业,力争到2025年达到国际先进水平。

一 什么是轨道交通

轨道交通没有明确的定义,从广泛的含义来说,轨道交通是指以轨道运输方式为主要特征的公共交通。它具有运量大、速度快、安全准点、环保节能和节约土地等诸多优点,是解决陆地交通的根本出路,通常包括铁路、高速铁路以及城市轨道交通,如地铁、轻轨、单轨、磁悬浮等系统。

国外经验表明,除了中长途运输外,在中短途运输、大城市近郊、大城市与卫星城市之间,铁路客运的作用仍然不可忽视。随着我国城市化进程的持续发展和城市化水平的不断提高,城市的数量与规模都在不断扩大,未来城际间的客运市场潜力巨大。在城市交通体系中,轨道交通以其用地省、运能大、速度快、节约能源、减少污染、运行经济、安全性好等优点,越来越受到人们的重视。

据专家预测,未来的城市轨道运输将由"地铁+轻轨+市郊动车组"的模式组成,构成一个由内向外、层层分流的立体交通网络。即在市区采用地铁,在人口相对较少的地区采用轻轨,在城市周围和市郊采用动车组。这种组合的优点:地铁运量大,可将密集地区的人流迅速分散出去;轻轨运行时间机动,可灵活应对不确定的客流;市郊出行距离加大,更快速的动车组可大大缩短旅途时间。

二、轨道交通装备的主要内容

铁路是国民经济的交通大动脉,城市轨道交通是大中城市基础性公共交通设施,它们对国民经济的发展和提升有举足轻重的作用。而发展轨道交通,首先必须发展轨道交通装备。

轨道交通装备是铁路和城市轨道交通运输所需各类装备的总称,主要包括机车车辆、工程及养路机械及通信信号、牵引供电、安全保障、运营管理等各种机电设备。发展轨道交通装备产业,是提升交通运输客流和物流效率的保证,是实现资源节约和环境友好的有效途径,对国民经济和社会发展有较强的带动作用。

(一)动车组

1. 什么是动车组

以往的火车只有一个动力源,由于只有一个车头在前面牵引着众多车厢,车头的力量有限,因此列车跑不快,也不能拉太多的车厢。为了多拉几节车厢并跑得快一点,有时采取一个车头在前面拉、一个车头在后面推的方式。这样虽然能多拉一点,跑得快一点,但火车的速度仍旧提不高,时速最多也不过 100 千米每小时,也多拉不了几节车厢。

为了让火车多拉快跑,可以在一列火车中多设置几个车头,这种一列火车配备几个车头的办法,叫作动力分散技术。以前我们乘坐的火车全靠机车牵引,车厢不具备动力,不会自己跑,这叫作动力集中技术。而如果让车厢本身也具有动力,运行时车不光由机车带动,车厢也会自己跑,把动力集中变为动力分散,就能达到高速的效果,做到多拉快跑。把动力装置分散安装在每节车厢上,使其既具有牵引力,又可以载客,这样的客车车辆叫作动车。几节自带动力的车厢加几节不带动力的车厢编成一组,这样的列车就叫作动车组,如图 5-25 所示。而不带动力的列车,叫作拖车组。

由于动车组可以根据某条线路的客流量变化进行灵活编组,可以实现高密度小编组发车,并具有安全性能好、运量大、往返无须掉转车头、污染小、节能、自带动力等优点,因此受到国内外市场的青睐,被誉为 21 世纪交通运输的"新宠"。

图 5-25　动车组

2. 动车组的重联技术

动车的发明使得单节车厢会自动行走,而不再像以前那样只被车头拖着走。这样,由动车编成的动车组列车(简称动车列车)出现了,动车与无动力车厢混编的列车也出现了。它们编组灵活,加速能力强,运载能力大,使火车运输跃上了一个崭新的台阶。有些动车、动车列车或混编列车两头都有司机室,不用专门的调车作业就能往返运行,非常方便。

但是,早期的动车并没有充分发挥其优越性,它们各节自成体系,不能相互操作,列车中每节动车都要有人操作,司机之间很难协调好,往往出现列车走走停停的现象。即使是经验丰富的老司机之间也难免会出差错,一旦前车猛然减速而后车刚好加速,就会造成事故。而频繁的脱轨事故,使得动车列车的编组只能很小,这就削弱了动车编组灵活的优势。

自从电力机车的重联技术发明以来,这个问题就迎刃而解了。重联指用特定方法将兼容机车联系在一起,由一个司机室操纵。最常见的方法是用一组重联电缆连接多台同系列机车的操控系统或动力系统,从而使动车列车与无动力车厢混编的列车可以由一名司机全面操控。

(二) 高铁

高速铁路简称高铁,是指设计标准等级高、可供列车安全、高速行驶的铁路系统。其概念并不局限于轨道,更不是指列车。

高铁在不同国家、不同时代以及不同的科研学术领域有不同的规定。中国国家铁路局将中国高铁定义为设计开行时速 250 千米每小时以上(含预留)、初期运营时速 200 千米每小时以上的客运专线铁路,并颁布了相应的《高速铁路设计规范》。国家发展和改革委员会将中国高铁定义为时速 250 千米每小时及以上标准的新线或既有线铁路,并颁布了相应的《中长期铁路网规划》,将部分时速 200 千米每小时的轨道线路纳入中国高速铁路网范畴。

1. 发展历史

(1) 第一次浪潮(1964—1990年)

1959年4月5日,世界上第一条真正意义上的高速铁路东海道新干线在日本破土动工,经过五年建设,于1964年3月全线完成铺轨,同年7月竣工,1964年10月1日正式通车。东海道新干线从东京起始,途经名古屋、京都等地终至大阪,全长515.4千米,运营速度高达210千米每小时,它的建成通车标志着世界高速铁路新纪元的到来。随后法国、意大利、德国纷纷修建高速铁路。1972年继东海道新干线之后,日本又修建了山阳新干线、东北新干线和上越新干线;法国修建了东南TGV线、大西洋TGV线;意大利修建了罗马至佛罗伦萨的高速铁路。以日本为首的第一代高速铁路的建成,大力推动了沿线地区经济的均衡发展,促进了房地产、工业机械、钢铁等相关产业的发展,降低了交通运输对环境的影响程度,铁路市场份额大幅度回升,企业经济效益明显好转。

(2) 第二次浪潮(从1991年至20世纪90年代中期)

这一时期法国、德国、意大利、西班牙、比利时、荷兰、瑞典、英国等欧洲大部分发达国家大规模修建本国或跨国界高速铁路,逐步形成了欧洲高速铁路网络。这次高速铁路的建设高潮,不仅是铁路提高内部企业效益的需要,更是国家能源、环境、交通政策的需要。

(3) 第三次浪潮(从20世纪90年代中期至今)

这一时期在亚洲(韩国、中国)、北美洲(美国)、大洋洲(澳大利亚)掀起了建设高速铁路的热潮。主要体现在:一是修建高速铁路得到了各国政府的大力支持,一般都有全国性的整体修建规划,并按照规划逐步实施;二是修建高速铁路的企业经济效益和社会效益得到了更广层面的共识,特别是修建高速铁路在节约能源、减小土地使用面积、减少环境污染、交通安全等方面的社会效益显著,并能够促进沿线地区的经济发展,加快产业结构的调整等。

2. 基本特点

(1) 高速铁路非常平顺,以保证行车安全和舒适性。高速铁路采用的是无缝钢轨,时速300千米每小时以上的采用无砟轨道,就是用没有石子的整体式道床来保证平顺性。

(2) 高速铁路的弯道少,弯道半径大,道岔都是可动心高速道岔。

(3) 大量采用高架桥梁和隧道,来保证平顺性和缩短距离。

(4) 高速铁路的接触网,即火车顶上的电线悬挂方式与普通铁路不同,以保证高速动车组的接触稳定和耐久性。

(5) 高速铁路的信号控制系统比普通铁路高级,因为发车密度大,车速快,所以安全性一定要高。

3. 对未来的影响

(1) 改变人们的生活和思维方式

高铁正在改变着人们的生活和思维方式,使异地工作、异地消费、异地置业成为可能。人们乘坐高铁不仅体验着快速,还体验着舒适,更是一种时尚。公交化、高速度和大运力,让更多人体验着高铁线路的魅力。"朝饮珠江水,午食武昌鱼,晚品穗城茶",以往诗句中的想象,随着呼啸而行的高铁成为现实。

(2) 提升国家的整体竞争力

高铁不仅改变着人们的生活和思维方式,对提升国家的整体竞争力也发挥着重要的作用。业内人士指出,在高铁高端技术上每投入1元,就会带动9元的产出。高铁不仅是拉动经济的重点产业,也是新的财富增长点。高铁影响着我国经济的运行节奏,推动着生产力布局的优化调整,给经济社会持续、协调发展提供着不竭动力,推动着我国经济格局的深刻调整。高铁打通了我国长期以来"一票难求、一车难请"的经济社会发展"瓶颈",缩短了城市距离,改变了经济版图,地方的资源优势、制造优势、区位优势、市场优势得以有效转化为经济优势。

(3) 强劲地拉动内需

为什么发展高铁就能强劲地拉动内需呢?倘若高铁每天投资达到1.9亿元,那么每天就要消耗1万吨钢筋、3.5万吨水泥和11万立方米混凝土。由此可见,高铁投资是拉动内需的"火车头"。旺盛的市场需求保证了高铁的投入回报,使它在我国经济中占有的分量远远超过它创造出来的财富价值。高铁所具有的基础性、战略性的价值,令决策层对高铁建设有着这样的评价:高铁不仅改变了铁路的面貌,还改变了运输结构和产业结构。

(4) 快速催化产业升级

建设高铁需要应用新技术和高端装备,但它不仅仅是高新技术装备的集成,由于其自身产业链很长,因此建设高铁将带动相关产业结构实现优化升级。高铁的制造大量采用冶金、机械、建筑、橡胶、电力、信息、计算机、精密仪器等高新技术产品,这将直接刺激相关高新技术产业的发展,带动相关区域的产业升级。同时,高铁模糊了传统经济圈的范围,使沿海经济发达地带得以向更深的腹地延伸,为区域产业的区位布局提供了更加广阔的空间,从而推动区域产业结构进一步调整和升级。随着一条又一条高铁的开通运营,越来越多的企业把业务迁至内陆地区,以惠及中西部地区的经济。同时,这样的结构调整也将促进沿海省份集中发展高附加值产业及服务业。

(5) 极大地释放运能

我国的铁路货运肩负着国家重点物资95%的运输量,包括85%的木材、85%的原油、60%的煤炭、80%的钢铁及冶炼物资。此外,铁路还承担了大量的公益性运输任务。这些数据折射出铁路在整个国民经济中的运输"主角"地位。

与此同时,仅占世界铁路总里程6.5%的中国铁路,需要完成世界铁路客货周转总量四分之一的运量。2003—2009年,全国铁路货物发送量每年增加2亿吨左右,但由于运力的严重不足,使这些重点物资的请车满足率不足35%,铁路不堪重负。

高铁的加入为弥补国民经济高速增长中的铁路运力短板提供了新的可能。来自高铁的强大助力减轻了既有铁路通道上客运的压力,使货运能力得到了较大释放,为实现货运增量、丰富货运产品体系、提升货运服务质量和更好地满足不同层次市场运输需求奠定了坚实的基础。

(三) 城市轨道交通

城市轨道交通指采用专用轨道导向,为城市辖区内提供客运服务的公共交通系统。与城市公共汽车运输方式相比,城市轨道交通方式具有大运量、全天候、安全舒适、经济省地、速达准时、节能环保等经济技术优势，属于绿色环保交通体系，符合可持续发展的原则，特别适合人口众多的大中城市，可有效缓解道路拥挤、堵塞现象，是城市公共交通的骨干力量。

1. 城市轨道交通车辆

城市轨道交通车辆是运行在固定轨道上、用电力驱动、以轮轨或导轨方式成列编组运行、承担城市客运服务的大运量交通工具，是城市轨道交通中的重要装备。

（1）主要技术特点

与城市公共汽车相比，城市轨道交通车辆主要具有如下技术特点：

①自行导向。无论是钢轮钢轨，还是胶轨导轨，城市轨道交通车辆均通过其特殊的轮轨结构，保证车辆始终能沿着轨道运行，不用控制运行的方向，而包括公共汽车在内的其他运输工具都要由方向盘来控制运行方向。

②低运行阻力。车辆在轨道上运行，轨道平顺度高，除坡道、弯道及空气阻力外，运行时的阻力很小，这就是轨道交通节能环保、绿色无污染的原因。而公共汽车通过轮胎在公路上运行，轮胎与地面的摩擦阻力较大。

③成列运行。车辆沿着轨道运行，又是低阻力，轨道线相对封闭，外部无干扰，故可以编组成列运行。车辆成列运行，相当于车辆与车辆之间的间隔为零，线路上的通过能力可以做到很大。但公路上要形成较大的"汽车列车"，没有运行轨道是不可能做到的。

④严格的外形尺寸限制。轨道车辆只能沿着轨道运行，无法像其他车辆那样主动避开靠近它的物体。为此，除了要制定轨道界限、严禁外部物体进入界限外，车辆本身的外形尺寸也要严格限制。而公共汽车虽然也有外形尺寸限制，但是没有轨道车辆严格。

⑤高可靠性及安全性。城市轨道交通车辆是城市特种大中运量的交通工具，运行于城区或地下等封闭的专用线路上，单线运行，行车密度大，如发生问题，将阻断交通、救援困难，因此对车辆的可靠性、安全性、噪声、振动、防火等提出了更加严格的要求。而公共汽车运行在地面上，出现问题可绕行，施救方便，对可靠性及安全性的要求没有轨道车辆高。

（2）主要种类

目前城市轨道交通车辆的主要形式有地铁车辆、轻轨车辆、有轨电车、单轨车辆、磁悬浮列车、自动导向轨道车辆、市域快速轨道车辆等七大类，它们既相互关联，又各具特色。

①地铁车辆

地铁车辆是铁路客车的"小型化"，如图 5-26 所示。将铁路客车的外形尺寸适当缩小，降低轴重，减小隧道工程量，并提高车辆的启动加速度和制动加速度，增加车辆牵引动力，即成为地铁车辆。

一般采用的是标准地铁车辆，其主要结构与铁路客车基本相同，采用传统的轮轨关系、传动机械等技术，牵引动力采用交流电动机牵引、变压变频（VVVF）控制。车辆供电采用接触网或第三轨供电，接触网供电会加大空间断面，提高工程造价；而第三轨供电电压有限，需加密变电站数量。

地铁车辆的运行线路主要在地下隧道，部分路段也可建设在地面或高架；运行区间主要在市区，也可延伸到市郊；运行方式采用电力驱动，运行线路全封闭，信号自动化控制。

图 5-26　地铁车辆

因此,地铁车辆具有运量大、速度快、能耗低、安全、准时、舒适、节约城市土地资源等优点,但其建设费用高,建设周期长,只适合 100 万以上人口的特大城市采用。一旦发生火灾等自然灾害,乘客疏散较困难,因此对安全管理的要求很高。

②轻轨车辆

轻轨车辆是地铁车辆的"轻量化",如图 5-27 所示。它通过适当减小车辆外形尺寸、适度降低车辆轴重和载荷、减小通过的曲线半径,而变得更科学、实用、经济。

图 5-27　轻轨车辆

轻轨车辆是在地铁车辆、有轨电车的基础上发展起来的一种新型有轨电车。相对于地铁车辆,轻轨车辆既无须高额投资,又具有中运量的特点。因此,作为市区内主要交通走廊或负责市区与近郊区之间中长距离运输的交通工具,轻轨车辆在我国具有较大的发展前景。

轻轨车辆主要运行在城市地面或高架桥上,采用地面专用轨道或高架轨道,遇繁华街区也可进入地下或隧道。因此,轻轨车辆具有转弯半径小、爬坡能力强、运行噪声小、适应城市路面运行等优点。

轻轨车辆是介于地铁车辆与有轨电车之间的交通工具。三者最大的不同是路权,地铁车辆、轻轨车辆是享有专用路权的,而有轨电车则不享有专用路权,它与地面其他交通工具共同使用路面。

③有轨电车

有轨电车是轻轨车辆的"公交化",如图 5-28 所示。让轻轨车辆像公交汽车一样行驶在地面公共道路上,与汽车混行,即成为有轨电车。

有轨电车大多 2～3 辆编组运行,最大运行速度为 70 千米每小时,旅行速度约为 20

图 5-28　有轨电车

千米每小时,定员为 110～260 人,高峰期运量为 0.6 万～1.2 万人次每小时,是一种低运量的城市轨道交通工具,还具备城市观光功能。

有轨电车是介于轻轨交通与公共汽车之间的交通工具,它采用电力驱动,在轨道上行驶,与城市汽车共用路面,可作为中小城市公共交通的主力,也可作为大城市地铁车辆、轻轨车辆等大中运量系统的补充、衔接和延伸。

作为城市路面上的公交车使用,有轨电车需满足三个基本条件:

一是城市路面不能建造高站台,只能利用人行道作为站台。因此,有轨电车采用低地板结构。由于地板面距轨面较近,因此电气设备无法放置在车下,只能放置在车顶。

二是城市路况复杂,车辆制动必须灵敏。为提高制动性能,有轨电车的制动系统通常采用电制动、摩擦制动和磁轨制动等多种制动方式。常用的制动方式以电制动为主,电制动不能满足要求时,由摩擦制动补充。紧急制动时,电制动、摩擦制动、磁轨制动一起投入,提高车辆的制动减速度,缩短紧急制动距离,保证列车运行安全。

三是转弯半径要小,转弯时少占地面空间。因此,有轨电车通常采用铰接车体,以减小车辆转弯半径。且车头采用尖窄形状,以减小转弯时的占地空间。

④ 单轨车辆

单轨车辆是有轨电车的"单轨化"和"空中化",如图 5-29 所示,俗称"空中小火车"。单轨车辆只将一根轨道架在空中,能降低成本、节省空间。

图 5-29　跨坐式单轨车辆

不同于传统轨道车辆在两条平行的钢轨上运行,单轨车辆运行在一条预制混凝土轨道梁(PC 轨道梁)上。轨道梁不仅是车辆的承重结构,还是车辆运行的导向轨道。车辆采用橡胶车轮,电气牵引,4~6 辆编组运行。

单轨车辆具有外形美观、噪声小、爬坡能力强、转弯半径小、占地面积小等诸多优点,适合市区地形起伏、轨道交通线路走向曲折的城市,特别适合道路落差较大、转弯半径小、道路比较狭窄的城市区域。另外,单轨线路多数为架空线,占地面积小,体量轻巧,透光性好,可作为旅游区、大型购物场所、娱乐场所、大型机场、大学内部、博览会、游乐场等地的短途交通运输工具。

⑤磁悬浮列车

磁悬浮列车是单轨车辆的"悬空化",如图 5-30 所示。单轨车辆采用橡胶轮胎与轨道接触,运行阻力大。如果要将轮轨间的运行阻力降至最低,最好的方法就是将车辆悬空,使车轮与轨道不接触,即成为磁悬浮列车。

图 5-30　磁悬浮列车

磁悬浮列车是介于轨道车辆与飞机之间的交通工具。磁悬浮列车的悬空运行类似于飞机的空中飞行,没有轮轨之间的摩擦阻力。但它的悬空运行又是利用轨道的驱动力,沿着固定轨道来进行的,这又类似于轨道车辆。因此,磁悬浮列车将飞机和轨道车辆的优势结合了起来。

磁悬浮列车就是利用电磁力克服地球引力,将车辆悬浮在轨道上,并采用直线电动机牵引、侧面电磁力导向的轨道交通方式。普通轮轨车辆的走行轨为钢轨,车轮与钢轨接触,轮轨黏着力驱动,轮轨关系导向,而磁悬浮列车的走行轨为磁轨,车轮与"磁轨"不接触,靠车辆与"磁轨"间的垂向电磁力悬浮,纵向电磁力驱动,横向电磁力导向。

由于磁悬浮列车与钢轨不接触,无摩擦阻力和振动,因此其具有快捷、舒适、低噪声、无摩擦、无污染、运量中等的优点,发展前景十分美好,适用于大城市市区到郊区的客流走廊,也可服务于组团之间,是轻轨交通的有效补充。

⑥自动导向轨道车辆

自动导向轨道车辆是无轨电车的"运行轨道化"和"自动导向化",如图 5-31 所示。无轨电车运行时无固定轨道,与汽车混行,效率低,安全性差。若无轨电车的运行和导向均采用橡胶车轮,并运行在专门轨道上进行自动导向,即成为自动导向轨道车辆。

图 5-31　自动导向轨道车辆

自动导向轨道车辆比地铁车辆和轻轨车辆小,编组为 2～6 节。车辆定员标准按车厢座位数设定,一般为 70～90 人,车辆轴重不超过 9 吨,通过最小曲径半径为 30 米,最高运行速度为 80 千米每小时,单向运能为 1.0 万～3.0 万人次每小时,是中运量旅客运输系统。

⑦市域快速轨道车辆

市域快速轨道车辆是地铁车辆的"快速化"。地铁车辆速度低,启动、制动频繁,适合站间距较短的市内交通使用。但对于城市范围内十几千米甚至上百千米、站间距几千米甚至十几千米的市郊铁路,为缩短远郊乘客的出行时间,必须要提高车辆运行速度,将地铁车辆"快速化",这就是市域快速轨道车辆的由来。

市域快速轨道交通一般站距较长,列车运行速度较高,一般为 120～160 千米每小时,客运量可达 20 万～45 万人次每日,具有速度高、投资少、节能环保等优点,是解决城市地域内中心城区与远郊卫星城等大量通勤交通的最佳方式。

市域快速轨道车辆是一种介于地铁车辆与城际动车组之间的新型车辆。该车主要服务于城市周围几十千米甚至更大范围内的卫星城或城市圈乘客上下班的交通出行,运行线路既可以是铁路干线,也可以是地铁线路,与地铁互连互通。因此,市域快速轨道车辆要兼顾两种运输模式。

市域快速轨道车辆在国外开发得很早,日本、德国、澳大利亚等国家对其的应用非常成熟,市域线路长度已经超过地铁线长度,车型多种多样,车内设置很人性化。

随着我国主要大城市规模的扩大,大量通勤交通的产生,交通拥堵问题越发严重。2014 年,我国首列市域快速轨道车辆在中车长春轨道客车股份有限公司研制成功并下线,如图 5-32 所示。该车最高运行速度可达 160 千米每小时,采用 3 辆、6 辆或 9 辆编组,高峰期还可双列重联。该车采用双供电制式的受电弓,能够在交流 25 千伏和直流 1 500伏接触网之间动态自由切换。车体材质首次采用了碳纤维、铝镁合金等新材料,实现了市域快速轨道车辆的轻量化,使列车更加节能环保。

图 5-32 我国研制的首列市域快速轨道车辆

（3）主要结构

城市轨道交通车辆主要由以下几部分组成：

①车体：是承载乘客的空间，又是其他设备安装的基础。车体既能传递车辆纵向力，又可抑制转向架的蛇形运动。

②转向架：车辆的行走部件，用于牵引和引导车辆沿着轨道行走。转向架将车体及乘客重量传递给轨道，并对由线路激扰引起的振动进行衰减和隔离，保证车辆的运行品质。

③车钩缓冲装置及能量吸收系统：其作用是将车辆连接成列车，传递列车纵向力，并缓冲列车纵向冲动，实现电路及气路的连通。

④制动系统：使车辆产生制动力，保证车辆在规定距离内安全停车或运行中调速。

⑤牵引电气系统：驱动车辆运行的部件。该系统从电网上接收电能，将其转变为动能，牵引列车运行。

⑥车门系统：用于乘客上下、保证乘客安全的装置。运行中车门必须锁闭可靠，并能利用监测装置监控到车门状态。在故障或意外情况下，车门具有人工紧急开锁装置。

⑦贯通道装置：安装在两车端部连接处、将两车进行柔性连接的装置。贯通道装置既能保证车辆顺利通过曲线，又是旅客通道，还能承载旅客，扩大车辆载客量。

⑧内饰：用于改善乘车环境的部分，主要包括座椅、扶手、墙板等。

⑨空调和通风系统：为车内提供温度调节、空气调节的系统，保证乘客舒适的乘车条件。

⑩辅助电源系统：为车辆空调、风机、照明、指示、广播、车门驱动、信息显示、控制电路等系统提供电源的系统，通常有交流 380 伏、直流 110 伏、直流 24 伏。

⑪控制及故障诊断系统：采用微机控制单元对车辆状态进行控制及故障诊断，包括信息采集、监控、数据存储、故障诊断、信息显示及发布等。车辆与车辆之间采用协议通信方式。

⑫广播及信息显示系统：为乘客提供信息服务，如到站广播、车门开关指示、到站提示灯显示、电视视频、图像显示等。

2. 城市轨道交通的通信系统与信号系统

(1) 通信系统

通信系统是城市轨道交通的嘴巴、耳朵和眼睛。它在正常情况下应保证列车安全、高效运营，为乘客提供高质量的出行服务；在异常情况下能迅速转变为供防灾救援和事故处理的指挥通信系统，为各子系统提供语音、文字、图像和数据等多种信息的传递。通信系统应具有强大的网络管理能力，能做到自我监控，应是安全、可靠的，能连续 24 小时不间断运行；应是灵活的，既要满足工程建设的需要，又要有适应其他引入或扩展的能力。通信网络的设计应充分考虑将来的发展，并处理好交换网与市话网的连接。

通信系统主要由专用通信系统、商用通信系统、公安通信系统和政务通信系统组成。专用通信系统包括传输系统、公务电话系统、专用电话系统、无线通信系统、视频监控系统、广播系统、乘客信息系统、时钟系统、电源及接地系统、通信综合网络管理系统等子系统；商用通信系统由商用传输系统、移动电话引入系统、商用电源及接地系统等子系统组成；公安通信系统由计算机网络系统、公安无线引入系统、电源及接地系统等子系统组成；公安通信系统与专用通信系统的视频监控资源共享；政务通信系统通常由政务传输系统和无线系统组成。

(2) 信号系统

信号系统是城市轨道交通的中枢神经，它是城市轨道交通自动化系统中的重要组成部分。该系统以安全为核心，以保证和提高列车运行效率为目标，在保证列车和乘客安全的前提下，通过调节列车运行间隔和运行时段，实现列车运行的高效和指挥管理的有序。城市轨道交通信号系统的自动化水平较高，系统协同性较强，通常又被称为列车自动控制（ATC）系统。

列车自动控制系统包括列车自动监控（ATS）、列车自动防护（ATP）、计算机联锁（CI）和列车自动运行（ATO）子系统。列车自动控制系统通过车载设备、轨旁设备、车站和控制中心组成的控制系统完成列车运行控制，有机结合了地面控制与车载控制、现地控制与中央控制，构成一个以安全设备为基础，集行车指挥、运行调整以及列车驾驶自动化等功能于一体的自动控制系统。

3. 城市轨道交通的机电设备系统

城市轨道交通的机电设备系统主要包括供电系统（含动力照明）、通风空调系统、给水与排水系统、消防系统、站台门系统、电（扶）梯系统、火灾自动报警系统、综合监控系统、自动售检票系统（AFC）、安防系统、办公自动化（OA）系统等。机电设备系统既是直接面向乘客服务的设备系统，又和运营直接相关，它的质量直接关系到乘客对城市轨道交通的感受，体现城市轨道交通的服务水平，是"以人为本"的落脚点。

下面着重介绍几种机电设备系统：

(1) 供电系统

供电系统是城市轨道交通的动力源泉，它是由电力系统经高压输电网和主变电所降压、配电网络和牵引变电所降压以及换流等环节，向城市轨道交通线路中运行的列车组及其他用电设备输送电力的供电系统。供电系统是城市轨道交通的大动脉，是轨道交通系统能源的基础设施,运转良好的供电系统既能保证轨道交通车辆畅通无阻地运行,又可以向各机电设备系统提供动力,以保证乘客在旅行中有良好的乘车环境和秩序。

供电系统从宏观上讲,一般分为两部分,即外部供电系统(城市电网)和内部供电系统。城市轨道交通工程通常可以直接从城市电网取得电能。城市轨道交通内部的供电系统一般包括牵引供电系统、动力照明供电系统、杂散电流腐蚀防护系统和电力监控系统等。

供电系统的功能是向城市轨道交通各机电设备系统提供安全、可靠、优质的电力供应,满足各系统的供电要求,主要包括接收并分配电能、降压整流、输送直流电能及动力配电。此外,供电系统的各级供电网络还应具有在正常、事故、灾害运行情况下控制、测量、监视、计量、调整的功能,以及安全操作连锁功能和故障保护功能。

(2)通风空调系统

通风空调系统是城市轨道交通的呼吸系统。它作为城市轨道交通的重要系统之一,担负着对城市轨道交通内部空间的空气温度、湿度、空气流速、空气压力和空气品质进行控制的任务。从系统功能上看,城市轨道交通需要通风空调系统为乘客和工作人员营造一个安全、良好的内部空气环境,是保证列车开通运转必不可少的基础条件。

(3)给水与排水系统

给水与排水系统是城市轨道交通工程中最基本的系统之一,可分为生产生活给水系统、排水系统、消防给水系统、循环冷却水系统等。

由于轨道交通工程的特殊性,使得该系统具有以下特点:

一是设计标准高,管理要求严格。轨道交通属于重要的公共设施,且大部分车站位于地下,施工难度大,后期维修困难,因此设备的设计标准、管理要求等大大高于普通的公共建筑,选用的系统必须成熟,选用的设备必须安全可靠,易于维护管理。

二是车站内部空间紧张,给排水管线的路由复杂。轨道交通车站通常位于地下,土建空间十分紧张,同时给排水的专业管线较多,管线路由复杂,导致管道的敷设、检修都比较困难。

(4)站台门系统

轨道交通站台门是集建筑、机械、材料、电子和信息等学科于一体的科技产品,用于地铁站台。站台门将站台和列车运行区域隔开,通过控制系统控制其自动开启。站台门还能有效地减少空气对流造成的站台冷热气的流失,保障列车、乘客进出站时的安全,降低列车运行所产生的噪声对车站的影响,为乘客营造一个安全、舒适的候车环境,具有节能、安全、环保、美观等功能。

(5)自动售检票系统

自动售检票(AFC)系统是城市轨道交通工程重要的核心子系统之一,是集计算机、机电设备、模式识别等多种高新技术于一体,实现售检票全过程自动化管理的系统。它替代了传统的纸票售检票方式,极大地提高了服务水平和工作效率。

轨道交通的自动售检票系统已在国外运行了30多年,在国内也运行了近20年,它带来的便捷性和准确性大大优于传统的纸票售检票方式,不仅是城市轨道交通发展的趋势,也是城市信息化建设的重要体现。同时,其技术有了长足的发展,多种高新技术都在现代城市轨道交通的自动售检票系统中得以应用。

4. 城市轨道交通的控制中心

控制中心是轨道交通线路运营指挥的核心,除一般运营生产组织外,还作为线路或线网的中央控制指挥场所,需要完成线路的行车指挥、电力调度、运营维护、灾害防控等工作,这些工作需要通信系统、信号系统、机电设备系统等系统的支撑。为适合多条线路的网络化运营,控制中心还应担负线网层面的信息监管、运营协调、应急处理等工作。大型城市轨道交通线网建设时,除包含线路控制中心功能外,还包含有线网控制中心功能,以满足城市线网的运营需要。

(1) 控制中心功能

① 线路控制中心(OCC)

城市轨道交通的主要任务是快速、安全、准确地将乘客输送到目的地,线路行车运营主要是通过各级管理层和行车指挥机构来完成的,因此,线路控制中心是以轨道交通的运营和行车管理为核心的。要保证列车安全、高速、高效、正点运行,主要是靠轨道交通中的行车控制系统和信号系统实现行车指挥、列车运行监控与管理、列车安全保证,同时把列车运行等信息实时、准确、真实、可靠、快速地传送到线路控制中心,以便运营调度和管理者能随时掌握和了解这些信息,并作为决策的依据。

线路控制中心是线路运营的核心,其调度功能由各控制系统的中心级系统提供服务支撑,中心调度人员需通过这些控制系统下发调度命令,实现日常的行车运营和应急管理。线路控制中心需具备总调度、行车调度、供电调度、防灾调度、维修调度、乘客服务调度等调度职能。

② 线网控制中心(TCC)

城市轨道交通在构成网络之后,各线路已不再是孤立的线,而成为网络中的骨架,任何一处紧急、突发事件,都将对整个轨道交通网络的运行产生影响。为使轨道交通网络中各条线路能够有效地协调运作,适应线网的发展,需要构建一个保证轨道交通高效、经济、有序、有权威性的线网控制中心。线网控制中心以管理和协调各条线路的运营工作为核心功能,统一管理和协调各线路控制中心,使各条线路的运营有序地正常进行。

随着轨道交通线网规模的不断扩大,各条轨道交通线路之间的运营关系也越来越密切,特别是线网的换乘节点站以及轨道交通与其他交通的枢纽站。线网控制中心需要能够协调各条线路的运营组织,综合各条线路与运营管理有关的信息资源,共享这些资源,有效地监管各条线路的运营,控制客流量均衡、有序地流动。线网控制中心同时要作为轨道交通对外的服务窗口,为政府部门提供必要的运营信息,接受政府部门的运营监管。在城市发生突发灾害时,还要结合城市各方面的情况,调动各种社会资源,接受政府部门的应变指挥,减少灾害损失,缩小次生灾害范围。线网控制中心需要建设一套综合信息系统,用于采集各条线路运营的综合信息,实现各条线路间的信息共享,以及对各条线路控制中心的指挥调度。

(2) 控制中心形式

从国内外轨道交通建设的情况来看,轨道交通控制中心从物理位置规划布局的角度,主要分为集中式、分散式和区域集中式三种。

①集中式

每条线路的控制中心与线网控制中心合建在一处,即将每条线路的控制中心全部集中在一起,并在线路控制中心的基础上建设线网控制中心。该方式的优点是各条线路中心的物理位置集中,调度与管理者的办公地点集中,便于线网的统一调度、协调与协作,在特殊事件处理上有较强的地理优势与较高的效率。集中式的控制中心可以优化建筑房间,共享楼宇设施,减小总占地面积。但是该方式会增加控制中心的安全风险,一旦遇有突发事件或恶意破坏,整个城市轨道交通线网的调度会受到致命影响,危害涉及面广,需要考虑中心运营设备的异地备用或调度降级备用方式。北京、香港等城市的轨道交通采用的是集中控制中心方式。

②分散式

每条线路的控制中心在该线路的沿线附近或车辆段内单独建设,不与其他控制中心共享建筑设施。线路中心一方面负责线路的行车组织工作,一方面必须向线网控制中心传送信息,接受线网控制中心的监督,接收线网控制中心发来的各种调度指令。该方式的优点是控制中心分散,对抗突发或特殊事件的能力较强,不干扰其他线路运营并对线网运营的影响小。但此种方式容易造成线路之间协调管理不畅,线网管理效率降低,同时缺少资源共享与优化,造成总建设投资的成本较高。

③区域集中式

按照相关相近的原则,以区域划分或以建设规划顺序划分,将几条线路中心进行部分集中设置,这样在线网中可能存在几个区域集中的控制中心,线网控制中心可与一个区域的控制中心合建,线网控制中心负责多个区域控制中心的管理与协调。该方式部分具备了集中式和分散式控制中心的优点,有利于建筑空间、人员与物力、管理体制与信息管理等方面的资源共享,比较适合线网建设时间较长的城市。广州、上海、武汉等城市采用的是此种方式。

(3)控制中心体系架构

作为一个大型城市轨道交通运营管理的核心,控制中心无论采用集中设置还是分散设置,都需要一个层级合理的控制体系架构,无论线网多庞大,最上层的控制机构应实现集中管理,而下层受各种外部条件的影响,可以采用分散或集中的方式,整个架构由综合性现代化指挥控制系统进行连接,实现各层级的指挥控制功能。控制中心体系架构如图 5-33 所示,控制层级分为三级管理、三级控制,每个层级完成自身的控制功能。三级管理分为线网控制中心(TCC)级、线路控制中心(OCC)级、车站控制系统级,三级控制分为线路控制中心级、车站控制系统级、现场控制系统级。

线网控制中心是轨道交通整个线网的管理指挥中心,线路控制中心是轨道交通单线路的管理控制中心,线网运营部门通过线网控制中心对各条线路的运营进行监督、协调和应急处理。

线网控制中心在建设时需要根据整个轨道交通线网规划情况,预留出后建线路的接入能力,后期线路在建设时,需要依据线网控制中心制定的接口标准进行接入。

装备制造业概论

```
                    线网控制中心
                       (TCC)
                          |
        ┌──────────── 网络通信系统 ────────────┐
三级     |                  |                  |
管理  A线路控制中心      B线路控制中心      C线路控制中心
       (OCC)             (OCC)             (OCC)
         |                 |                 |
      车站控制系统      车站控制系统      车站控制系统     三级
         |                 |                 |          控制
      现场控制系统      现场控制系统      现场控制系统
```

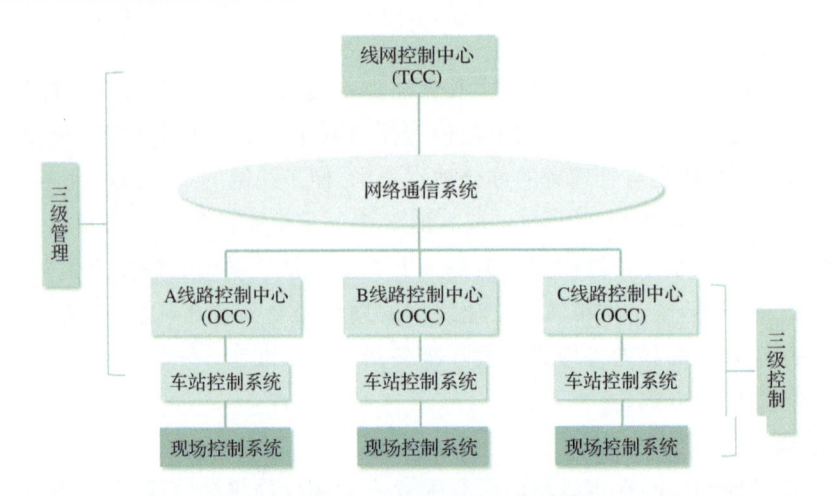

图 5-33　控制中心体系架构

线网控制中心是指挥、协调全市轨道交通线网的中央机构,其管理范围包括城市轨道交通线网内的所有线路。线网控制中心通过线网控制中心系统信息平台,与各条线路的控制中心保持联系,实现对各个线路的运营监视、管理,集中指挥与协调,对轨道交通系统外部实现信息沟通、信息共享,并为运营领导者提供做重大决策时所需要的基础数据。在紧急事件发生时,通过传递上来的各条线路行车运营数据以及视频监视情况进行应急指挥,各条线路须配合线网控制中心的协调和应急指挥工作。

线路控制中心作为单线路的最高控制级,负责监控本线路的行车、电力、故障、车站环境及车站主要设备的运行情况。当线路运营出现异常或灾害发生时,线路控制中心根据本线路的运营情况,与线网控制中心系统进行信息交互,接收线网控制中心的协调指令等,使线路各有关系统协调工作;同时可以接收本线路各个车站传送的实时或历史数据并进行存储,且能进行报表查询。

车站控制系统包括火灾报警系统(FAS)、楼宇自动化系统(BAS)、电力监控系统(PSCADA)、通信系统、信号系统等,集中设在车站、车辆段、停车场控制室或独立的变电所控制室,完成对机电、电力、通信、信号设备的监控,并存储本站的实时信息和历史数据。

现场控制系统主要由行车、电力、机电设备、环控、闭路电视、广播等各个自动化系统的现场级设备组成,直接连接各种基础设备进行数据采集,上传至车站级控制系统,同时接收车站控制系统下发的指令并执行。

三　中国轨道交通装备产业的发展状况

轨道交通装备产业是我国轨道交通产业链的核心环节。目前我国已经形成了自主研发、配套完整、设备先进、规模经营的集研发、设计、制造、试验和服务于一体的轨道交通装备体系。在政策支持和市场需求的双重作用下,我国的轨道交通装备产业将得到快速发展,市场空间巨大。

(一) 发展环境

1. 政策环境

轨道交通装备产业是国家一直大力支持的战略性新兴产业,在《中国制造2025》《"十三五"国家战略性新兴产业发展规划》等文件中,均强调了要重点发展轨道交通装备等先进制造业,具体见表5-4。

表5-4　　　　　　　　　　我国轨道交通装备产业的相关政策

发布时间	发布部门	政策名称	主要内容
2015年5月	国务院	《中国制造2025》	明确将先进轨道交通装备作为十个大力推动重点领域突破发展的方向之一。将在先进轨道交通装备领域加快新材料、新技术和新工艺的应用,重点突破体系化安全保障、节能环保及数字化、智能化、网络化技术,研制先进、可靠、适用的产品和轻量化、模块化、谱系化产品。研发新一代绿色智能、高速重载轨道交通装备系统,围绕系统全生命周期,向用户提供整体解决方案,建立世界领先的现代轨道交通产业体系
2016年7月	国家发展和改革委员会、交通运输部、中国国家铁路集团有限公司	《中长期铁路网规划》	到2020年,一批重大标志性项目建成并投产,铁路网规模达到15万千米,其中高速铁路3万千米,覆盖80%以上的大城市,为完成"十三五"规划任务,实现全面建成小康社会的目标提供有力支撑。展望到2030年,基本实现内外互联互通、区际多路畅通、省会高铁连通、地市快速通达、县域基本覆盖
2016年11月	国务院	《"十三五"国家战略性新兴产业发展规划》	明确强化轨道交通装备的领先地位,推进轨道交通装备产业向智能化、绿色化、轻量化、系列化、标准化、平台化方向发展,加快新技术、新工艺、新材料的应用,研制先进、可靠的系列产品,完善相关技术标准体系,构建现代轨道交通装备产业的创新体系,打造覆盖干线铁路、城际铁路、市域(郊)铁路、城市轨道交通的全产业链布局
2017年2月	国务院	《"十三五"现代综合交通运输体系发展规划》	到2020年,我国铁路营业里程将达到15万千米,高速铁路营业里程将达到3万千米,并覆盖80%以上的城区、常住人口100万以上的城市,城市轨道交通的运营里程将达到6 000千米,动车组列车承担铁路客运量的比重将由2015年末的46%提升至2020年末的60%
2017年5月	科技部、交通运输部	《"十三五"交通领域科技创新专项规划》	明确了"十三五"期间我国交通运输领域必须形成的能源动力电动化技术、载运装备轻量化技术、交通基础设施性能保持与提升技术、交通系统智能化技术、载运装备谱系化技术、交通运输系统一体化技术、交通运输服务泛在化技术、交通运输走廊化技术和交通运输跨国互联互通技术等自主化核心技术体系
2017年11月	国家发展和改革委员会、交通运输部、国家铁路局、中国国家铁路集团有限公司	《铁路"十三五"发展规划》	强调完善铁路设施网络、提升技术装备水平、改善铁路运输服务、强化安全生产管理、推进智能化及现代化、推动铁路绿色发展、加强国际交流合作等重点任务

续表

发布时间	发布部门	政策名称	主要内容
2019年9月	国务院	《交通强国建设纲要》	到2020年,完成决胜全面建成小康社会交通建设任务和"十三五"现代综合交通运输体系发展规划等各项任务,为建设交通强国奠定坚实的基础。从2021年到21世纪中叶,分两个阶段推进交通强国建设。到2035年,基本建成交通强国。现代化综合交通体系基本形成,人民满意度明显提高,支撑国家现代化建设能力显著增强
2019年12月	交通运输部	《推进综合交通运输大数据发展行动纲要(2020—2025年)》	到2025年,力争使综合交通运输大数据标准体系更加完善,基础设施、运载工具等成规模、成体系的大数据集基本建成

2. 技术环境

2017年12月,中车大连电力牵引研发中心有限公司自主研制的我国第一枚轨道交通控制芯片通过测试。实现产业化后,该芯片将全面应用于"和谐号"和"复兴号"高铁列车,将使中国高铁列车制造摆脱对国外芯片的依赖。此外,一批关键零部件的制造技术水平不断提高,动车转向器、高速车轮、刹车闸片、连接器等零部件的国产化水平显著提高。

我国轨道交通装备产业依托数字化、信息化技术平台,广泛应用新材料、新技术和新工艺,重点研制安全可靠、先进成熟的绿色智能谱系化产品,拓展"制造+服务"商业模式,开展全球化经营,建立世界领先的轨道交通装备产业创新体系。2017—2019年我国轨道交通装备产业的技术发展情况见表5-5。

表5-5　　2017—2019年我国轨道交通装备产业的技术发展情况

时间	事件
2017年6月	中国标准动车组"复兴号"首发,标志着我国高速动车组技术全面实现自主化、标准化和系列化
2017年12月	中车青岛四方车辆研究所有限公司推出轨道车辆智能检修系统,标志我国首次实现自动化、智能化检测,将极大提高列车的故障识别与检测效率
2018年5月	由国防科技大学与中车唐山机车车辆有限公司牵头研制的新型磁浮列车工程样车运行试验取得成功,速度可达160千米每小时以上,标志着我国已掌握中速磁浮交通的关键技术
2019年5月	我国速度600千米每小时的高速磁浮试验样车在青岛下线,标志着我国在高速磁浮技术领域实现了重大突破
2020年12月	国产世界首列高速货运动车组在河北唐山下线,这是轨道交通装备运输模式和货运体系新发展的重要里程碑

(二) 发展现状

1. 铁路

随着经济的快速发展,中国铁路建设日益加快,"十三五"期间我国铁路行业保持高速发展。截至2019年末,全国铁路营业里程达到13.9万千米,全国铁路路网密度为145.5千米每万平方千米。

在客运量方面,越来越多的乘客选择铁路等轨道交通作为出行的重要交通方式。2019年全年我国完成旅客发送量36.60亿人,旅客周转量14 706.64亿人千米。

在货运量方面,2019年我国完成货物总发送量43.89亿吨,货物总周转量30 181.95亿吨千米。

在固定资产投资方面,自2014年以来,我国铁路固定资产投资已连续六年保持8 000亿元以上的投资增长。2019年我国完成铁路固定资产投资8 029亿元。

2. 高铁

自2008年8月1日我国第一条高铁开通以来,国家不断加大高铁投资建设,目前已经形成"四纵四横"高铁网,高铁运营里程也在不断增加。截至2019年底,高铁运营里程达到3.5万千米。同时,高铁运营里程在铁路运营里程中所占的比重也呈现出逐年快速上升的趋势,高铁逐渐成为我国铁路运输行业的重要运输方式之一。

3. 城市轨道交通

近几年,我国城市轨道交通产业进入快速发展期,也进入了一个高质量发展阶段,各地兴建轨道交通的热情高涨,轨道交通运营线路增多,运营线路总长度延长。截至2019年9月30日,我国内地共有39个城市开通了城市轨道交通运营线路,运营线路总长为6 333.3千米,共有七种制式的城市轨道在运营,其中地铁和轻轨占了主导地位。

(三)市场规模

轨道交通装备产业主要包括基础设施建设和装备制造两个环节,其中装备制造具有更高的技术要求,是整个轨道交通装备产业发展的核心。全球轨道交通装备企业主要集中在美国、日本、德国、法国、加拿大等发达国家,进入21世纪以来,我国高速铁路经历了跨越式发展,轨道交通装备产业快速崛起。

在国家利好政策的引导和市场强劲需求的拉动下,我国轨道交通装备产业发展迅速,2013—2019年我国动车组保有量(标准组)从1 665辆增长至3 665辆,如图5-34所示。

图 5-34 2013—2019 年我国动车组保有量(标准组)
(数据来源:国家铁路局)

随着我国轨道交通装备技术的不断进步,轨道交通装备产业的产品出口市场规模逐年扩大。海关总署数据显示,2018 年我国铁道机车及其零部件的出口额为 144.6 亿美元,继续保持 2017 年以来的快速增长势头,出口总额创 2011 年以来的新高,保持了良好的发展态势。2011—2019 年我国铁道机车及其零部件出口额如图 5-35 所示。

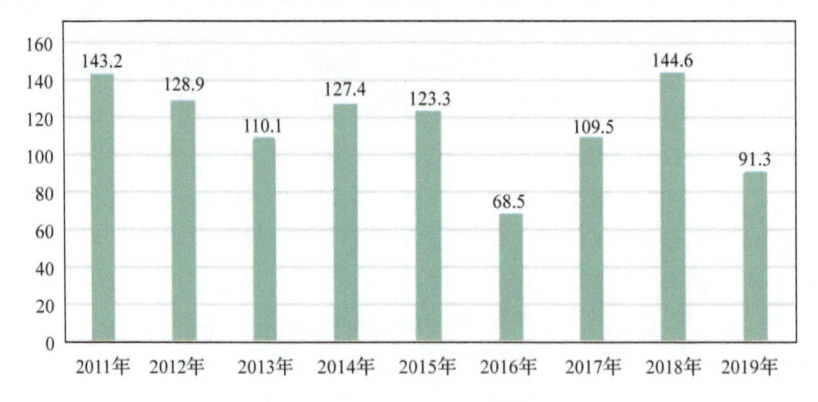

图 5-35　2011—2019 年我国铁道机车及其零部件出口额
（数据来源：中国海关，华经产业研究院）

我国轨道交通装备产业主要分布在传统工业强省,吉林、辽宁、河北、山东、江苏、湖南等省区借助其自身工业基地的技术优势、区位优势和资源优势,发展势头较好,具有较强的竞争实力。其中以长春、唐山、青岛、株洲、南京为核心的五大产业集群,聚集了一批我国轨道交通装备领域的骨干企业,具体产业集群的分布情况见表 5-6。

表 5-6　我国轨道交通装备产业集群的分布情况

分布地区	情况简介
长春	中车长春轨道客车股份有限公司是我国最大的轨道客车研发、制造、检修及出口基地,是中国地铁、动车组的"摇篮"。在普通铁路客车领域,形成了系列化的 25 型客车产品;在城市轨道车辆领域,实现了城市轨道车辆产品的全覆盖;在动车组领域,搭建了 CRH5、CRH380 型城际动车组等系列动车组产品平台
唐山	近年来,唐山丰润区以建设国家级轨道交通装备产业集群试点为契机,坚持以中车唐山机车车辆有限公司为龙头,大力发展车体、车床、铝制件等动车部件以及普通轨道交通装备部件配套产业和关联产业,促进产业转型升级,为加快产业强区建设提供有力支撑。唐山丰润区同时还制定了《轨道交通装备制造产业扶持办法》,积极谋划动车配套产业园建设,对动车配套企业在用地、税收等方面给予优惠政策支持。在龙头企业的强力带动下,轨道交通装备配套企业发展迅速,形成了以唐山今创四海特种复合材料有限公司、唐山宏正机械设备有限公司、惟思得交通设备有限公司唐山分公司、唐山科奥浦森轨道交通设备有限公司等企业为骨干的配套企业产业集群,产品覆盖动车部件、普通轨道交通装备部件以及配套物流等各个领域
青岛	青岛城阳区被评为全国轨道交通装备产业重要的研发基地和生产基地。目前,青岛城阳区聚集了中车四方车辆有限公司、中车青岛四方机车车辆股份有限公司、青岛四方庞巴迪铁路运输设备有限公司三家轨道交通整车制造企业以及 150 余家核心配套企业,生产的高速城际列车、跨坐式动车、悬挂式动车、导轨电车等系列产品达到国际先进水平,被誉为"机车故乡、动车母港"。全国 60% 的高速动车组、25% 的城轨地铁从这里驶出。此外,国家高速列车技术创新中心在此设立,其中包括国家高速列车技术创新中心、高速磁浮实验中心、高速磁浮试制中心、环境风洞综合实验室项目等多个项目

续表

分布地区	情况简介
株洲	中车株洲电力机车有限公司是我国最大的电力机车研制基地,占中国电力机车总量的60%以上。城轨领域,产品涵盖80/100/120千米每小时三个速度等级,为国外18个城市提供城轨车辆7 000多辆;在动车组领域,研制成功"蓝箭""中原之星""中华之星"等160～270千米每小时速度等级的动力分散型和集中型动车组
南京	中车南京浦镇车辆有限公司始建于1908年,是我国铁路客运和城市轨道交通装备专业化研制企业。公司拥有完整的产业链,包括不锈钢、铝合金以及碳钢结构的A型和B型地铁列车,70%和100%的现代有轨电车,140千米每小时～200千米每小时的CRH6型城际动车组,25型铁路客车

(四)典型案例

1. "复兴号"动车组

"复兴号"动车组列车是中国标准动车组的中文名,是由中国国家铁路集团有限公司牵头组织研制、具有完全自主知识产权、达到世界先进水平的动车组列车,英文代号为CR,其中CR400系列的部分车次是世界上运营时速最高的动车组列车。

2012年,中国标准动车组"复兴号"正式启动研发;2017年6月25日,中国标准动车组被正式命名为"复兴号",并于次日在京沪高铁正式双向首发;2018年7月1日起,16辆CR400长编组"复兴号"动车组(图5-36)首次投入运营。

图5-36 CR400长编组"复兴号"动车组

与"和谐号"CRH系列相比,"复兴号"高速动车组具有五大升级点:一是寿命更长;二是身材更好;三是容量更大;四是舒适度更高;五是安全性更高。

"复兴号"CR400系列动车组的成功研制和投入运营,对中国全面、系统地掌握高铁核心技术、加快高铁"走出去"具有重要的战略意义。

2. 600千米每小时高速磁浮试验样车

2019年5月23日10时50分,我国600千米每小时高速磁浮试验样车(图5-37)在青岛下线,这标志着我国在高速磁浮技术领域实现了重大突破。高速磁浮列车可以填补航空与高铁客运之间的旅行速度空白,对于完善我国立体高速客运交通网具有重大的技术和经济意义。

图 5-37 600 千米每小时高速磁浮试验样车

该项目于 2016 年 7 月启动,由中国中车股份有限公司组织,由中车青岛四方机车车辆股份有限公司具体实施,聚集了国内高铁、磁浮领域的优势资源,联合 30 余家企业、高校、科研院所组成"联合舰队"共同攻关。

作为一种新兴高速交通模式,高速磁浮具有速度高、安全可靠、噪声低、震动小、载客量大、耐候、准点、维护量小等优点。

作为目前可实现的、速度最快的地面交通工具,高速磁浮列车用于长途运输,可在大型枢纽城市之间或城市群之间形成高速"走廊"。按实际旅行时间计算,在 1 500 千米运程范围内,高速磁浮列车是最快的交通方式。同时,高速磁浮列车拥有快起快停的技术优点,能发挥出速度优势,也适用于中短途客运,可用于大城市市域通勤或连接城市群内的相邻城市,大幅度提升城市通勤效率,促进城市群一体化、同城化发展。

四 轨道交通装备产业的发展趋势

从全球轨道交通的发展和技术演进方向来看,随着现代自动控制技术、计算机和网络技术、数字通信技术的进步,数字化、自动化与智能化、轻量化是未来轨道交通装备产业的发展趋势。

(一)数字化

发展先进轨道交通装备产业的新一代信息技术是顺应网络技术发展趋势,实现信息化和工业化的深度融合。轨道交通装备中的虚拟制造技术、信号处理技术、列车牵引制动技术、综合监控系统和通信控制系统等都是数字信息技术在轨道交通装备中的应用。数字化轨道交通将实现轨道交通系统的信息化,规范其基础信息和动态信息的共享交换方式;同时以地理信息平台为核心,建立服务与共享体系,实现各系统间的充分共享,最终提高轨道交通服务水平和资源综合利用率。

(二)自动化与智能化

随着轨道交通安防、监控系统等相关技术的发展与融合,实现轨道交通自动化与智能化是未来轨道交通的发展趋势。自动化是指实现列车自动行驶、精确停车、站台自动化作业、无人折返、列车自动运行调整等功能,实现完全无人运营,有效提高列车运营效率,降低运营成本。智能化是指通过各种传感器采集相关数据,利用数据挖掘方法和工具对各类数据进行智能分析,例如在车辆电气设备中加入使用状态监测系统,对相关设备的运行状态、使用寿命及老化程度进行在线监测,及时发现设备异常信息并提醒运营单位进行检修或更换,避免发生意外事故。

(三)轻量化

随着全球城市化、工业化程度的不断深入,交通运输产业取得了长足的发展,与此同时,能源短缺和环境污染问题也日趋严重,世界各国正致力于推动低能耗低排放交通工具的发展,轻量化已成为未来交通运输装备制造业发展的必然趋势。

在轻量化产业发展的新形势下,各大交通运输装备制造商纷纷推动高强钢、轻合金、碳纤维复合材料及工程塑料等新型轻质材料的大规模应用,解决材料应用过程中存在的成形、连接技术及工艺问题,降低新材料的应用成本,以尽快在市场竞争中占据优势地位。

练习与思考

一、选择题

1. 要发展航空装备产业,首先需要突破的是航空器的"心脏",这里的"心脏"指的是( )。
   A. 航空器整机   B. 航空发动机   C. 机载设备与系统   D. 航空零部件

2. 目前,海洋工程装备的主体是( )。
   A. 海洋油气资源开发装备   B. 海洋矿产资源开发装备
   C. 海洋可再生能源开发装备   D. 海洋超大型浮式结构物

3. ( )是卫星及应用产业的基础。
   A. 卫星制造   B. 卫星发射   C. 地面设备制造   D. 卫星服务

4. ( )是城市轨道交通的动力源泉。
   A. 通信系统   B. 信号系统   C. 供电系统   D. 通风空调系统

二、简答题

1. 航空装备产业主要包括哪几部分?
2. 简述我国航空装备产业的发展前景。
3. 什么是海洋工程装备?它包含哪几方面内容?
4. 深海探测技术主要包含哪几方面技术?

5. 什么是卫星？它由哪两种系统构成？
6. 卫星产业主要包括哪几部分？
7. 简述我国卫星及应用产业的未来发展目标。
8. 轨道交通装备主要包括哪些？
9. 简述轨道交通装备产业的发展趋势。
10. 什么是智能制造装备？它有哪些特征？
11. 列举出2~3个智能制造装备的发展方向，并说明其关键技术。

参 考 文 献

[1] 徐东华.中国装备制造业发展报告(2018)[M].北京:社会科学文献出版社,2018.

[2] 周忠海,李正宝.海洋工程装备及高技术船舶[M].济南:山东科学技术出版社,2018.

[3] 邹迎.先进轨道交通装备[M].济南:山东科学技术出版社,2018.

[4] 杨正泽,李向东.高档数控机床和机器人[M].济南:山东科学技术出版社,2018.

[5] 张震,李宇斌,贾英姿.关于辽宁先进装备制造业发展的思考[J].智慧中国,2019(04):22-24.